7 PARES DE KATIUSKAS

PALOMA BLANC

7 PARES DE KATIUSKAS

Cómo gestionar las emociones
y los calcetines de tus hijos

PLAZA JANÉS

Papel certificado por el Forest Stewardship Council®

Primera edición: octubre de 2018

© 2018, Paloma Blanc
© 2018, Penguin Random House Grupo Editorial, S. A. U.
Travessera de Gràcia, 47-49. 08021 Barcelona

Printed in Spain – Impreso en España

ISBN: 978-84-01-02208-1
Depósito legal: B. 16.634-2018

Compuesto en M. I. Maquetación, S. L.
Impreso en Rodesa
Villatuerta (Navarra)

L022081

Penguin
Random House
Grupo Editorial

A mis padres, os debo todo lo que soy.
A mis hermanos, sois mi tribu.
A mis 8 hijos, cada uno de mis soles.

Y sobre todo a ti, Guillermo,
porque eres mucho más de lo que nunca imaginé.
Sin ti, imposible.

INTRODUCCIÓN

Te invito a un café

Al habla Palu.

¿Quién? Palu, la de las Katiuskas. *7 pares de katiuskas.*

¿Por qué «7 pares de katiuskas»? Porque en Asturias, mi tierra, todo el mundo tiene sus katiuskas, sus botas de agua. Nuestro amigo Lorenzo sabe que Asturias es el paraíso natural y que no se debe estropear su tierra verde, así que pasea por allí lo justo para supervisar que todo está bien y marcharse rápidamente.

En casa de mis padres, antes había muchos pares de katiuskas en la puerta, que iban desde la talla 22 a la 44. Cuando llovía y salíamos de casa, cada uno cogía las que le cabían y nos íbamos a jugar al jardín, todo embarrado. Al nacer mis hijos, siete de aquellos pares pasaron a ser suyos, y de ahí viene este nombre, que me trae tantos recuerdos y me hace pensar en mis padres y en mi Asturias. Mi pequeña Morti, la octava, nació cuando ya habíamos bautizado el blog, y así se quedó. Aunque su par de katiuskas ocupa el mismo espacio en su balda y en mi corazón, como el de todos los demás.

Este es mi **currículum**, pero el de la **vitae** de verdad:

Paloma Blanc, o Palu para los amigos.

Hija y hermana orgullosa. Presidenta del club de fans de mi marido. Intento de MADRE de cuatro niñas y cuatro niños, **los tesoros de mi vida.** Agradecida de tener a Dios en mi camino.

De profesión, licenciada en Comunicación Audiovisual. Trabajadora fuera y, sobre todo, dentro de casa.

Amante del Cola Cao con magdalenas.

Cantante en la ducha. Y también en la cocina, en el pasillo, en el coche, en la calle... Mi vida tiene banda sonora, en mi cabeza suena siempre música y eso me hace vivir intensamente todos los días.

Bailarina en las escaleras mecánicas de los centros comerciales, ante la vergüenza de mis hijos.

Superviviente, como todo el mundo en esta época de la Historia.

Visto un disfraz de señora organizada (chica, ¡¡por favor!!). Pero dentro de este cuerpo —serrano, dicho sea de paso— se encierra una persona perezosa, caótica y desastrosa, que lucha por salir cada día. No se preocupen, la tengo encerrada.

Llevo 38 años pasándolo en grande y, sobre todo, soy feliz, MUY FELIZ.

No siempre fue así. Hubo épocas duras en las que no notaba tanto esa felicidad. Hubo un tiempo en el que estaba demasiado sobrepasada, terriblemente mal organizada, agotada, un poco deprimida.

Un día me di cuenta de que no podía seguir así, de que me estaba convirtiendo en una madre gritona y estresada, y que eso no es lo que yo había imaginado. Y no hizo falta nada más, solo eso, tomar la decisión de cambiar y organizarme mejor, de convertirme en la madre que siempre había querido ser y de inyectar un chute de actitud a la vida.

Muchas veces me encuentro con madres que me dicen que están agobiadas, estresadas, que no pueden con la situación, que no son felices... me dicen que no se explican cómo puedo sacar adelante a los ocho con alegría, y yo las miro y pienso que son unas cracks, que se organizan mucho mejor que yo. Me gustaría hacer un viaje en el tiempo y enseñarles que lo que ven es una evolución y que yo era un auténtico desastre, muchísimo más que ellas.

Pues este libro va a ser ese viaje en el tiempo. Para contaros cómo empezó todo, cómo con solo un hijo estaba mucho más agobiada que con ocho y cuáles han sido las claves de ese cambio. Por el camino he aprendido a organizarme mejor, a gestionar mejor mi casa y a educar mejor a mis hijos. Un poco de todo eso se recoge aquí, por si pudiera ayudarle a alguien. Eso es lo que más me gustaría, aportar algo. Con que ayude a una sola persona, todo el tiempo dedicado ya me habría compensado.

Para escribir estas páginas me he abierto en canal, me he hurgado entre los higadillos para sacar todo lo que tengo dentro. He llorado, recordando momentos en los que no lo pasé bien, he reído reviviendo algunas anécdotas que había olvidado y me he dado cuenta de que tengo mucho que valorar y que agradecer.

Hablo desde mi experiencia, no soy experta en nada, ni médico, ni cocinera, ni profesional de la educación, pero tengo una experiencia de vida de la que he podido extraer algunas ideas. Y lo hago en primera persona, aunque en todo somos dos, sin mi Muju todo esto sería imposible.

Si tienes este libro en tus manos, vamos a pasar un tiempo

juntos. Yo necesito seguir aprendiendo, así que ojalá que esto no sea un monólogo, sino un diálogo. Aprendamos juntos, compartamos, y así será mucho más enriquecedor para ti y para mí. Vamos a hacer una cosa: **nos tomamos un café**, yo te cuento, y luego tú me cuentas. En <7paresdekatiuskas@gmail.com>.

He dejado al final de cada capítulo unas hojas en blanco para que puedas tomar nota de aquello que quieres resaltar especialmente entre lo que has leído, o tenerlo para recordar, aquello que puedes contarme, o donde me puedes ayudar. Me gustaría mucho que me contaras tus aciertos y también tus errores, si quieres, y así podré seguir aprendiendo.

Yo te voy a contar los míos. Mis novatadas, mis anécdotas más divertidas o más terribles, mi evolución, y los *tips* que he ido incorporando a mi vida para hacérmela más fácil. Porque de eso se trata, de facilitarnos las cosas a nosotros mismos, para luego poder hacerlo nosotros con los demás. Hemos venido a jugar. A reírnos, a disfrutar, a ser felices… porque, qué razón tenía Azúcar Moreno: ¡¡solo se vive una vez!!

Queridos padres del mundo, lo estamos haciendo bien, ¡¡estamos haciendo algo grande!!, démonos tiempo, bajemos el listón, disfrutemos en el camino.

Venga, vamos a por ese café. Yo lo tomo en taza grande, muy cortito de café y con leche templada. Voy a por el mío, ve a por el tuyo y empezamos. Este libro va a acabar oliendo a *ristretto lungo*. ☺

Me hace mucha ilusión este rato que nos vamos a hacer compañía. ¡¡Vamos!!

Katiuskario

APARATOS (o *aparatus*): conjunto de móviles, tablets, libros electrónicos, ordenadores, consolas, etcétera, que suelen tener conexión a wifi y ofrecen cientos de posibilidades al usuario. Mal usados pueden traer complicaciones familiares.

Otras acepciones: pantallas, dispositivos electrónicos, «cerebros», según mi suegra, y «chatarra» en casa de mi amigo Fernando.

BABYVACHES: conjunto de trona, maxi *cosi*, sillita de paseo, sillita de coche, *isofix*, bibe, polaina, pololo, pelele, hamaca, cuna, minicuna, capazo, cuna de viaje, babero, chupetes, portachupetes, cuco, neceser, cuchara de silicona, lámpara quita miedo, portabebé, adaptador para bañera, cojín de lactancia, mantita, humidificador, esterilizador, cambiador, calentador de biberones portátil, contenedor de pañales, sacaleches, vigilabebés, toalla de baño con capucha, saco de dormir para bebé, pijamamanta, sonajero, manta personalizada, bolsa acolchada, gimnasio y muselina. Todos aquellos CACHIVACHES que se relacionan con el bebé, y que hay que aprender a encajar todos juntos, con el mismo nivel de urgencia, en el maletero de un coche de tres plazas.

Observaciones: los babyvaches están destinados a ocupar el trastero y a tener una vida bastante corta, ya que a partir del segundo hijo, la lista suele verse reducida a: cuna (y a esta se la usa poco, de hecho ☺).

BRAZO BINGUERO: nombre común utilizado para denominar al colgajo de piel que queda depositado con los años bajo el brazo izquierdo y brazo derecho indistintamente. Su nombre hace honor a aquellas personas de avanzada edad que, habiendo salido con los amigos al bingo, completan cartón y, tarjeta en mano, mueven el brazo de un lado a otro cantando bingo, con el consiguiente bamboleo de la piel, que a su vez, sirve de abanico a allegados. **Copyright: mi amigo Jesús.**

BURRUÑO: forma en la que llegan los calcetines al cesto de la ropa sucia. Dícese del calcetín, quitado tirando de arriba abajo, y echado a lavar en la forma que resultó de quitárselo. Normalmente el *burruño* siempre es del revés.
Nota a pie de palabra: *burruño* y desparejado, son dos palabras que suelen ir intrínsecamente unidas en Casa Katiuska.

CENA DE TRAJE: no es un concepto inventado en Casa Katiuska, pero lo usamos mucho. Aquella cena organizada con cierta premura en la que cada participante trae algo. Así cuando ya están todos comiendo se puede decir: «Yo traje tortilla», «Yo traje croquetas», «Yo traje jamón serrano del bueno» (realmente esto último no lo dice nunca nadie ☺).

CERIENDA: término utilizado para cambiar el orden de las comidas en Casa Katiuska. Al llegar a casa por la tarde, primero se cena y luego se merienda.

Este término data del año 2014, cuando una madre, menda lerenda, se dio cuenta de que recogía a sus hijos en el colegio con tal hambre que por el camino se comían el brazo de su hermano.

Cuando llegaban a casa merendaban como si no hubiera un mañana, de tal forma que a la hora de cenar, ahí no cenaba ni el tato. Y esa madre, que llegaba a la cena con el depósito de gasolina en modo «reserva apurada al máximo, pare urgente a repostar», después de haber asado un pollo y haber hecho puré de patata con las de verdad, no de polvitos, le entraban serias ganas de dimitir.

Como la dimisión no estaba contemplada en el contrato inicial, la otra opción era reinventar el asunto, y así fue.

Ahora primero se cena, sobre las 18.45 horas y luego se merienda, alrededor de las 21.00 horas. Porque para la leche con cereales o galletas siempre hay hueco. ☺

CUARENTAÑERAS: dícese de la nueva forma de llamar a las personas que entran en la década de los cuarenta. Nunca he entendido por qué se pasa de decir treintAÑERA, imaginándose uno en los adentros a una chica delgada, estilosa, con coletón pendulero, con gafas de sol bailando *Súbeme la radio*, de Enrique Iglesias, a decir cuarentONA, donde ya se visualiza a una señora «*pelo-de-mierder*», *katiuskario*, a la que los cabellos que se le han caído de la cabeza se le pegan en los bajos de la barbilla, con faja color carne, con rulos bailando *Mi carro me lo robaron*, de Manolo Escobar, y moviendo de un lado a otro el «*brazo binguero*», *katiuskario*. (*Véase* «brazo binguero» en este mismo *katiuskario*).

Cuarentañeras, pónganse en pie, estén donde estén, y griten:

«SOMOS CUARENTAÑERAS,

Y MOLAMOS AUNQUE DE LAS DE DIECIOCHO SEAMOS

NIÑERAS».

Derivados: esta palabra se usa de la misma manera para las de cincuenta, sesenta, setenta, ochenta… cincuentañeras, sesentañeras, y así sucesivamente.

DEMA DEMA: diadema en idioma Morti, y ahora acuñado ya por todos en la familia.

DOMINGOS OFF: invento familiar que designa algunos domingos del año, cuantos más mejor, en los que todos los miembros de la familia apagan y aparcan los aparatos para hablar y mirarse a los ojos.
Observaciones: la designación de los domingos off suele formar parte de las consecuencias de un enfado por abuso, y no todos los miembros de la familia lo acogen con el mismo grado de ilusión. ☺

DORMIDERA PROFUNDA: el momento en el que la Palu considera que el bebé o niño está dormido del todo. Esto ocurre cuando, después de moverse y removerse en la cuna o cama, cual rabo de lagartija, por fin coge el sueño. Si el adulto canta victoria y se va, es muy posible que el niño, con el detector de adultos que lleva incorporado de serie, se dé cuenta de que el padre o madre ha huido. La manera de no errar, y no tener que levantarte otra vez cuando ya estás viendo Netflix en el sofá (o haciendo como que lo ves, pero en realidad estás frito, con el cuello torcido y la baba a la altura del hombro), es CONTAR 15 RESPIRACIONES DEL BEBÉ, en las que no haya ningún tipo de movimiento o ruido del niño. 15 respiraciones iguales, profundas, sin alteración. En ese momento está ya en dormidera profunda y te puedes levantar sin mirar atrás. ☺

ENCIERROS: copyright: mi padre. Emulando los encierros de San Fermín, este es el juego más divertido y con más adrenalina que recuerdo de toda mi infancia.

Mi padre era el toro, y nosotros los que corríamos delante. Él se situaba en el pasillo, que estaba oscuro, se metía ahí, y aunque la puerta estaba abierta, no lo veíamos.

Los más valientes se acercaban a la puerta a dar golpes para que saliera, y él emitía ruidos desde dentro para ponernos supernerviosos. Y de repente salía corriendo para cogernos. Nosotros corríamos despavoridos con esa cara que se les pone a los niños entre risa y nervios, buscando el burladero, que eran los sofás. Cuando te subías a un sofá, entonces él ya no podía hacerte nada y el juego volvía a empezar. Hay días que sueño con volver a vivir por un momento aquello que sentíamos mis ocho hermanos y yo jugando con mi padre a los encierros.

FLUS FLUS: pulverizador, esparcidor de líquido.
Usos: puede formar parte del kit de peinado rápido, que contiene: un flus flus y un cepillo del pelo con las gomas enrolladas en el mango.

FUS FUS: de fonética parecida a la palabra anterior, término utilizado para decir a los niños de manera agradable, *polite*, cariñosa, que se alejen de mí. Lo que viene siendo en idioma Lola Flores: «Si me *queréi*, irse».

Nota a pie de palabra: este término suele venir acompañado de un movimiento hecho con el brazo, tipo «aléjate», donde entra en juego el «*brazo binguero*», *katiuskario*.

MADIATRA: título obtenido por las madres que llevan años atendiendo los hospitales de campaña, sitos en sus casas. Incluyen los trabajos de médico, enfermero, celador, practicante y auxiliar de enfermería. Este título no tiene convalidaciones, ya que no está reconocido oficialmente, pero es la puritita realidad resultante de la vida y la experiencia. Digamos que hemos firmado un contrato como interinos de por vida.

Derivados: Padiatra, referido al padre de la criatura.

MERMELADA DE ALVAROYCOQUE: el tipo de mermelada que más nos gusta en Casa Katiuska. Aquella que está compuesta por albaricoques y azúcar. Históricamente llamada así por mi quinta hija, que mezcla el nombre de su hermano con el de su vecino, y piensa que ellos han inventado tan rico manjar.

PALOS DE ESQUÍ DESENFRENADOS: dícese del paso de baile característico de las personas que pisan poco la pista de baile. El bailarín llega a la pista copa en mano, empieza a mover el pie al ritmo de la música, y cuando ponen «explota explótame exploó», de la Gran Raffaella, se viene arriba, suelta la copa, cierra los puños a cámara lenta y en un sube y baja rápido de hombros, brazos bien separados del cuerpo, se acaba adueñando de la pista.

Observaciones: este baile está muy extendido en las bodas y en una media de edad entre los 40 y los 60 años.

PELO-DE-MIERDER: dícese de los tres pelos que tengo. Excesivamente fino, y con un rizo parecido al del Rey León, es decir, ni liso, ni rizado, ni buclosón, ni fosco, ni seco, ni graso, ni brilloso, ni afro, ni ondulado, ni lacio, ni ná de ná. Ese es mi pelo. Suerte que todavía me quedan tres y de momento me da para trenza. Cuando se me caiga uno ya solo me dará para coleta de dos pelos, y con uno ya solo para «pelo» suelto.

Observaciones: si usted tiene este tipo de pelo, cierre los ojos por la calle, especialmente si se cruza a esa clase de mujeres que van andando y mueven el coletón de un lado al otro. Sus instintos más envidiosos podrían hacer mella en usted, y no, una *pelo-de-mierder* poseída no responde.

Nota a pie de palabra: cuando se tiene *pelo-de-mierder* se recomienda no quemarse el pelo en la Primera Comunión de una hija. Preferiblemente, vaya, por aquello de seguir pareciendo un humano y no un *minion*.

PEGAPATADAS: copyright: mi padre. Juego organizado por él los sábados y domingos por la mañana. Es un juego que hay que practicar cuando hay bastantes niños, mínimo ocho. El adulto organizador coge al niño más pequeño por debajo de los hombros y lo levanta hasta que quede colgando. Detrás de él se forma una fila de niños agarrados todos por la cintura, como si de una auténtica conga de boda se tratase. Entonces empiezan todos a dar pasos para adelante, dirigidos por el adulto, y todos van haciendo un grito de guerra a ritmo de los pasos. (Del tipo: ué, ué, ué, ué.)

En un momento dado el mayor coge impulso y, con el niño pequeño Y SIN QUE NINGÚN NIÑO SE SUELTE DE LA FILA (porque quedará eliminado si ocurre), tiene que tratar de dar a los otros. Lo gira de un lado a otro, o lo mete entre sus piernas con impulso, para intentar tocar a algunos. La fila se mueve de un costado a otro, huyendo del niño pequeño (y llorando de risa), hasta que se toca a uno que queda eliminado. La cola se va reduciendo, hasta que queda solo uno.

Nota a pie de juego: este juego no es peligroso, lo hemos probado millones de veces, y es muuuuy divertido, sobre todo para los niños.

Consejo: en las reuniones familiares o de amigos, con una fila de muchos niños, es un éxito asegurado.

POST PARTY: resaca corporal que se produce en el cuerpo de la mujer que ha sido madre. A las secuelas de la lactancia y la episiotomía, y la espalda doblada, les acompaña un color de tez amarillo verdoso, llantos inexplicables, malos humores en pico. Para compensar, tenemos los labios de Angelina Jolie, mezclados con otra zona (o mejor dicho dos zonas) también en aumento, tipo Rocío Jurado.

Observaciones: se trata de una resaca durilla, pero con un poco de paciencia y mirando mucho al nuevo chiquitín mientras duerme, se pasa rápido, para convertirse en un estado continuo de felicidad e incredulidad por lo que ha ocurrido.

RUEDA DE HÁMSTER: la manera en que Palu llama a la rutina diaria en la que vivimos y que es una mezcla de huracán, con tornado y con tiovivo con *looping*. Esa rueda en la que el hámster corre y da vueltas y vueltas sin parar, y sin pensar.

Antónimo: *slow life*.

Modo de uso: «Tengo miedo de entrar en la rueda de hámster». Cuando has pasado una época más tranquila (tipo vacaciones, tipo baja maternal), y por ello te notas una persona equilibrada, pero la sensación enseguida se acaba. La sensación es de miedo porque tú estás quieto a 0 por ciento y tienes que entrar en una rueda que va a 200 por ciento y no se detiene por ti. Luego la realidad es que la rueda va al paso que tú le quieres dar, pero esta suele ir a mucha más velocidad de lo que uno querría.

SENSOR TOCAGLÚTEOS: Esto es la sensibilidad que tienen los bebés cuando notan que la persona que les sostiene en brazos no puede más y va a sentarse. En el momento en el que el glúteo roza, MÍNIMAMENTE, una superficie para apoyarse, se despiertan y empiezan de nuevo a llorar.

Nota para los listillos, entre los que me encuentro: da igual la inclinación que le des a los brazos para que el niño quede totalmente en volandas y no note que estás sentado, el sensor es extremadamente preciso, no se le puede engañar.

SOLECHO: unión de palabras formadas por «colecho» y por el prefijo «so», que responde a la manera en la que las pequeñas katiuskas visitan la cama de sus padres en horario de 12.00 a 8.00 horas. No es que vengan a la cama y se tumben, ellos vienen y se tumban encima de su madre, que es la almohada más cómoda y ergonómica del mercado. Además, es calefactable. Por lo tanto, en cama katiuska caben muchos niños, ya que se van sumando en vertical, no en horizontal. Como diría mi abuela, la gran Chaviri, «unos metidinos por otros».

Nota a pie de palabra: la máxima expresión de solecho vivida en esta casa fue una vez que cinco decidieron abandonar sus camastros para compartir el de sus padres, y uno de ellos debió de soñar que hacía aguas menores en algún sitio, y del sueño pasó a la realidad. Así que acabamos durmiendo siete personas en una cama, todos bordeando el charco formado en el centro, que no era pequeño.

Expresión resultante: «El solechar se va a acabar». Poco a poco ya solo colechamos sin el so, de manera que cuando vienen muchos, acabamos todos durmiendo de canto, y parece que a determinadas horas nos ponemos todos de acuerdo para cambiar de lado.

Aclaración: nací exagerada y sigo siéndolo, así que esto no es tan así como parece. Siempre viene alguno/s y la situación del orín es real, pero tampoco aquello parece el metro en hora punta.

SONREÍD Y SALUDAD: dicho utilizado en esta, mi familia, para definir ese estado en el que todo el mundo te está mirando y tú te tienes que morder la lengua. En la película *Madagascar*, era una frase que utilizaba el pingüino jefe a los demás pingüinos cuando les miraba la gente en el zoo.

Ejemplo de uso: A veces nos pasa que vamos los 10 por la calle y sufrimos el efecto zoo. Personas que nos miran y comentan como si estuvieran en el cine, les faltan las palomitas. Pero es que hablan de nosotros en nuestra cara, comentando la jugada: «Esos tres son trillizos seguro», «Ese no es del mismo padre porque no se parece nada», «Esos nos van a pagar la jubilación»... A mí me hace muchísima gracia ver los codazos que se pegan para avisarse de que estamos ahí y hay que comentar. En ese momento, alguno de mis hijos dice: «Sonreíd y saludad», y todos nos partimos de risa.

TIRAR DE FARSA: término mayormente utilizado por El Muju. Tirar de farsa para hacer algo es exagerar, fingir en plan de risa, aparentar. Siempre en clave de humor, y para conseguir un bien mayor. ☺

Ejemplo: cuando bailo en una boda tiro de farsa y me las doy de Shakira. Cuando riño a los pequeños, tiro de farsa para hacerme la enfadada, cuando realmente estoy muerta de risa.

VOMITINAS VERDES: así se llama a los vómitos en la katiuscasa. Hay una serie de vídeos en YouTube que se llaman *Desayunando con*, que cuando queremos reírnos un rato en familia los ponemos en bucle. En «Desayunando con la niña del exorcista», que es un top 1 en nuestras vidas, la niña habla de las vomitinas verdes. Y desde entonces, todo lo que sale por nuestras bocas en procesos gastroenteríticos o en embarazos, son vomitinas.

Miembros de la familia

EL MUJU: dícese del padre de esta familia supernumerosa, que es lo mejor que le ha podido pasar a Palu. Poco amigo de los enfados, no conoce la pereza, lo que hay que hacer se hace, sin pensarlo. Un hombre bueno, generoso, trabajador, siempre dispuesto, siempre disponible, familiar, buen amigo, el mejor marido y el mejor padre.

Doy gracias a Dios todos los días al verle a mi lado, pensando que a los veintiséis años se embarcó en una vida de sacrificio y entrega continua y no ha dejado de sonreír y de hacerme reír ni un día.

Su sobrenombre, El Muju, se debe a un tema que le hace reír mucho a Palu, pero que digamos que pertenece a la intimidad de la pareja (y que tiene que ver con los «músculos» que él dice que tiene ☺).

El Muju tiene una particularidad: inventa continuamente sobrenombres para toda la familia. Yo soy Espiala, Esparaguaspas, Escafandra, Escafandrágoras… una suerte de nombres empezados siempre por «Es-». ¿Por qué? Ni idea, pero así es. Todos los niños tienen nuevo nombre cada temporada, él los va cambiando a su antojo y toda la familia los va adoptando poco a poco.

CHIPI: así le llamaba mi padre, decía que era un pequeño chipirón. El primero de nuestros hijos. Aquel que llegó para hacernos entender que nacimos para ser padres. El que siempre nos volvía locos con su sonrisa. Sufrimos con él y con todas sus «-itis», pero él nos convirtió desde muy jóvenes en mejores personas. Aquellas risas que nos provocaba de niño hoy siguen siendo una realidad, tiene un sentido del humor espectacular (es sorprendente ese momento en el que empiezas a partirte de risa con un hijo tuyo) y no le gusta enfadarse, nunca lo hace. En eso ha salido a su padre. ☺ Se está convirtiendo en una gran persona.

CHALEZ: nuestro segundo hijo. Un tío con una personalidad de escándalo. Tiene claro lo que quiere y lucha por ello. Cuando nació y abrió por primera vez sus grandes ojos verdes, nos quedamos prendados de él. Su hermano mayor tenía solo trece meses, así que le tocó compartir todo desde el principio. Son una piña y se necesitan mutuamente, junto con el tercero de sus hermanos. Chalez es discreto, tiene sus propias inquietudes y busca su camino, siempre diferente a lo propio de su edad. Es muy responsable y adora cuidar de sus hermanos pequeños. Cuando nos enteramos de que Morti estaba en camino, un día vino muy serio y me pidió ser su padrino. Con solo once años ya lo tenía clarísimo. Entre ellos hay una complicidad especial. Todas las mañanas se levanta y me da un abrazo, y eso es gasolina para mí. Me derrito al ver a ese «paisano» en el que se ha convertido, siendo tan cariñoso con su madre.

ÁLVAREZ: el último de los tres mosqueteros. El pobrecito nació en una época en la que el caos todavía gobernaba mi vida, y tuvo que luchar por hacerse notar. Al principio lloraba mucho, era un gordete que tenía hambre, y ahora, trece años después, pasa lo mismo. Desayuna, y a la hora y media vuelve a hacerlo; tiene pinta de que va a ser un «armario», como su tío Jose. Álvarez es la persona más increíble que he conocido en mi vida. Es NOBLE, con todas las letras. Es BUENO. Cariñoso, obediente, responsable, brillante en todo lo que hace, entregado, generoso, buen hijo, buen amigo. No sé de dónde ha salido, porque yo no soy así. Es un regalo tenerle como hijo.

MILÚ, la Miluchi: le debo mucho a esta niña. Siempre he creído que ella está aquí para convertirme en mejor persona. Desde el momento en el que dejó de crecer en mi tripa, para que yo parara y recuperara las riendas de mi vida, hasta el día en el que me regaló la oportunidad de valorar tanto la vida cotidiana, tras el episodio de la piscina. Aquel día podía haber empezado una vida de sufrimiento insoportable ya para siempre, pero no fue así. No se me olvida ni un solo día dar gracias a Dios por ello. Milú es lista como pocos, manejaría mi casa con el dedo meñique. Como ella misma se autodefine, es mi *community manager*, la que me recuerda las cosas y me lleva la agenda. Cuando alguien quiere encontrar algo, le preguntamos a ella, y siempre conoce la respuesta. Tiene clarísimo que va a ser fotógrafa, desde los cinco años. Es muy servicial, y canta como los ángeles.

LECA, la Rubia: sin ninguna duda, la que más se parece a mí. Tanto físicamente, como en la forma de ser, me veo a mí misma reflejada en ella, en sus ideas y en sus reacciones. Pesó más de cuatro kilos al nacer; llegó a lo grande. Es una niña tan lista (en eso me supera con creces), que va y vuelve cuando tú estás empezando a ir. Con una capacidad creativa envidiable, con ganas de descubrir y explorar. Cuida a sus hermanos como nadie, porque se ve de lejos que tiene un instinto maternal enorme. Es poco cariñosa, le cuesta, por eso cada uno de sus besos sabe a gloria, y la tía se esfuerza por darlos. Me gusta cómo lucha por lo que quiere. Ella sabe que las oportunidades de ser escuchado en esta casa son escasas, así que cuando toma la palabra, aprovecha y te lo dice todo. De hecho, ha acuñado una frase en el coche que dice así: «Papá, pon música, el disco, no la radio, la canción 16, y sube la voz por favor». Eso es adaptarse a las circunstancias con inteligencia, sí señor. ☺ Leca va a llegar muy lejos, estoy segura.

CHITO, la Rubita: la niña con la sonrisa más maravillosa del mundo. Es totalmente autónoma desde que tenía dos años, y eso a veces me pesa, porque es la que menos reclama, y por lo tanto a la que menos tiempo dedico en exclusiva. Por eso tengo que estar muy pendiente de ella, porque es tan buena que no pide. Se adapta, es generosa, es una niña pequeñita que ha espabilado a pasos de gigante. Vive las cosas con entusiasmo, porque es auténtica, es disfrutona. Cuando vamos a tutoría salimos hinchados de orgullo y nos damos cuenta de lo grande que es, las cosas tan buenas que hace y lo poco que nos lo cuenta. Además, le encanta aprender, es muy curiosa. Una vez me hizo una pregunta, que francamente, no supe contestar: «Mamá, ¿a que cuando te limpias el culete, con la mano manchada de pis y de caca, se te estropea el reloj?». (¿¿¿Dónde está el emoticono de llorar de risa cuando se le necesita???) Me podría pasar horas mirando a Chito y no me cansaría ni un solo segundo.

El pack de Leca y Chito (porque son un pack) han pasado a denominarse LAS RUBIAS, y se podría añadir, sin miedo a equivocarse, la palabra PELIGROSAS. ☺

EL BOLLU: debe su nombre a los cuatro kilos con los que nació, y que le hacían parecer más un *bollu preñau asturianu* (pan relleno de *chorizu*) que un bebé recién nacido. Este Bollín es adorable, divertido, mordisqueable, ocurrente, es auténtico, juguetón, simpático y listo listísimo. Desde hace ya más de un año sabe las tablas de multiplicar y se pasa el día sumando y restando, es su gran hobby. Hay días que le recojo en el cole y me dice que va a contar hasta mil. Empieza, y hasta que no acaba no para, y pobre del que le interrumpa. Es alucinante descubrir el mundo interior que tiene y cómo es capaz de estar horas jugando sin cesar, aunque esté él solo. Es muuuuy cariñoso, y le encanta que le den besos, ¿qué más se le puede pedir a la vida?

MORTI: la pequeña Mortimer, rebautizada por su padre. Mi octavo par de katiuskas, que nació cuando ya había empezado el blog, y por esa razón el título lleva el número 7, pero en mi corazón hay ocho huecos grandes, todos exactamente iguales. Morti, la chiquitina, la superviviente, la que llegó y nos volvió a enamorar a todos. Por la diferencia de edad ella ha permitido que sus hermanos la disfruten más, y se me cae la baba cuando veo la relación que mantienen con ella los mayores. Es lo más coqueto que he visto nunca, y es divertidísimo notar lo avispada que es. Todos los días, en cuanto llega a casa, va a mi habitación y se pinta los labios, se pone una «*dema dema*», *katiuskario*, rebusca en mi armario de los zapatos para calzarse unos tacones (pobres vecinos), y ya está lista, en su salsa. Es una luchadora desde que nació, porque le tocó sobrepasar un primer año de vida complicado con su toxoplasmosis. Me vuelve loca cuando la oigo reír y cuando me enseña su sonrisa llena de dientes. Su llegada fue un poco «inesperada», pero ahora mismo no sé qué haría sin ella.

No son perfectos. Todos ellos tienen cosas que mejorar, todos tienen sus muchos defectos, igual que yo, soy consciente de ello, pero por encima de todo veo que los ocho son grandes personas, a su manera, y, sobre todo, que cada uno de ellos, junto con El Muju, son una bendición en mi vida, y **son el 1/10 que me completa.**

1

Empecemos por el principio

Porque sin ánimo de que esto se convierta en unas memorias, no se puede entender la evolución que he tenido como madre, sin conocer el estado de desastre absoluto con el que empecé. Y no se puede entender por qué tenía claro que quería formar una familia numerosa, sin conocer un poco la historia que me rodea.

EMPECEMOS POR EL PRINCIPIO: UN POCO DE CONTEXTO

Soy la cuarta de una familia de ocho hermanos, de casta le viene al galgo. Además, curiosamente también cuatro hermanas y cuatro hermanos (se ve que la genética es caprichosa).

Mi infancia la recuerdo entre peleas, tirones de pelo, risas, bailes, excursiones a Colmenar, un Ford Fiesta azul donde nos metíamos diez, más acoplados, el disco de Enrique y Ana, la película de *Carros de fuego* (que se ponía en bucle en mi casa junto a *Qué bello es vivir*), churros los sábados, baños de tres en tres, olor a *aftersun*, paredes pintadas con «retu», huevos fritos para cenar y viajes a Asturias en vacaciones.

Cuando digo tirones de pelo, me refiero a lo que vienen siendo TIRONES DE PELO. El presunto agresor, se tiraba al suelo, agarraba bien el mechón con una mano, apoyaba la planta del pie en la cabeza del otro, para empujar con él hacia fuera y con la mano hacia dentro. Creo que de estos episodios (francamente habituales), procede mi *«pelo-de-mier-der»*, *katiuskario*. Pero vamos, que estoy segura de que lo tenía bien merecido, porque yo era lo que se llama una hermana puñetera en grado sumo.

Acto seguido, una se levantaba muy digna, con la cabeza bien alta, aunque con medio cuero cabelludo al aire, pero manteniendo a fuego la firme convicción en aquella idea que le había llevado a entrar en trifulca, aun a sabiendas de que muchas veces no tenía razón.

Lo que está claro es que ya en aquella época hice el doctorado cum laude en supervivencia. Luchar con otros siete por la última patata frita de la fuente es lo que tiene, que aprendes a la fuerza. Ese título que ostentaba ya con corta edad, me ha salvado de muchas situaciones a lo largo de la vida. ¿Cómo si no iba a superar, con cierta dignidad y cordura, el hecho de que en una reunión de trabajo hace unos meses, cayera de mi cabeza un piojo (tamaño XL, como todo lo que a mí se refiere) en el momento justo en el que servidora hablaba, y fuera a parar en el folio en el que estaba dibujando para explicarme? La respuesta a la pregunta que se hacen vuestras curiosas y morbosas mentes en este momento es sí, se dieron cuenta. Pero oye, si hay piojo eso quiere decir que hay pelo donde agarrarse, y eso es un punto, no me digan ustedes que no.

Si pudiera dar marcha atrás en la vida, no cambiaría ni por todo el oro del mundo ninguna de aquellas peleas con tirón de pelo. Porque cada una de ellas iba acompañada también de un juego distinto cada vez, ya que había múltiples cabezas pensantes, coreografías en las que podíamos hacer bailes en canon, veinte hábiles manos moviéndose entre los sofás buscando monedas extraviadas de algún bolsillo rico, un Frigopie magistralmente repartido entre ocho, las risas que nos entraban antes de dormir —que nos costaron más de una riña de los vecinos—, canciones a varias voces, obras de teatro por doquier, una mano cariñosa apoyada en la mía siempre que tenía miedo al dormir, y tantas otras cosas que me han hecho ser la persona que soy hoy.

La familia es una escuela de humanización sin límites. En cada uno de mis hermanos hay algo que he vivido y aprendido a base de mirar, de experimentar, de compartir. Mi hermana Gabriela es CORAZÓN; Cristina es ENTUSIASMO; Mariano, SUPERACIÓN; Juan, NOBLEZA; Alejandra, VALENTÍA; Carlos, DISFRUTE, y Miguel, AGRADECIMIENTO. Cada uno de mis hermanos ha sido el mayor regalo que me hicieron mis padres y todo lo que viví a su lado me ha hecho ser como soy ahora.

Mi padre era, y es, la persona más inteligente que existe sobre la faz de la Tierra. Ha guiado nuestros pasos, sabiendo entender y exigir a cada hijo a su manera. Mi madre era y es la persona más alegre que existe sobre la faz de la Tierra. De ella hemos aprendido a mirar hacia delante siempre, convirtiendo el presente y el futuro en algo siempre mejor que el pasado, sean cuales sean las circunstancias.

Mi padre trabajaba muchas horas fuera de casa, muchas. Pero los sábados, a las siete de la mañana, ya estaba con todos nosotros en el salón, jugando a juegos inventados por él, mientras escuchábamos nuestro vinilo de música brasileña, que nos tenía a todos moviendo las caderas a ritmo sabrosón. Los juegos inventados de mi padre son para patentar. Prueben ustedes cuando quieran a jugar al «*pegapatadas*», *katiuskario*, a los «*encierros*», *katiuskario*, o a «*hoy me toca perdernos*».

Luego nos cogía a todos en pijama y nos metía en el Fiesta azul, para ir a comprar churros para desayunar. Por el camino íbamos jugando también y él iba simulando que cambiaba las emisoras de la radio y cambiaban los idiomas de las mismas. El tío habla cinco idiomas y eso, entre otras cosas, le ha servido para hacernos reír de lo lindo a todos sus hijos.

Los domingos nos íbamos a Colmenar Viejo, a pasar la mañana en un trozo de campo abierto que encontró mi padre para llegar cómodamente y donde podíamos desfogarnos. Allí nos construyó una «letrina» con piedras grandes, y cada domingo íbamos corriendo a ver si seguía en pie. Construíamos cabañas, jugábamos al pilla-pilla, y al final nos dejaba conducir por turnos el coche (pero sin peligro alguno, que solo conducíamos los mayores de tres años ☺). Luego en un bar cercano tomábamos aperitivo de mosto y aceitunas negras, y ya nos íbamos a casa tan contentos.

Cuando mi madre conseguía por fin sentarse en algún momento del día, en su regazo siempre había alguien apoyado recibiendo sus «caricinas». Entiendo que a mi madre ya no le debe quedar sensibilidad en los dedos porque pasó años y años sin término soportando las colas del personal que esperaba paciente su turno, padre incluido. Como decía antes, si pienso en mi madre un segundo, siempre la veo llena de vida y alegría. Da igual que los momentos sean buenos o malos (que los hay, y muchos), ella sonríe y es como si en ella no cupiera la tristeza.

Mi madre nos enseñó a cantar. Desde que éramos pequeños sacaba habitualmente la guitarra para enseñarnos nuevas canciones y disfrutar cantando todos juntos. Ese es un regalo que nunca podré agradecerle suficientemente, porque la música hace la vida más fácil. Los domingos hacía merienda-cena de tortitas —tiene mérito hacer tortitas para diez, ya lo digo yo por experiencia—, las tomábamos con siropes Alsa —eran las botellas más grandes del mercado y aun así nos duraban para una sola vez—, y creo que ese era el mejor momento de la semana… Ese y el de empezar la peli del viernes por la noche, que habíamos elegido todos juntos previamente en el videoclub, y que siempre eran de Disney, no había más. Por eso, todavía ahora cuando veo el principio de una peli de Disney, con su música y el castillo, se me pone la carne de gallina. Me trae recuerdos entrañables.

El día de mamá

Decir que cuando eres madre de tantos niños puedes dedicar mucho tiempo en exclusiva a cada uno, sería mentir. Hay que hacer malabarismos cada día de tu vida para conseguirlo. Yo soy la cuarta de una familia de ocho, y debo reconocer que nunca eché de menos más tiempo en exclusiva de mis padres. Creo que, con verles en casa y saber que estaban ahí haciendo cosas, envueltos en la marabunta del montón de hermanos que éramos, escuchándonos a ratos, haciendo turnos para hablar, aprovechando cada minuto en exclusiva y con todo el movidón que había a menudo alrededor, yo estaba siempre entretenida y contenta. Nunca necesité más.

Pero es verdad que no todos los niños son iguales; hay algunos que necesitan más que otros y mi madre tenía sus estrategias. Una cosa que hacía y que nos encantaba a todos, era EL DÍA DE MAMÁ: cada año, cada curso, todos nosotros teníamos un día de ella en exclusiva. Elegíamos un día, de cole (esto era un punto fundamental), y nos quedábamos en casa para pasar el día juntas. Escribía una notita a los profesores para decirles que al día siguiente no iríamos. Es verdad que según íbamos creciendo en edad nos daba un poco más de vergüenza el título elegido para ese día (llegó un punto en el que casi había que llamarlo EL DÍA DE LA VIEJA, más acorde ya con la edad que teníamos ☺. Nos solía dar a elegir a cada uno el día que nos viniera mejor, para no perder mucha clase (en realidad es solo un día en todo el curso), y lo que hacíamos era sencillamente irnos a hacer los recados normales de ese día, pero juntas y hablando de nuestras cosas. Era una auténtica pasada.

Yo he intentado hacerlo siempre en mis bajas maternales. Ese día les encanta, a ellos y a mí. Se sienten especiales porque no van a clase y el resto sí, visten de calle y no de uniforme, y cuando terminamos el día y vamos a recoger a los demás, el resto muere de envidia, aunque saben que a ellos también les va a tocar. Ese día hablan y hablan, y hasta mis hijos los monosilábicos emiten frases completas. Ese día se ponen rápidamente el cinturón en el coche sin que yo tenga que decírselo. Eso es una buena señal...

Ahora que ya no hay bajas maternales ni otras posibilidades, aprovecho algunos viernes, que salgo a la hora de comer, para recoger a uno de los niños y llevármelo a comer por ahí, solo conmigo o con El Muju también.

Por el trabajo de mi padre, nos mudamos tres veces de ciudad, dentro de España, con todo lo que eso supone: cambios de casa, de colegio, de costumbres, de amigos… No tengo ninguna duda de que todo fue más fácil porque toda la familia íbamos en bloque y éramos lo que nos daba estabilidad ante los cambios. Y porque siempre todo se convertía en una nueva aventura y lo vivíamos como tal. Vivimos en Madrid, en Sevilla y luego en Asturias. Todas las etapas las recuerdo con cariño y anécdotas especiales, y con gente que nos acompañó en cada lugar y nos hizo la vida siempre más agradable.

Cuando nuestros padres nos dijeron que nos íbamos a vivir a Asturias, flipamos todos. Allí vivían nuestros tíos, «los Muro», a los que hasta entonces veíamos muy poco, y que para nosotros eran las personas más divertidas y atractivas de la Tierra, y mi abuela, la gran Chaviri. Fue un regalo de la vida poder vivir cerca de ella y pasar años a su lado antes de su marcha. Yo sigo escuchando su voz algunos días, la echo mucho de menos. Cuánto llenan la vida los abuelos. Algo se murió en mi alma cuando mi abuela se fue.

Es verdad que no nací en Asturias, pero también es verdad que Asturias es mi tierra. Es la que me ha robado el corazón, donde pasé los veranos de mi infancia, donde quiero ir a vivir algún día, donde sueño con tener un trozo de tierra para hacer una casita, donde hice amigas que son amigos del alma, donde conocí a «mi otro yo».

Guillermo, alias El Muju

El Muju apareció muy pronto en mi vida. Yo había sido siempre muy noviera. Con cuatro años, le pedí a mi compañero de mesa en el cole que se casara conmigo, pero no me dijo que sí hasta que un día le compré con chuches de las ricas. Mi corazón perteneció muchos años a Rick Astley (*Never gonna give you up* fue «LA» canción durante años) y a Zack Morris, el rubio horterilla de *Salvados por la campana*. Incluso hubo unos años que soñaba, literalmente, que Alejandro Sanz venía a buscarme a mi casa y me llevaba con él para siempre.

Pero muy pronto El Muju llegó a mi vida. Tenía quince años cuando una vecina me hizo fijarme en él en la piscina. En aquel momento un chico de diecinueve me parecía un señor viejo, pero la verdad es que después de verle unas cuantas veces paseando a su perro, vestido con aquel Barbour roído y enano, heredado de un amigo suyo, pasó rápidamente a ocupar el puesto de amor platónico en el diario que yo escribía una vez cada diez o quince días, o cada tres meses (nunca he sido buena para las rutinas). No sé muy bien de qué manera empezamos a pasear al perro juntos, y no sé muy bien de qué forma comencé a no poder vivir sin él. Poco a poco ese amor idílico se convirtió en lo más real del mundo, y pasé a darme cuenta de que, ni en el mejor de mis sueños me habría imaginado lo que me estaba pasando, y la persona que estaba entrando en mi vida para compartirla conmigo.

Todas las tardes al volver de la facultad venía a buscarme a casa, yo estaba haciendo deberes (☺) y dábamos un paseo andando absolutamente congelados de frío. A veces íbamos a su casa, con sus padres y sus cinco hermanos, y yo veía cómo se trataban y cómo se querían, y me daba cuenta de que El Muju era de una pasta especial. Después de dos años siendo inseparables, viéndonos todas las tardes entre semana y los sábados y domingos todo el día, cumplí dieciocho y me fui a estudiar a Madrid.

Toda la vida había querido ser presentadora de informativos, yo siempre me vi al otro lado de la pantalla, por eso elegí la rama de Comunicación, y al no tenerla en Asturias, me tuve que ir a vivir a la capital.

MARCHARSE DE CASA

Fui la primera de mis hermanos en salir de casa, y se me hizo muy duro, mucho, muchísimo. Me pasé dos años en Madrid llorando cual Magdalena. Llamaba a casa por las noches y no podía soportar escuchar las voces de todos mis hermanos cenando juntos y pasándolo fenomenal. Y lo peor de todo es que cuando llamaba a El Muju a su casa, me decían: «Está en la tuya», así que eso ya era lo que me faltaba.

Madrid se me hacía un mundo. Recuerdo ir en el metro y, cuando veía a un niño o niña, pensaba en cómo sería posible que ellos fueran felices en esa fría ciudad. A veces iba andando por la calle y, cuando oía ruidos de platos en una cocina, como de estar poniendo la mesa, me quedaba parada en la calle debajo de la ventana, escuchando esos sonidos hasta que se acababan y pasaba el rato imaginando allí a una familia disfrutando y queriéndose. Me reconciliaba con el mundo durante un ratito.

No puedo decir que disfrutara de la época de la facultad, al revés. Ahora cuando lo pienso me da un poco de pena, porque sé que son años que todo el mundo recuerda como de los mejores. A mí me los salvaron mis amigas del Colegio Mayor, que durante ese tiempo se convirtieron en mis hermanas y así lo siguen siendo a día de hoy.

Romper el vínculo de mi familia se me hizo duro. Fui muy feliz durante todos mis años en casa, y me daba miedo que eso se acabara. Creo que no fue solo cosa mía. Mi padre venía por trabajo a Madrid, de vez en cuando, y siempre me llevaba a comer por ahí. Un día estábamos sentados los dos en un restaurante y, en mitad de la comida, mi padre me miró y empezó a llorar. Yo no me lo podía creer. «Te echamos mucho de menos», me dijo. Siendo su cuarta hija y teniendo siete más en casa, me hizo sentir tan especial, tan hija única, tan querida… No se me olvidará en la vida.

Es una cosa rara. Incluso en las bodas de mis hermanos he llorado pensando en que se iban de casa, no viviendo yo ya en ella, y eso que todos mis cuñados son lo mejor.

Me gusta realmente la infancia y el estilo de vida que tuve y creo que por todo esto tuve siempre claro que quería formar una familia numerosa, deseaba que mis hijos vivieran lo mismo que yo había vivido.

Paco Martínez Soria

Durante los dos años del Colegio Mayor, El Muju me escribía una carta diaria (a veces dos), me contaba lo que hacía cada día y eso me ayudaba a tenerle más cerca, y en cuanto pudo, se mudó a Madrid para que pudiéramos estar juntos. Ya sabíamos que queríamos casarnos cuanto antes, en cuanto alguno de los dos tuviera un trabajo que nos diera para vivir.

La realidad es que éramos dos niños. A veces nos da la risa de pensar en nuestros momentos Paco Martínez Soria: llamaron a Guillermo para una entrevista de trabajo y allí fuimos los dos emocionados. Yo parecía la madre de la Pantoja, siempre a su lado. Lo mejor es que paramos a un hombre por la calle para pedirle que le hiciera el nudo de la corbata, porque no sabíamos anudarla. Y la gran anécdota es que le citaron en el edificio Mahou, en la Castellana. En aquel momento no sabíamos que había un edificio que se llamaba Alfredo Mahou, un gran complejo de oficinas, así que nosotros vimos desde el autobús un edificio de ladrillo naranja que tenía en la azotea un cartel luminoso gigante de Mahou, la cerveza, y allí nos bajamos, contentos de haberlo encontrado a la primera. Estuvimos dando vueltas al edificio, buscando una entrada a alguna oficina, y extrañados de que solo hubiera entradas a viviendas. Cuando nos dimos cuenta, aparte del ataque de risa y la carrera de quince minutos que nos pegamos, llegamos casi treinta minutos tarde y, por supuesto, no le cogieron. Quizá estábamos poco preparados todavía. (Yo me quedaba fuera de la entrevista, ¿eh?, no vayan a pensar ustedes que entraba con él y apoyaba mi bolso en las rodillas, que mi sobrenombre es Paco, pero tan lejos no llegaba.) ☺

Me acuerdo de los primeros viajes en coche, sin GPS. Cada vez que teníamos que coger la M-40 casi llegábamos a Badajoz, y dábamos la vuelta desesperados de la vida. Aquello nos parecía el infierno. (Quién me iba a decir a mí que años después la M-40 iba a ser mi mejor aliada en los trayectos.) Una vez nos invitaron a cenar en Mirasierra, y en plaza de Castilla no sabíamos hacia dónde tirar, así que vimos un autobús que ponía Mirasierra en el cartel y lo seguimos durante una hora, con todas sus paradas incluidas, para llegar al destino.

Poco a poco nos fuimos haciendo con la ciudad y convirtiéndola en nuestra nueva casa, él en un piso con un amigo, y yo en el Colegio Mayor.

Hasta que… un buen día de agosto, mientras estábamos de excursión en el Dobra, un río de Asturias al que nos escapábamos casi todos los fines de semana, previa visita a la Virgen de Covadonga, sobre el puente romano que lo cruza, y con un sencillo anillo chapado en plata con un aguamarina, me pidió que me casara con él. Los dos estábamos estudiando todavía, y no había posibilidades reales de lanzarse a la aventura. Pero desde ese día, y en secreto, pusimos fecha de boda para dos años después. A la vuelta paramos incluso a ver el sitio donde pensábamos casarnos, y donde luego nos casamos, el Palacio de Cutre. Me imagino la cara de flipe que se les quedó al ver entrar a esos dos niños… Tuvieron que apuntar nuestra fecha en un papel, porque todavía no tenían abierta la agenda de los años siguientes. ☺

POR FIN JUNTOS

15 de septiembre de 2001, a las 13 horas, en la iglesia de un pueblo muy pequeño de Asturias, San Román de Villa. El día más bonito de nuestras vidas. Allí empezó esta aventura. Yo tenía veintidós años y él, veinticinco.

Nuestro viaje de novios fue en coche. Teníamos muy poco dinero y habíamos calculado que nos alcanzaba para estar cuatro días de viaje, así que decidimos irnos a conocer Portugal. Fue un sorpresón estar en un cajero en Coimbra, planificando ya la vuelta, y descubrir un ingreso que nos habían hecho los primos de Guillermo, que nos permitió alargar el viaje tres días más. Cada día decidíamos dónde dormiríamos el siguiente, y así se convirtió en el viaje más improvisado y divertido de nuestra vida.

Y por fin llegamos a nuestra casa en Madrid. Piso alquilado, muy muy muy viejo, pero con mucha luz y con una distribución agradable. Tenía solo una habitación y otra que era un añadido del salón, separada de este con un biombo. Estaba lleno de muebles viejos y muy oscuros, sofás de estampados variados, por decirlo de alguna manera, y ventanas por las que entraba tanto frío que, estando sentados en el salón con las ventanas cerradas, se nos movía el pelo en el aire. La cocina no tenía luz natural, no había friegaplatos y el hueco era tan pequeño que había que fregar de perfil. Tenía un hornillo de gas y el horno era de llama; cada vez que lo encendía, cerraba los ojos esperando la explosión. Fue un reto aprender a cocinar así e intentar adecentar una casa que no lo ponía fácil. De todas formas creo que lo conseguimos, con fundas de sofás que compré en un mercadillo y poniendo lamparitas en las esquinas, fotos y flores de mentira metidas en jarrones de plata, regalos de boda, mezcla explosiva donde las haya. En aquel momento, en nuestro entorno era rarísimo tener unos amigos casados y con piso, porque todavía la gente estaba a mitad de carrera, y eso convirtió nuestra casa en sede de fiestas, cenas con amigos, meriendas con hermanos, reuniones de trabajo con compañeros de carrera, y concentraciones los lunes para ver las galas de la primera edición de *Operación Triunfo*. Fue una época muy divertida.

Yo acababa de empezar quinto de carrera, me casé en septiembre del último curso y compaginaba las mañanas en la facultad y las tardes en el trabajo que tenía por aquel entonces, con una nueva casa y vida de pareja.

Caos

Se puede decir que yo era LO QUE SE LLAMA UN DESASTRE CON PATAS. Siempre contenta, siempre imaginando cosas, siempre inventando planes, organizando sin parar, pero muuuuy mal gestionada. Aunque El Muju se organizaba infinitamente mejor que yo, era mucho más ordenado y metódico; él acababa de empezar en un nuevo trabajo que le tenía fuera de casa de nueve de la mañana a nueve de la noche. Teníamos el récord Guinness mundial del universo entero de hacer la compra en menos minutos, porque él me recogía en el Seat Panda que manejábamos por aquellos tiempos a las 21.40 horas y a las 22 horas estábamos saliendo de Carrefour con un carro hasta arriba de cosas.

En poco tiempo, lo que se supone que era la segunda habitación de la casa, donde debíamos recibir a los invitados, se había convertido en un trastero, almacén de cajas de ropa de temporada, cuarto de plancha, maletero, despensa, cuarto de bicis, armario de ropa blanca, escobero, y todo aquello que pueda pasar por sus cabezas. Había una cama, pero no se podía usar, ya que estaba sepultada por infinidad de artefactos que ni yo sabía cómo habían llegado a parar ahí.

La mesa del comedor era una montaña de ropa y objetos varios, tantos que no se veía ni un centímetro de la madera que había debajo, cosa que por otra parte no importaba, porque era fea como un truño. Todos los días echábamos a un lado las cosas para poder usar dos huequillos para apoyar los platos y comer, ya que la cocina era tan pequeña que no cabía ni un mísero taburete.

Y así transcurrían nuestros días, tan contentos. Un buen día, estaba yo muy ufana barriendo el metro cuadrado de suelo de cocina que teníamos, y al ver las pelusas que se concentraban en el recogedor, empecé raramente a notar náuseas asquerosas. ¡¡Madre-mía-madre-mía-madre-mía!! Nuestro pequeño Chipi estaba en camino.

Primer par de Katiuskas

Pues tal cual les cuento, así fue como me enteré de que íbamos a ser padres. Con eso, y con cuatro pruebas de embarazo que le siguieron y que confirmaron la buena nueva. Quise organizar algo divertido para contárselo a nuestras familias y amigos, pero la verdad es que no pudo ser, porque yo tenía unos dolores un poco extraños, y tuve la mala suerte de dar con un ginecólogo que me metió un buen susto en el cuerpo y que me dijo que hiciera reposo porque, casi con seguridad, lo iba a perder. Así fue el anuncio de nuestro primer hijo. Teníamos que viajar a Asturias para ir al bautizo de mi primera sobrina, y nos tuvimos que quedar injustificadamente reposando.

Enseguida el reposo desapareció, porque todo estaba dentro de la normalidad. Yo quería estar bien, activa, disfrutando de esa etapa, pero a cambio, a las dos semanas de la primera ecografía pedí plaza en el sofá más grande de mi salón, y allí acampé durante meses, junto a un barreño que olía a «vomitinas verdes», *katiuskario*, y el mando de la tele. Me convertí en experta en todos los programas matinales de la televisión y en las telenovelas del momento. Un desastre total, pero con eso me distraía un poquito. Aunque debo ser de las pocas locas del universo que vomitan sonriendo, porque las náuseas y el malestar son síntomas de que el niño sigue ahí, y está bien, y solo eso me quitaba la pena de no poder llevar una vida normal.

Todo esto está desarrollado en el capítulo «El re-parto», por si quieren indagar un poco más.

Dentro de mis posibilidades, seguí yendo a clase casi todos los días en la Complu, y los profesores me dejaban salir de clase a vomitar (este asunto era muy original). Y también en el trabajo, donde la verdad, se portaron muy bien conmigo y entendieron que algunos días no pudiera levantarme del sofá.

Cuando la cosa empezaba a mejorar, y podía tolerar algo de comida, lo único que admitía mi cuerpo era bollería y las tostadas con mantequilla. Creo que me podía comer como diez del tirón. Así que poco a poco me fui convirtiendo en una embarazada sonrosada y rolliza. Cuando iba al ginecólogo y me pesaba la enfermera, muchas veces me decía: «Vuelve a subir que ha habido algún error», y yo volvía a pesarme con la cara morada de vergüenza, sabiendo que se iba a confirmar el error y el horror. Lo bueno es que nunca llegué a igualar a una gran amiga mía, a la cual, después de engordar 33 kilos en el embarazo, escribieron en su historia médica, bien grande: «CASO PERDIDO».

Así fue pasando el tiempo y llegué a la semana 41. Era octubre y hacía calor. Yo era lo más parecido a un hobbit gordito de la comarca, y daba paseos para ponerme de parto, donde se me rompían las sandalias de lo hinchados que tenía los pies. No hubo manera de que el niño bajara, hasta que, desde los más adentros, escuchó de boca del ginecólogo las palabras «provocar parto mañana», y esa misma noche empezó el trabajo él solito. Y el 10 de octubre de 2002, a las 15 horas, pasamos a ser tres.

Muchas veces pienso que nadie te cuenta bien todo lo que te va a pasar. Yo no tengo depresiones posparto, pero en el momento de llegar a casa, algo pasa dentro de mí, que tengo una reacción fuerte de tristeza inexplicable. Probablemente es miedo a una nueva situación desconocida y con las hormonas revolucionadas bailando salsa. Todo esto me pasaba incluso teniendo a Guillermo pegado a mí todo el tiempo, ayudándome en todo. Mi madre y mi suegra también habían venido, y todo estaba bien, pero era algo irracional, y en aquel momento no sabía que era perfectamente normal. Esa noche lloré todo lo que me dio el cuerpo, y tuve una sensación muy rara pensando que me había equivocado metiendo un extraño en mi casa y en mi relación. Esto me ha pasado casi todas las veces, pero por suerte me dura muy poco, solo el día de llegar a casa, y aunque no le pasa a todo el mundo, **yo siempre recomiendo que la llegada a casa sea de día**, no de noche, que la cosa empeora un poco más.

Illa, illa, illa, illa, novatilla

Dudo que haya alguien en el mundo que haya sido más novatilla que yo. Ahora veo a las madres primerizas y cómo se organizan y me doy cuenta de lo pequeña que yo era y lo mal organizada que estaba.

Chipi, el nuevo nombre del bebé acuñado por su abuelo, nos tenía absolutamente dominados. El pobre no comía bien, no dormía bien, y al poco de nacer empezaron los tremendos cólicos. Teníamos la espalda *destrozaíca perdía* y los oídos ya sin sensibilidad. Cuando empezó a comer sólido, no había manera. Le cortábamos los trocitos de carne tan pequeños que si se te caían al suelo no los encontrabas, y mientras uno le metía la cuchara hasta la campanilla, el otro representaba toda suerte de obras de teatro, canciones, bailes y juegos a cual más ridículo, todo para intentar que comiera algo y engordara un poquitín, ya que estaba *delgaduco, delgaduco*. Cada día para que se durmiera, lo metíamos con nosotros en nuestra cama y nos tiraba del pelo durante horas hasta que se quedaba dormido. Cuando me acuerdo de todo aquello y me imagino a mí misma metida en esa cama, quedándome calva lentamente, me entra una mezcla de risa y vergüenza ajena a partes iguales que me hacen darme cuenta de que la esperanza debe de ser lo único que se pierde, porque me miro ahora mismo y analizo la llegada de mis últimos hijos, y veo que los milagros existen y se manifiestan.

Además, con el primer hijo todo se te hace un mundo.

Chipi era un niño muy delgadito. Sufrimos mucho por este tema. Además de no comer bien, tenía alergia a la leche y al huevo, durante un tiempo tampoco tomó gluten. Cada poco tiempo íbamos al pediatra para comprobar si había engordado algo, pero no, y yo lo pasaba mal, no solo porque me preocupaba su salud, sino porque, sorprendentemente, la sociedad quiere niños gorditos, o así me lo hacían entender a mí. Cuando iba a reuniones donde había otros bebés, nunca me decían nada del mío. Cogían a los de las demás y los comentarios eran siempre sobre lo gorditas que tenían las piernas, sobre las pulseras de sus muñecas, sobre los papos, las lorzas… Yo me volvía a casa llorando. Mi niño era lo más bonito del mundo, pero la gente lo miraba y me ponía cara de preocupación, porque además el pobrecito tenía una dermatitis muy fuerte y eso empeoraba la cosa.

Yo maldecía a la sociedad, que primero premia a los hermosos y gorditos, y luego los aparta o los humilla. Primero tienes que ser gordo y luego, delgado. Nunca lo entenderé.

La verdad es que no lo pasé bien, no fue fácil. Pero él era un niño muy rico, muy listo, muy sonriente, muy bueno, a pesar de las complicaciones que tenía el pobre. Recuerdo que, para encontrarle bien la vena cuando había que hacerle análisis, querían que llorara, para que con el esfuerzo se le vieran mejor. Y no lo conseguían de ninguna manera. Al pobre había que hacerle daño para arrancarle el llanto. Y así sigue ahora, siempre sonriendo, siempre de buen humor. Y tirando de amor de madre, creo que es un guaperas importante.

Del episodio de las alergias y las dermatitis también hablo en el capítulo de las «-itis», así que no me extiendo más.

Me parece importante contar todo esto porque cuando me dicen ahora que soy una crack, que cómo me organizo de bien, que qué ordenada soy y que cómo puedo con ocho si la gente con uno no da abasto, todo eso que me dicen con tanta generosidad, yo me acuerdo de mí misma, con veintitrés años, metida en esa cama, en pijama desde por la mañana, esperando que el niño se durmiera, llorando por la desesperación de no poder con su dermatitis, con el salón hecho un desastre, montañas de ropa sucia por todas partes, la mesa llena de cosas, cenando comida de lata porque no me daba la vida para cocinar, con el niño ingresado una y otra vez por distintas razones, y sin poder disfrutar de mi Muju, que estaba igual de desesperado y perdido que yo.

¿¿¿CRACK YO??? NOOOOOOOO.

49

No soy una crack. No fui mejor que todas las personas que me lo dicen. Empecé mal, pero creo que aprendí a corregirlo. Aprendí a organizarme y a facilitarme las cosas a mí misma. Y de eso va un poco este libro, de contar cómo fue ese proceso. Proceso que, dicho sea de paso, no había hecho más que empezar.

Y VAMOS CON EL SEGUNDO PAR

A pesar de lo duro que fue al principio, estábamos felices y embobados con nuestro niño. Todo el día con la cámara de fotos en ristre, de aquella época en la que había que revelar el carrete, y así tenemos cajas y cajas de fotos del primer niño, cajas del segundo, caja del tercero y dos o tres fotos por niño a partir del cuarto bebé. Qué típico y qué injusto a la vez. Los dos últimos ya son de la época de las buenas cámaras en el móvil así que vuelven a tener cientos de fotos y vídeos que ahora se alojan en la nube.

Quizá por la edad que teníamos, yo sobre todo, no éramos muy conscientes de la gran responsabilidad en la que nos habíamos metido.

Chipi seguía nuestros planes de siempre, hacíamos la vida prácticamente igual que la de antes de ser padres. Viajábamos a Asturias a ver a nuestros padres mínimo dos veces al mes, seguíamos organizando saraos, haciendo la compra en tiempo récord, pero esta vez con carro y carrito, etcétera.

Y al cumplir nuestro bebé los cinco meses... un buen día El Muju le estaba dando el puré a Chipi, y cuando me llegó el olor... nos enteramos de que íbamos a tener que comprar un segundo par de katiuskas. ☺

Embarazo con nube negra, muy negra, y encima esta vez con un pequeño Chipi que seguía, lógicamente, su ritmo normal. Siempre he tenido cierta manía a los purés de verduras de los bebés, porque coincidió empezar a dárselos justo con la llegada de las *«vomitinas verdes»*.

Nueve meses y una semana después, abría los ojos Chalez, los ojos más verdes y bonitos que he visto en mi vida, como los de un bebé de dibujo animado abriendo los ojos por primera vez. Y pasamos a ser cuatro en nuestra desordenada y desorganizada casa.

Chalez, nació con los horarios cambiados totalmente. Dormía de día y de noche llegaba la juerga en forma de cólicos. Así que mis recuerdos de esos primeros meses transcurren entre las fundas de flores de los sofás del salón. El Muju en un sofá y yo en otro, despertándonos para hacer turnos. No sé cómo no nos echaron de aquel edificio, donde no debía de dormir nadie por culpa de los hermosos pulmones de mi segundo churumbelín.

Ya en aquella época descubrimos que los niños nacen con un *«sensor tocaglúteos»*, *katiuskario*, incorporado. Esto es la sensibilidad que tienen los bebés cuando notan que la persona que les sostiene en brazos no puede más y va a sentarse. En el momento en que el glúteo roza, MÍNIMAMENTE, una superficie para apoyarse, se despiertan y empiezan de nuevo a llorar. Nota para los listillos, entre los que me encuentro: da igual la inclinación que le des a los brazos para que el niño quede totalmente en volandas y no note que estás sentado, el sensor es extremadamente preciso, no se le puede engañar.

Cuando por fin Chalez entraba en *«dormidera profunda»*, *katiuskario*, pero muy profunda, y empezábamos a relajarnos, entonces oíamos la vocecita de su hermano mayor que ya no aguantaba más en su cuna. (Eso, los días que pasaba la noche en su cuna, porque normalmente acababa durmiendo en nuestra cama.)

Había cosas que nosotros no podíamos controlar mucho, los cólicos, las alergias, las bronquiolitis, etcétera, cosas que nos generaban agotamiento y estrés, pero dentro de nuestra ingenua e inconsciente felicidad, y bastante inmadurez, no nos dábamos cuenta de que teníamos un pequeño desastre de rutinas y organización que nos estresaba a todos más si cabe.

Por ejemplo. Nos habían regalado una sillita mega guay de tres ruedas, que es lo que se había puesto de moda en ese momento, pero que era tan psicodélica y molona, que no nos cabía en el ascensor. Vivíamos en un quinto piso, así que teníamos que dejar la silla, candada a una barandilla del portal. Para el mayor teníamos el patinete, y cuando salíamos a dar un paseo, y se me dormían por el camino, al llegar a casa, yo tenía que sacar a uno de la silla, dormido, coger al otro que también estaba dormido, plegar la silla y candarla, llamar al ascensor, subir a casa, sacar las llaves del bolso y abrir la puerta, todo con los dos dormidos en brazos. Yo ya llegaba a casa con un ataque de estrés, y eso me condicionaba el resto del día. Me estresaba tanto que incluso llegó un momento en el que ya no quería ni salir de casa para nada.

Este ejemplo es una tontería, pero tenía muchos temas como este, que estaban mal pensados y no solucionados, y que me hacían vivir en una continua situación de estrés, aunque yo no fuera muy consciente de ello.

Por fin fuimos cogiendo el truco a los horarios de los dos, los cólicos se fueron acabando, empezamos a aprender a desenvolvernos, y...

Tercer par

Llegó Álvarez. Estábamos felices, porque así lo habíamos querido. Teníamos muy claro que queríamos que los niños se llevaran poco tiempo entre ellos, y así ocurrió. Nos daba vértigo, pero a la vez estábamos encantados.

Por aquel tiempo yo trabajaba unas horitas fuera de casa, en un sitio al que podía ir andando. Pero ante la llegada del tercero, por fin decidimos cambiarnos de casa a una zona más preparada para niños y a una casa un poquito más grande. (Y con un ascensor con capacidad para sillas ☺.) Del tema mudanzas os hablaré también en el capítulo sobre la organización, con algunos *tips* que yo he aprendido después de hacer cinco.

La nueva urbanización era ya otra cosa. Estábamos más lejos, pero teníamos tres habitaciones y por fin cabíamos. Además, estábamos rodeados de gente joven, en su primera casa, con sus primeros niños, y nos ayudábamos un montón. Hicimos grandes amigos allí.

El pequeño Álvarez nació glotón, muy glotón. Y se pasó tres meses llorando porque no sabíamos entender que sus llantos eran fruto del hambre y no de los cólicos.

En los primeros meses, juré y perjuré que no tendría más hijos. Eran las cinco de la tarde, yo miraba por la ventana y veía a mis vecinos con los niños abajo, repeinados, perfectamente vestidos, jugando en el parque. Y luego me miraba a mí misma, y me veía en pijama, con los pelos de punta, sin haber dado meriendas, y si me apuras, ni siquiera comidas, con uno llorando, otro pintando un sofá y otro con caca hasta el cuello, y me sentía muy desgraciada. Guillermo estaba trabajando en una empresa que le hacía viajar a Alemania tres o cuatro días a la semana, y a mí me costaba mucho asumirlo, no lo llevaba nada bien, le echaba muchísimo de menos. Cuando por fin conseguía bajar, los demás empezaban ya a subir. Y yo aguantaba allí sola a que mis pobres niños jugaran un ratito y subieran *desfogaos*.

Lloraba. Lloraba mucho. Me sentía muy sola, y veía que no podía con la vida, ni con esa situación. Adelgacé mucho, porque no podía ni sentarme a comer, todo el día corriendo de un sitio a otro.

Por otro lado los veía a ellos, tan chiquitines, tan buenos, porque eran muy buenos, y jugando juntos a todas horas y sabía que eso era lo que quería. Me reafirmaba que eso era lo que me hacía feliz y que quizá lo que tenía que hacer era cambiar lo que no estaba funcionando bien.

LA PRIMERA NIÑA

De momento lo que cambió fue que nos enteramos de que estaba embarazada otra vez, de nuestra primera niña. La verdad es que sabíamos que queríamos tener más, pero fue una sorpresa porque no la esperábamos tan rápido. Cuando nos dijeron que era una niña, morí de la emoción. Los primeros meses me costó muchísimo cambiar las «os» por las «as»; incluso cuando ya había nacido, la pobre era muy mono, muy rico, y muy bueno. ☺

Lógicamente con cuatro niños el tema económico empezaba a ponerse interesante. No llegábamos a final de mes ni de broma, así que cambié de trabajo. La verdad es que tuve mucha suerte con la empresa, porque fui a la entrevista embarazada de cinco meses y no les importó lo más mínimo. Pero el horario fue un cambio importante para mí y toda la familia: de estar cuatro horitas fuera de casa, pasé a casi doce. Salía de casa a las ocho de la mañana y llegaba a las ocho de la tarde. Era jornada completa, con dos horas para comer, y no me daba tiempo a volver a casa, así que lo hacía del tirón.

Hasta entonces había contado con ayuda en casa las horas que yo me iba a trabajar, y esto también tuvimos que cambiarlo. Contratamos a una chica interna, que no hablaba bien español y no tenía experiencia con niños. Sonreía tanto cuando la conocí que me pareció todo bien. Alguien que viene a una casa donde esperan el cuarto bebé y encima sonríe, ya lo dice todo. Aunque la realidad es que no se manejaba bien, y yo no podía ayudarle mucho porque no nos entendíamos.

Muchos días, por no decir todos, cuando yo terminaba mi jornada y cogía el coche para volver a casa, empezaba a llorar e iba todo el camino llorando. Casi siempre, cuando llegaba, me encontraba al mayor, que ya había empezado el colegio, dormido en el salón con el uniforme puesto, al segundo jugando solo en algún rincón, y a la pobre chica con el tercero llorando en brazos y sin poder calmarle.

Yo estaba tan nerviosa y me sentía tan mal, que perdía los nervios con facilidad y gritaba a todas horas. No disfrutaba, no encontraba la paz, no era para nada la madre que quería ser para mis hijos.

EL CLIC. AQUELLO QUE ME HIZO CAMBIAR

Y de repente pasó algo. En una ecografía de control, me dijeron que Miluchi había dejado de crecer. Se estaba quedando muy pequeñita. Además, hubo otro pequeño susto con sus riñones, aunque este fue solo un susto, pero me mandaron a hacer reposo. Estaba embarazada de seis meses y solo llevaba dos en la empresa, así que tenía pánico de decírselo a mi jefe, Ángel, pero su respuesta fue espectacular. Me fui bastante tranquila a tratar de hacer crecer a mi hija. El estrés estaba pudiendo con las dos. Así que comencé el reposo, y empecé a estar en casa mucho tiempo. Le debo muchas cosas a mi cuarta niña, pero una de las más importantes es esta. Guillermo consiguió no viajar más a Alemania y cambió bastante el ritmo de vida en el que nos habíamos metido y la *«rueda de hámster»*, *katiuskario*, ilógica e inconsciente en la que yo estaba totalmente sumida.

Todas las mañanas, antes de ir a trabajar y llevar a los niños al cole, Chipi y yo hacíamos juntos sus deberes. Estaban aprendiendo las letras. Cada día le decían una letra y en casa teníamos que escribir «palabritas» que empezaran por esa letra. Un día tocó la i. Y yo le dije: «Venga, Chipi, palabritas con la i. ¿Cuáles se te ocurren?», y él, mirándome fijamente, empezó a pensar y me dijo: «Iii, iiiii, ¿y, mamá?».

Todavía ahora mientras escribo esto lloro. «¿Y, mamá?» El pobrecito debía pasarse el día repitiendo tanto esa pregunta que a él ya le parecía una sola palabra. Esa mirada y ese momento no se me van a olvidar nunca, lo sé.

Se me cayó el alma a los pies.

Pero gracias a aquel estrés, gracias a aquel reposo y gracias a aquel «¿Y, mamá?», LLEGÓ EL MOMENTO EN QUE DECIDÍ COGER LAS RIENDAS DE MI VIDA Y CAMBIARLA.

TIPS

LO MÁS IMPORTANTE

PALABRAS CLAVE

2

Decálogo

He aquí.

Venga, voy a intentar resumir mis quince años de experiencia maternal, en diez ideas importantes que me han ayudado y lo siguen haciendo cada día. Ideas que he aprendido con el tiempo, después de haberlo pasado mal, de haber entendido que tal y como iba no sería posible disfrutar de la maternidad, y que tenía que tomar yo las riendas de mi vida.

Aquel día en el que me mandaron a hacer reposo durante el embarazo de mi cuarta hija, aquel día en el que mi hijo, con aquella carita, me dijo de alguna manera que su madre nunca estaba en casa: aquel día, mi cabeza y mi corazón hicieron CLIC y empecé a vivir la vida de otra manera.

1. ACTITUD. ESTE ES EL TRUCO DEL ALMENDRUCO

La actitud, ni más ni menos.

En la vida te lo pueden robar todo: tu casa, tu coche, tu dinero, tus cosas…, te lo pueden robar todo salvo la actitud. Leí en una entrevista que le hicieron a Andrés Aljure, instructor de «felicidad laboral», que tu felicidad depende en un 10 por ciento de lo que te sucede y en un 90 por ciento de cómo vives lo que te sucede. Y estoy totalmente de acuerdo. Lo podemos comprobar además en personas que parecen de otro planeta y que, viviendo situaciones dramáticas, mantienen una actitud envidiable y que sin duda les ayuda a afrontar las cosas de otra manera.

La maternidad, la paternidad, también puede cambiar completamente si tratamos de vivirla con actitud positiva. Esto se puede trabajar, yo lo hice. Cambié completamente mi actitud y cambió todo. Es una lucha diaria, continua, sin descanso, por tratar de encontrar las cosas positivas que nos ocurren alrededor, y que son muchas (tengamos la situación que tengamos), y vivir la vida valorándolas y huyendo de los pensamientos negativos.

Con dieciséis años me fui a la Ruta Quetzal. Un viaje a Bolivia, donde durante 45 días acampábamos para dormir cada día en un sitio distinto, con climatologías muy diferentes. Todos los días nos despertaba un chico con megáfono en mano diciéndonos frases graciosas y motivadoras para levantarnos (imaginaos a trescientos adolescentes de quince y dieciséis años a los que hay que despertar por las mañanas)… y cuando llovía, que era bastante habitual, siempre nos decía: «LA LLUVIA ES PSICOLÓGICA». En aquellos momentos nos acordábamos de toda la familia de aquel pobre hombre, pero la verdad es que con el tiempo, escucho y re-escucho esas palabras en mi mente, y se me han grabado como un lema. Y me pregunto: ¿qué es la lluvia? Agua. ¿Qué pasa con el agua? Que moja. ¿Y qué pasa cuando te mojas? Que se seca. Podemos despertarnos por la mañana en un día de lluvia maldiciendo el pelo fosco que se nos pone cuando llueve, o el atasco que vamos a encontrar, o la depresión que generan los días de cielo encapotado y gris… O pensar que la lluvia es psicológica, y vivir más feliz.

Qué razón tenía Azúcar Moreno: SÓLO SE VIVE UNA VEZ. Vale que estemos cansados. Vale que tengamos estrés. Vale que la vida no es fácil y compaginar todos los ámbitos de nuestro día a día es tarea imposible. Pero es que la vida solo se vive una vez. Y esto no es como una serie de Netflix, en la que coges el cursor y rebobinas, no. Esto solo va *pa'lante*, señores, así que seamos felices, vivamos y no hagamos cosas de las que nos podamos arrepentir en el futuro.

Tengo una amiga que es diez años mayor que yo. (Este me parece un *tip* muy útil. Debes tener algunos amigos mayores que tú, primero porque tú siempre serás la asquerosamente joven, y segundo, porque esto te da la oportunidad de vivir sus experiencias de cerca y aprender aciertos y errores.) Esta amiga tiene siete hijos y muchas veces me dice, con gran pena, que se ha perdido a sus hijas mayores. Cuando las niñas eran pequeñas ella tenía un trabajo que le robaba todas las horas del día y llegaba a casa cuando ya estaban dormidas. Luego cambió de trabajo y la situación mejoró. Ahora dice que esas hijas suyas no tienen confianza con ella, no le cuentan lo que les pasa, son muy independientes. Y me dice siempre que le tortura la idea de que no puede dar marcha atrás y volver a empezar. Hay circunstancias que vienen dadas y no tenemos capacidad de cambiarlas, pero es bueno plantearse si eso es lo que queremos realmente, y tratar de luchar por conseguir aquello que nos hemos propuesto en la vida, porque nos hace felices a nosotros y a los nuestros. Y mientras esa situación llega, por lo menos, tengamos una actitud positiva que nos haga afrontarlo de la mejor manera posible.

2. ¿QUÉ ES LO PEOR QUE PUEDE PASAR?

A mí me ayuda mucho ponerme en lo peor. Cuando El Muju se iba a hacer exámenes de la carrera, justo antes de empezar el examen me llamaba para preguntarme: «¿Por qué, qué es lo peor que puede pasar?», y yo le contestaba: «Que suspendas». Pues eso. Una vez que te pones en lo peor de lo peor y te haces un poco a la idea, todo lo que pase es mejor o igual a eso, y sufres menos.

Mi gran amigo Winston Churchill dijo una vez: «Pasé más de la mitad de mi vida preocupándome por cosas que jamás iban a ocurrir». Y es verdad... qué cantidad de tiempo desperdiciado. Esto es una llamada a disfrutar del presente, dejando la ansiedad de lado.

Existe también una frase que dice: «La depresión es exceso de pasado; la ansiedad, exceso de futuro; el presente es estar en paz».

Y qué difícil es conseguir todo esto que digo... Parece fácil, pero luego está el día a día. Es una lucha continua, y a lo largo de toda la vida.

3. *BE PATIENT, MY FRIEND* (YODA *DIXIT*)

Paciencia... ¡¡paciencia!! Esto es como un músculo, como un deporte, como la memoria... HAY QUE EJERCITARLA.

• Para empezar, **paciencia con uno mismo**. No hay ninguna asignatura en el colegio que te enseñe a ser padre. No hay libro de instrucciones, esto no viene con una llave Allen y listo. Qué va... ni siquiera aunque leas todos los blogs, revistas y libros que hablen del tema, se está preparado para lo que va a llegar.

Date tiempo. No te exijas tanto. Vivimos en un mundo en el que nos hemos puesto el listón demasiado alto y, en este sentido, nosotros mismos somos nuestros primeros enemigos. Relaja, colega. Lo estás haciendo muy bien... piensa en aquellas cosas que debes mejorar, pero no te exijas tanto.

• **Sé paciente también con tu pareja.** Tampoco viene aprendido de fábrica, así que, igual que tú, necesita sus tiempos. También tiene estrés en el trabajo, también lo pasa mal con las cosas que les suceden a los niños y tiene que gestionarlo interiormente, tampoco lleva bien el sueño...

Hablad, hablad y hablad. Por lo menos que los criterios educativos sean lo más consensuados posible.

Nosotros siempre recordamos a un carpintero asturiano que fabricaba cocinas y era sabio. Él repetía estas palabras: «El matrimonio consiste en diálogo, diálogo, diálogo, y ceder». Pues eso.

• **Paciencia con los abuelos. Paciencia con los suegros.** Los grandes olvidados y a los que tanto exigimos. Les exigimos desde el primer momento que sepan actuar como nosotros queremos, y eso puede ser muy injusto. Ellos también tienen que encontrar su sitio, su espacio en la familia. Pasan a ser suegros de un día para otro y a tener que saber comportarse como tal, sin saber realmente qué se espera de ellos. Y lo mismo cuando son abuelos... Si están demasiado en medio, porque están. Y si no, porque desaparecen... Cuántos problemas se generan en las familias por este tema, y qué poca comprensión demostramos a veces.

En la mayoría de los casos, ellos están haciendo una gran labor de adaptación también a la nueva situación, así que *BE PATIENT, MY FRIEND*.

• **Y por supuesto, paciencia con los niños.** Son eso, niños. Y tienen sus tiempos.

4. 1, 2, 3... ¡¡EQUIPO!!

Rodéate de un buen equipo y cuídalo. (Y que te cuiden, que eso a veces no es tan fácil... ☺) Esa puede ser una de las grandes labores que tengamos en la vida: montar buenos equipos en todos los ámbitos de nuestra existencia.

Muchas veces, cuando me preguntan cómo puedo hacer tantas cosas, siempre respondo: tengo buenos equipos. En casa y en el trabajo, además de la estructura solidaria invisible que me rodea. Me explico.

• **En casa, equipo.** Con tu pareja, es bueno complementarse, y que uno llegue donde no llega el otro. Sé que esto puede no ser fácil a veces, porque a menudo uno da más que otro... Pero no dejemos de luchar para que esto sea así. Con la persona que te ayude en casa, si la tienes, cuídala. Sea alguien que trabaja en tu casa, sean los abuelos, una canguro... Prioridad, dedicarles tiempo y cariño.

• **En el trabajo, equipo.** Con aquellas personas que te rodean y con las que trabajan contigo. Primero, porque sí, porque ellos también merecen que la gente les haga la vida más fácil y bonita, y segundo, porque en situaciones de necesidad, ellos serán los que tengan que cubrirte.

Todas las mañanas cuando entro en la oficina, tengo la calefacción puesta ni bien llego. Pilar, que se sienta enfrente de mí, llega muy pronto y se dedica a poner la calefacción de los demás. Así cuando llegamos no pasamos el frío que pasa ella. Nadie se lo ha pedido, pero Pilar lo hace. Y la adoramos por eso.

Siempre me acordaré de un día que yo tenía una reunión muy importante en el trabajo y me dio la hora de salir a por los niños. Normalmente salgo sin ningún problema y todo el mundo lo entiende, pero ese día era realmente importante que yo estuviera allí y El Muju estaba de viaje. Cogí el móvil y solo puse: «Rocío…», y a los dos minutos vi por la ventana a mi compañera y amiga Rocío corriendo por el parking para ir a recoger a los niños al cole. A la media hora recibí un mensaje suyo que decía: «Paquete entregado». Y al ratito vi que volvía a entrar en el parking. Qué tía.

Pilar y Rocío hacen equipo. Y nos hacen la vida más fácil.

• Y luego existe lo que yo llamo «**la estructura solidaria invisible**», que es ese grupo de personas que suelen estar siempre disponibles para ayudarte en lo que sea, que no esperan nada a cambio y que te facilitan el día a día y la gestión familiar. Esas personas que llevan y traen a los niños cuando tú no puedes, que te recuerdan eventos o cosas importantes, esas personas que cuando los hijos tienen que llevar una cartulina roja al cole, llevan tres, por si a alguien se le ha olvidado. Esa solidaridad que se crea entre los padres, constituye una tremenda red invisible de ayuda y generosidad, sin la cual yo no sería capaz de llegar a todo lo que hago. No me cansaré de dar las gracias a todos aquellos que, con infinita paciencia, hacen todo eso por nosotros.

Nuestra responsabilidad es cuidar a esos equipos de personas que tanto nos ayudan, y formar parte de las estructuras solidarias invisibles de los demás.

5. *Keep calm, and* reilusiónate

Hay días de bajón, eso está más claro que el agua. Hay días que nada apetece, que no se puede con la vida, que esto se hace cuesta arriba y que no te atreves ni a salir de la habitación.

Me parece importante que cada uno busque sus herramientas de subidón, de re-ilusión. **Hazte un cajón mental con tus herramientas de cabecera.**

Piensa un poco en lo que te hace sentir bien. En la música que te hace venirte arriba, en la peli que te hace re-enamorarte incluso más que antes, en las cuentas de Instagram que te inspiran o te hacen reír. Y tenlo todo a mano, para esos momentos en los que lo necesites.

Hay días que me despierto y veo claramente que necesito a Enrique Iglesias cantando un *Súbeme la radio*, de camino al trabajo. Hay días que necesito ver *Orgullo y prejuicio*, o *El diario de Noah*, o *Algo pasa en Las Vegas*, para poner el encefalograma plano y desconectar...

También utiliza frases: acostúmbrate a decírtelas en el espejo. No sabéis la cantidad de veces que yo me digo a mí misma: «Pero si soy una crack y la gente no es del todo consciente», o un oportuno «Soy asquerosamente joven»... que aunque sea todo mentira, la verdad es que a mí me funciona. ☺

Yo he descubierto lo importante que es **APRENDER A MIRARSE EN EL ESPEJO**, con cariño, intentando querernos un poco, porque a menudo vemos lo que tenemos en la cabeza, no la realidad. Es decir, después de unos días durmiendo mal, estemos como estemos nos vemos con cara de agotamiento, con ojeras, nos vemos mal, porque esa idea parte de nuestra mente, y ya nos predispone. Yo me he dado cuenta, con el tiempo, que puedo cambiar la mirada. Últimamente me miro y veo que me estoy haciendo mayor, pero si cambio la mirada veo a la Palu de siempre. Prueba y verás. Cambia la mirada y cuídate, encuéntrate y sé generosa contigo misma.

6. ¿A QUIÉN QUIERO QUE RECUERDEN?

Haz un ejercicio mental y piensa cómo te imaginaste cuando decidiste tener hijos. Qué tipo de madre o padre querías ser. Haz ese ejercicio y piensa CÓMO QUIERES QUE TE RECUERDEN TUS HIJOS. Y lucha por conseguirlo. No va a ser fácil algunos días, y no pasará nada si a veces te desvías del camino. Pero lúchalo, porque la cuestión está en la actitud, porque solo se vive una vez, porque estás llevando a cabo algo muy grande y lo estás haciendo muy bien. Y dudo que haya algo más importante que tu familia y hacerles felices.

Mi madre es el colmo de la alegría. Cuando éramos pequeños y ella no estaba en casa, creo que había un ambientillo de sentirse bien, pero todos notábamos que nos faltaba algo. Cuando ella llegaba, nada más entrar por la puerta decía muy alto su típico: «Hoooolaaaaaaaaa», que llegaba hasta cada rincón de la casa y del corazón. Estoy segura de que todos mis hermanos, al igual que yo, pensábamos: «Ya está. Mamá está en casa». Y ya nos sentíamos de otra manera en casa, más tranquilos, más felices. Ahora cuando llamo a mi madre por teléfono, sigue respondiendo con ese «Hola» que te llena el corazón de alegría, y eso que ella no está pasando por momentos fáciles, pero creo que nunca dejará que se le note.

Me parece una pasada que tus hijos puedan recordarte como alguien alegre, siempre. Eso es lo que yo también quiero que recuerden mis hijos. Y en ello estoy.

Y, desde luego, tengo que esforzarme cada día para **que mis hijos no recuerden a una madre que les hablaba mientras miraba una pantalla.** Qué chungo es esto… Pero es así. Cuántas veces nos dicen cosas y no levantamos la mirada del móvil, o incluso vienen a despedirse antes de irse a dormir y seguimos con los ojos clavados allí, o mientras los acompañamos hasta que se duermen, sentados en su cama, estamos también con el móvil en la mano. Esto es algo que estoy segura de que algún día querré rebobinar y dejar de hacer. Así que tengo que esforzarme cada día para que no sea así.

7. Para, ¡piensa! (aunque sea en el wc)

Si ves que viene el estrés… ¡huye!

Porque, ¿qué otro momento tenemos los padres para pensar? ☺ Y eso si conseguimos que nos dejen ese ratito solos, que eso también es una hazaña.

Uno de los grandes problemas que tenemos hoy en día, es que NO TENEMOS TIEMPO PARA PENSAR. Ya de por sí, no tenemos mucho tiempo, entre trabajo, casa, niños... pero es que para colmo, el poquito tiempo que nos queda libre al día, lo ocupamos con los móviles. Cada vez pasamos menos tiempo observando y dando espacio y tiempo a nuestra mente para reflexionar.

Muchas veces estamos tan metidos en la rutina, en el estrés, en la «*rueda de hámster*», *katiuskario*, que no nos damos cuenta de que hay cosas en nuestra vida, en nuestras rutinas, en nuestra organización y gestión familiar, que no funcionan y habría que cambiar.

8. REINVENTA, REORDENA, REORGANIZA, ¡COPIA!

Localiza aquellos picos estresantes que puedes tener en el día, dales una vuelta y replantéatelos, con la intención de reducir ese nivel de estrés. Seamos listos, podemos hacerlo.

Si la salida de casa por las mañanas te estropea el día entero porque no consigues salir puntual con los niños, cambia las rutinas. REINVENTA ESE MOMENTO. Deja los desayunos preparados el día anterior, o hazte un perchero de uniformes (si el problema está en que los niños no encuentran sus cosas), o piensa qué es lo que no funciona y cámbialo.

Si los armarios de tu casa están siempre hechos un desastre y cada vez que sacan algo tiran todo lo demás, REORDENA. Piensa cuál es la mejor manera de organizarlos, qué es lo que más usan y lo que menos, y ponlo delante y a su altura. Etiqueta cada balda o cajón, para que ellos sepan dónde va cada cosa y así lo tendrán más fácil.

Si echas a lavar tu camiseta verde, y tarda tres meses en volver al armario, te das cuenta de que el tema de la ropa no funciona en tu casa, está mal planteado, REORGANIZA. Idea un sistema para que funcione mejor y que fluya.

Y que viva el arte de copiar. Cuando me invitan a una casa y veo algo que me gusta y funciona, me falta tiempo para llegar a casa e imitarlo. Si alguien inventa algo que mola, ¿por qué no aprovecharlo? Yo me paso el día preguntando a la gente qué le han servido en las cenas a las que ha ido, para copiar todas las recetas, o preguntando cómo se desarrolla su día a día, o cómo se organiza en casa. Alguna vez me dicen que les someto a interrogatorio, pero lo cierto es que me encanta conocer maneras de mejorar procedimientos.

¡COPIA sin miedo! Cuando a mí una persona me dice que va a copiar algo que hago yo, muero de la emoción, pues alguien podrá aprovechar una idea que ha salido de mí.

Y como esto, podría enumerar muchísimos otros ejemplos. Diría que esta es una de nuestras labores fundamentales: inventar un sistema que funcione, en todos los ámbitos de nuestra vida, y huir del estrés, en la medida de lo posible.

Y para todo esto, o paramos, o paramos. Es imposible darse cuenta de las carencias que tenemos o de aquello que no funciona, si no llevamos los ojos bien abiertos y si no nos detenemos a pensar.

Hace poco viví una situación que os cuento: teníamos en casa una pala de ping-pong. Estaba en la zona de juguetes. El Bollu se había aficionado a ella, la tenía todo el día en la mano. Iba jugando dando golpes por la casa, haciendo ruido y tirando cosas. Entonces yo me ponía muy nerviosa y la escondía. Pero esos escondites que pensamos que son imposibles de descubrir, deben de ser la primera opción donde buscan ellos, porque ni el sitio más recóndito se les resiste: lo encuentran y muy pero que muy rápido. Así que la pala volvía al ruedo y El Bollu incluso pegaba a sus hermanos con ella, cuando no estaba de acuerdo en algo. Yo me enfadaba y la volvía a esconder. Me acordaba de toda la familia del que inventó las palas de ping-pong, porque la pala siempre volvía a aparecer y a generar peleas y chichones. Hasta que en un momento de calma pensé: ¿ACASO HAY EN ESTA CASA MESA DE PING-PONG? ¿ACASO USAMOS LA PALA PARA JUGAR AL PING-PONG EN ALGÚN MOMENTO? Tan sencillo como eso. Meses aguantando los líos con la pala... La tiré y se acabaron las chorradas. Nadie la ha echado de menos.

9. IRREALISTITIS. MI VIDA CAMBIÓ CUANDO EMPECÉ A SER REALISTA

No sé si os pasa. Si no, enhorabuena, porque moláis mucho, y tenéis mucho ganado. Pero si perteneces al grupo de la gente enferma de irrealistitis, como yo, tenemos que hacérnoslo mirar.

¿Cómo saber si la padeces? Aquí tienes unos cuantos síntomas:

1. Te ofrecen cinco planes para un mismo día (tres de ellos simultáneos) y en todos confirmas que asistirás. Acompañado de caritas sonrientes.

2. Has quedado con unos amigos en ir a merendar con los niños a las 17.15 h en una cafetería al lado de casa y duermes la siesta hasta las 17 h, pensando que llegas de sobra porque está al lado.

3. Tienes que salir de casa a las 9.30 h de la mañana y a las 9.10 h todavía no te has duchado y estás mirando Instagram.

4. Es domingo, son las 13.45 h y decides hacer croquetas para comer.

5. Tu hijo tiene que hacer una maqueta del sistema solar para dentro de dos semanas y, el día anterior de la fecha de entrega, estás haciendo bolitas de papel de plata porque te han cerrado hasta la tienda de los chinos.

Si te identificas en alguna de las opciones anteriores, sufres de irrealistitis. Si cumples todos los puntos anteriores, el tema es serio. Es aguda y crónica. Y así es muy difícil vivir en paz, y no tener pelea día sí y día también en casa, porque los otros son más realistas que tú y sufren contigo.

Este es mi caso. Yo era de esas. Siempre impuntual, sin saber decir que no a nada, sin darme cuenta de que de momento, de momento, no tengo el don de la ubicuidad. Pero poco a poco, situación a situación, pelea a pelea, estrés a estrés, he ido aprendiendo a darme cuenta de que NO COMPENSA. No compensa todo eso por dormir diez minutos más, ni llegar tarde por contestar a alguien por whatsapp, ni comer a las siete de la tarde porque decidiste hacer croquetas de cocido, y todavía no tenías hecho ni el cocido.

Recuperemos la cordura. Convirtámonos en realistas y así mejorará nuestra calidad de vida.

10. #Desconexión

FUNDAMENTAL, como explico en el capítulo sobre la tecnología. La tendencia a la que nos está llevando el uso de la tecnología no es buena, y debemos iniciar una guerra personal por desconectarnos, en la medida de lo posible.

Veo imposible que en el futuro podamos mirar hacia atrás y sentir orgullo de lo que hicimos, si nos vemos a nosotros mismos mirando todo el día una pantalla de móvil.

Es verdad que gestionamos millones de cosas a través del teléfono, que este nos facilita mucho la vida para aspectos logísticos, pero también es verdad que no hay nada como mirar a nuestros hijos a los ojos, como jugar con ellos, como descubrir en su mirada si les pasa algo que no te están contando...

Me encanta mirar a los ojos a mis hijos y verme a mí misma reflejada en su pupila. Y me encanta verme a mí misma mirándolos a ellos, y no mirando para abajo, a la pantalla del móvil. De eso se trata, de que te recuerden así. Mirándolos a los ojos.

Nadie va a venir a quitarnos el móvil. No van a entrar un día los GEO por la puerta del salón para despojarnos de las pantallas porque nos están haciendo daño. Debemos ser nosotros mismos, y cada uno debe luchar por su propio derecho a la desconexión. **Utilizando la tecnología para aquello que nos facilite la vida, aprovechando las oportunidades que nos ofrece, sacando el máximo partido a sus ventajas, pero con un orden, y siempre que no interfiera en la relación con tu pareja o con los niños.**

Pongo desconexión con un *hashtag*, para que lo llevemos a las redes sociales también, y hagamos viral este cambio de tendencia que debemos empezar cada uno de nosotros.

Y si nada de lo anterior funciona, aplica la TABLA ANTIESTRÉS.

LA TABLA ANTIESTRÉS	DE LA KATIUSKA
ESTÁS AGOBIADO	Respira hondo Compartimenta agobios Pasito a pasito, suave suavesito
ESTÁS MUY AGOBIADO	Enciérrate en tu habitación Con perspectiva, herramientas Valora lo que tienes
NO PUEDES MÁS Y ERES UN PELIGRO PÚBLICO	Escríbeme y lo evitamos: 7paresdekatiuskas@gmail.com

1. Si estás agobiado. Estás en casa y te agobias con la situación que estás viviendo. Se te hace un mundo afrontar lo que tienes que hacer.

a. Lo primero **respira hondo**. Aquello de contar hasta 10 antes de actuar cobra aquí todo su sentido y hay que llevarlo a la práctica. Sé paciente contigo mismo y no pasa nada si te pones muy nervioso, pero te aseguro que, en general, no sirve de nada perder los nervios, gritar, ni enfadarse. Así que busca estrategias y recursos para sustituir los nervios por otras cosas.

b. **Compartimenta los agobios**. Como dice un sabio de la era moderna, «pasito a pasito». Conocí hace no mucho la historia de Josef Ajram, un escritor, deportista y *trader* español. Ha participado en varios Ironman, entre ellos el Maratón de Sables, donde se vive una de las pruebas de supervivencia más emblemáticas del mundo. Se trata de siete días, divididos en seis etapas, donde tienen que recorrer 250 kilómetros, a cuarenta grados, en el desierto del Sáhara. Solo de pensarlo me dan ataques de agotamiento.

Cuando le preguntan a Josef cómo ha podido conseguir tal hazaña, él dice que se lo plantea así: el primer día, cuando empieza la carrera, corre quince minutos. Cuando los termina piensa: voy a correr otros quince, y al terminar esos, sigue con otros quince. Luego otros quince, y así es como termina los 250 kilómetros en siete días, a cuarenta grados en el desierto del Sáhara.

Al leer aquella entrevista que le hicieron, pensé que exactamente esa tiene que ser nuestra actitud. **Compartimenta y vencerás**. Divide el agobio.

Cuando me preguntan cómo puedo con ocho, por ejemplo, con los baños, yo contesto que no me planteo bañar a ocho, sino primero a uno y al terminar, a otro y al terminar, a otro, así hasta que acabo con todos. Gracias a Dios ya no baño a los ocho, lógicamente, pero a veces perseguirlos para que se metan en la ducha es una tarea mucho más lenta y pesada que bañar a los pequeños. Pero a lo que voy es que en mi cabeza voy uno a uno, si no sería imposible de afrontar.

Lo mismo me pasa con otras cosas, como cuando tienes que ordenar una montaña de ropa que se ha acumulado durante mucho tiempo. Pasas al lado y quieres morir. Tanto que se te hace bola y vas dejándolo para no hacerlo. A partir de ahora, cada vez que pases junto a la montaña, coge tres prendas y colócalas. Y la siguiente vez otras tres, y la siguiente otras tres, y antes de que te des cuenta tienes el hueco vacío.

2. Si estás MUY agobiado. No puedes más. Te preguntas cómo y cuándo saldrás de esta etapa que te atormenta profundamente. Te has convertido en la niña del exorcista y solo gritas.

a. Antes de hacer nada, **enciérrate en alguna habitación**, donde no puedan entrar, y aprovecha los tres minutos de que dispones antes de que empiecen a aporrear la puerta.

Una vez dentro, mira por la ventana, mira la calle, distráete un momento. Intenta pensar en aquellas herramientas que debes tener cerca, y de las que os hablaba antes. Os pongo un ejemplo: cuando tengo uno de esos días en los que necesito enviar a algunos de mis hijos por Seur a otro país, cojo fotos suyas de cuando eran bebés. Ese instante, en el que recuerdo cuando solamente desprendían ternura por cada uno de los poros de su piel, hace que me vuelvan a la mente esos sentimientos de aquel momento, y eso me ayuda a superar el mal trago actual. ¡Parece una tontería, pero funciona!

b. Cuánto ayuda a veces intentar **tomar perspectiva de la realidad que vivimos**. Teniendo claro que los momentos de agobio llegan, y que todos tenemos derecho a quejarnos, y no pasa nada, y es bueno incluso, piensa en la cantidad de gente que vive realidades mucho más duras, y ahí están echando el resto con el peor de los sufrimientos, y con la mejor de sus sonrisas.

Cuando la gente me dice que no saben cómo puedo aguantar la presión de tener ocho hijos, yo siempre pienso: «Sí, hay días que son muy pesados, pero SON. Aquí los tengo, los he tenido yo porque he querido, son muy ricos, son niños y tienen sus cosas, tienen que pasar por sus distintas etapas, pero sobre todo… ESTÁN SANOS». No tengo ningún derecho a quejarme. Valora lo que tienes y adelante. En esos momentos yo suelo visitar cuentas de Instagram que me inspiran mucho en este sentido.

3. Si eres un peligro público, quieres huir de casa, se te cae encima, crees que no eres feliz y que no puedes soportar la situación… ESCRÍBEME, y hablamos: <7paresdekatiuskas@gmail.com>. Yo he pasado por eso y he aprendido a no llegar a tal estado, siguiendo un poco todo este decálogo anterior.

Ha sido una fase larga de aprendizaje. Un tiempo en el que me iba mal, por la mala organización, por el cansancio, por la falta de recursos… Pero he aprendido a ser una madre relajada, disfrutona, a tomarme las cosas con sentido del humor y a sufrir solo lo justo y necesario.

Desde aquí os envío todo mi ánimo y mi fuerza. ESTÁIS HACIENDO ALGO MUY GRANDE. Estáis construyendo la felicidad de vuestros hijos, haciéndola crecer, dejándoos la piel para que sean grandes personas.

Hace menos de un mes fallecieron dos amigos míos en un accidente de tráfico. Tenían seis hijos. Él era compañero de trabajo y amigo. Fue algo muy inesperado y muy pero que muy doloroso. Desde que he sufrido este suceso en mi vida, todo ha cambiado, os puedo asegurar que cada día lo vivo de otra manera. Si algo puedo decir de mi amigo Xavi es que estaba profundamente enamorado de su familia, de su mujer y sus seis hijos. Era algo fuera de lo común. Un padre, siempre orgulloso, siempre priorizando a su familia, a su mujer. Cada día nos contaba algo de ellos. No tenía reparo en mostrar su amor por ellos, hasta exteriormente, llenándolos siempre de besos en público.

Tengo mucho que agradecerles. Ellos me están ayudando a mirar a mis hijos con otra mirada, a estar con ellos de otra manera, a vivir con más paciencia, a tratarlos con más cariño, a disfrutarles cada día, olvidándome de lo que no es importante. Sabiendo que nuestra estancia aquí no es eterna, y que cuando nos vayamos, debemos irnos con la tranquilidad de haber llenado sus días de amor y alegría.

TIPS

LO MÁS IMPORTANTE

PALABRAS CLAVE

3

El re-parto

Toda mi obsesión en los primeros embarazos consistía en que los partos no fueran cesáreas. Justo antes de quedarme embarazada del primer niño, a varias personas de mi entorno les habían practicado cesáreas, y cuando lo contaban, no tenían muy claro por qué se las habían hecho. Pero es evidente que, aunque quieras luchar contra los elementos, las cosas no siempre son como uno desea, y cuando ya me había relajado en ese sentido porque había tenido cuatro partos naturales, en la quinta acabé yo misma suplicando en el paritorio una cesárea.

La verdad es que de otra cosa no, pero en partos, prepartos, pospartos, embarazos, y todo lo que tiene que ver con «la gestoría» de un bebé, algo de experiencia tengo.

Si tuviera que hablar de mis embarazos en cifras, serían las siguientes:

- 8 embarazos
- 4 partos naturales (1 de ellos en un pasillo)
- 4 cesáreas
- 6 de ellos con epidural (1 de ellos también con sedación)

–1 sin anestesia, «a pelo»

–1 con raquídea

–5 en hospital privado

–3 en hospital público

Así que, como veis, tengo muchas y muy variadas experiencias, y como esto es algo que a todo el mundo le gusta contar, y algo que me preguntan a menudo, pues aquí va mi historia sobre embarazos y partos katiuskeros en sus distintas modalidades.

Susto inicial de primeriza

Siempre me había imaginado el momento de desvelarle a mi maridín el notición de que empezaba la aventura y pasábamos de ser dos a ser tres. Tenía planeadas millones de ideas, pero no hubo opción de darle una sorpresa a El Muju ni a nadie, porque yo tenía unos dolores un poco extraños en la parte baja del vientre, algo así como calambres, y me asusté. De modo que después de comprar un predictor y ver esa segunda rayita que esperábamos con tanta ilusión, pedí cita con un ginecólogo de urgencia para ver qué podía pasar.

Lo que yo sentía era una molestia bastante habitual que luego se me ha repetido en varios embarazos, pero tuve la mala suerte de dar con un médico que me alarmó innecesariamente. Por teléfono me dijo que me bebiera un litro de agua y que no fuera al baño, para poder ver algo en la ecografía. Y así lo hice. Pero en la ecografía no se veía nada (lógicamente, porque debía de estar embarazada de un día y medio) y, tal cual, me dijo que eso parecía un aborto claro y que me quedara haciendo reposo. Cero empatía. Así que mi primer embarazo empezó con un susto, que muy pronto se me quitó, cuando di con el ginecólogo que luego me iba a llevar los embarazos de los cinco mayores.

En aquel momento teníamos un seguro privado por la empresa y lo aproveché para ir a la consulta de este ginecólogo, que me encantó desde el primer día. Era una persona muy cariñosa y, sobre todo, le quitaba bastante hierro a todo. Cuando le conté lo del dolorcillo que tenía me dijo que era absolutamente normal. Esos calambres son tirones en los ligamentos del útero, que se está preparando. Me dijo que me hiciera a la idea de que un embarazo no es una enfermedad, que el cuerpo sufre muchos cambios y que, en general, todos son normales, así que VIDA TOTALMENTE NORMAL.

LA NUBE NEGRA

Uno de los comentarios que más me hacen cuando conocen el número de hijos que tengo, es: «Por lo menos tendrás buenos embarazos, ¿no?». Bueno, pues la respuesta es no. Rotundamente NO. Tengo embarazos tan malos, que hay una época muy larga en ellos, que dura como mínimo seis meses, en los que entro en lo que he pasado a denominar LA NUBE NEGRA.

La nube negra es un estado que me llega más o menos desde la semana nueve o diez de gestación hasta la treinta o un poco más, y en el que lo único en lo que pienso las veinticuatro horas del día es en desaparecer de la faz de la Tierra. Me encuentro tan mal y vomito tantísimo, que me quedo sin energía de ningún tipo. Me despierto vomitando y puedo llegar a hacerlo hasta veinte veces al día. Pero el problema no es ese, casi incluso me siento mejor después de vomitar. El problema realmente es el malestar inexplicable, que afecta al cuerpo entero y que hay días que incluso me impiden hasta hablar. Son días en los que no existo para nadie, es como si estuviera desmayada.

Creo que eso debe de ser lo que le pasa a nuestra amiga Kate Middleton, que se denomina hiperémesis gravídica, y es motivo hasta de ingreso hospitalario. En mi caso, lo paso tumbada en un sofá del salón y con un barreño al lado, al que doy más abrazos en ese tiempo que los que he dado a todos mis hijos desde que soy madre.

Siempre me recetaban Cariban y también Primperan, pero ni lo uno ni lo otro hacían que mejorara. De hecho, muchos días después de tomar Cariban, al ratito podía ver cómo la capsulita azul salía entera por donde había entrado.

(Abstenerse de leer esto estómagos sensibles): En temas de vómitos soy experta nivel pro. Puedo decir que he vomitado en los lugares más sorprendentes. Desde en cualquier jardinera de la calle (todas las de mi zona tienen mi sello, como el de los perros), pasando por los pasillos de Carrefour, incluso entre las butacas en el cine. Tengo especial manía a la película *Yo soy Sam* —pobrecico Sean Penn, que no tiene nada que ver con esto—, pero es que no puedo ni verle. Durante la película me levanté cinco veces a vomitar, una de ellas no me dio tiempo a salir de la sala y tuve a todo el cine de testigo.

Lo peor de lo peor, y esto es horriblemente peligroso, es que he llegado a vomitarme encima conduciendo, sin poder parar y sin quitar ojo de la carretera. La única vez en nuestra vida que nos compramos un coche nuevo, justo sacándolo del concesionario, «matriculé» yo misma el coche con un vómito en toda la palanca de cambios y aledaños. Nuestro coche nunca olió a nuevo. ☺

También tengo historias de vómitos en bolsas de plástico de supermercado, que tenían agujero en el fondo, vómitos en mi oficina, donde hay cercos en la moqueta que llevan mi nombre (y uno especialmente marcado por una pizza Tres Cerditos que comí y que decidió no permanecer en mi cuerpo mucho tiempo).

Por último, solo añadiré a toda esta guarrería infernal que estoy relatando para que hoy os cueste cenar, que **tengo un máster en alimentación de entrada y de salida**. Es decir: todo el mundo conoce cómo sabe la comida cuando entra, pero no todo el mundo puede decir cómo sabe cuando sale. Yo sí. No voy a entrar en muchos detalles, pero os comento solo dos ejemplos: si veis que tenéis muchas ganas de vomitar, podéis comer aceitunas. La entrada y la salida son iguales, saben igual, así que tomáis el aperitivo dos veces. Pero POR FAVOR, no toméis nada que lleve tomate frito. Hacedme caso, podéis morir del asco y la acidez.

La verdad es que releo todo lo que acabo de escribir y pienso: el humano es sabio, olvida lo mal que lo pasa en determinadas situaciones e incluso a veces las convierte en algo de lo que reírse. Lo paso tan mal en esta época, que no entiendo cómo puedo contar esto tan alegremente, pero como puede verse por mi experiencia, a pesar de lo horrible que puede llegar a ser, ESTO SE OLVIDA. Y, sobre todo, acaba con un final taaan feliz, que todo, todísimo compensa.

AVISO PARA NAVEGANTES que todavía no tenéis niños: esto no es lo normal. Lo normal es tener embarazos muy buenos, con algo de náuseas en el peor de los casos, pero salvo mis hermanas y yo (porque esto debe ser genético), no conozco a nadie más que le pase de forma tan exagerada.

Nunca fui embarazada de catálogo

Hay una cosa que hice muy mal. Nunca cuidé mi peso en los embarazos. Al entrar en el estado nube negra, durante todos esos meses, no sé muy bien por qué razón, no podía comer las cosas normales. Solo me apetecían cruasanes, bollería, pan... en general, todo dulce y supercalórico. En casi todos los embarazos me ha sucedido lo mismo: los tres primeros meses adelgazo algo, los dos o tres siguientes engordo cinco kilos cada mes, y al final me estanco un poco en el peso. Una barbaridad, nada sano ni para mí ni para el niño. Estoy segura de que ahora no me pasaría lo mismo. También es verdad que antes no existía tanta cultura de alimentación sana, y además, en esos meses de oscuridad, me limitaba a sobrevivir. En algún embarazo he engordado trece o catorce kilos, pero en alguno también he llegado a los veinte.

Yo he hecho una clasificación de embarazadas: estaban las del **tipo «me he comido una aceituna»**, que a los nueve meses de embarazo tienen una ligera bolita en la tripa, que luego sorprendentemente se convierte en bebé de tres kilos y medio, el **tipo «boa come elefante del principito»**, que manteniendo el cuerpo en su sitio tienen una tripa considerable, y luego estamos las del **tipo «mesa camilla con brasera debajo»**, de las cuales yo soy la presidenta. Somos aquellas que nos podemos poner un salvamanteles encima de la tripa y colocar los platos, los cubiertos y el vaso. Todo cabe en esa explanada en la que se ha convertido tu barriga, hasta el platito de pan. Las integrantes de este grupo perdemos la forma humana durante los meses del embarazo, y somos algo más parecido a una butifarra mal atada, que a una mujer gestante.

La verdad es que no me enorgullezco de ello. Si volviera a empezar, sé que esto no ocurriría así. Sería más consciente de la importancia de cuidar la alimentación y el cuerpo. Pero de verdad que esa nube acaba tanto conmigo que no me queda fuerza de voluntad alguna.

Creo que me salvé de la diabetes gestacional por los pelos, porque no cuidar la alimentación, puede influir de manera muy directa en esto.

EL SEÑOR O'SULLIVAN NO ME CAE MUY ALLÁ...

Una de las peores pruebas del embarazo para mí es esta, el test de O'Sullivan, la prueba del azúcar, donde te valoran los niveles de azúcar en la sangre para detectar la diabetes gestacional.

Como se hace alrededor de la semana veinticinco, y en esos momentos yo me encuentro siempre en modo fantasma, hacer esa prueba para mí es terrible. Especialmente me pasaba en los primeros embarazos, donde todavía no se estilaba el botecito tipo trina de naranja megadulce. Antes te pedían que fueras a la farmacia y compraras un sobre con 50 g de glucosa. Llegabas a la consulta y después de extraerte un porrón de sangre de un brazo, la enfermera se iba y al poco volvía con un vasito de plástico con la mezcla del agua y la glucosa. Recuerdo ese momento de esta manera. Yo quieta, sentada en una butaca, y a lo lejos del pasillo una enfermera con la cara de Joker, el de Batman, avanzando a cámara lenta hacia mí, riéndose a carcajadas con la voz distorsionada, removiendo lo que sería el veneno de la muerte. ☺ Pobres enfermeras, con lo bien que me han tratado siempre... La verdad es que así lo veía yo, pero nada más lejos de la realidad.

La primera vez que me hice la prueba, me sacaron la sangre, me tomé «el desayuno», como lo llamaba la enfermera, esperé quieta la hora entera correspondiente, haciendo grandes esfuerzos para no vomitar, y cuando me levanté para ir a que me sacaran sangre del otro brazo, vomité todo en medio de la consulta. No sirvió para nada. Las enfermeras me preguntaron qué podía hacer para no vomitar la próxima vez y les dije que lo único era dormir. Así que cuando me volvieron a citar, ellas, majísimas, me habían preparado una sala para que me acostara a dormir toda la hora de espera. Así lo hicimos y esa vez salió bien.

Ahora es un poquito más fácil con los botes naranjas. Es un chutazo de azúcar, pero con la sensación de que te estás tomando un refresco, y está fresquito, así que se hace menos duro.

Nunca me ha dado positivo, menos mal. Aunque en los últimos embarazos me han hecho esta prueba en los tres trimestres, *pa'* más inri. Al tener dos hijos que han pesado más de cuatro kilos, hay que vigilar un poco más.

La palabra prohibida: «desgarro»

Ya en el primer embarazo me di cuenta de que esas fotos que yo veía en las revistas en las que los padres de las criaturas nacientes están al lado de la madre, llorando, dándoles besos, disfrutando el momento en el que sus hijos llegan al mundo, e incluso participando activamente y cortando el cordón, ESO, A MÍ, NO ME IBA A OCURRIR.

Madrid. Año 2002. Primer embarazo. Semana 32 de gestación. Llegan los cursos preparto.

Las tres primeras sesiones de las clases eran de gimnasia y respiración. Nos citaban solo a las embarazadas. Luego había varias clases teóricas a las que debíamos ir los dos, y finalmente algunas de respiración en pareja. Pasaron las primeras y por fin llegó el día en el que debíamos ir juntos.

Yo imaginaba la situación: los dos cogidos de la mano, llorando mientras escuchábamos cómo cambiar nuestro primer pañal al recién nacido.

Pues bien. Clase de parto. Más o menos a los diez minutos de que la profesora empezara a hablar, miro a mi Muju y veo que su cara está de color blanco. Blanco como si le hubieran lavado la cara con Wipp Express. A los tres minutos lo miro y estaba tan encharcado en sudor que parecía que llevara una hora haciendo bikram yoga, y llegó el momento en el que de la boca de la profesora salió la palabra DESGARRO, la palabra innombrable. Desgarro. Desgarro. En ese momento El Muju se levantó y me dijo: «Me voy a tomar una Coca-Cola. Estaré cerca». Vi cómo se marchaba y me di cuenta de que le estaba perdiendo hasta ocho embarazos más tarde.

El pobre lo intentó. En el paritorio de nuestro primer hijo, con su bata verde y un gorro que le gangrenaba la cabeza, me cogía fuerte de la mano. Pero cuando estábamos a punto de empezar el expulsivo, el ginecólogo lo miró y lo debió de ver tan mal que dijo: «Mejor que el padre salga». Y cuando se lo llevaron me dijo a mí: «No te preocupes, ha salido andando, no se ha desmayado». Así que todo el parto estuve ya más preocupada por él que por lo que estaba pasando allí.

En el segundo aguantó el momento de ver nacer a su hijo, pero yo misma, al verle el color, le pedí que saliera en el momento episiotomía. Y a partir del tercero ya ni entró.

Ahora cuando hay algún momento que me hace reír demasiado, o nos estamos peleando en broma, o le quiero fastidiar un poco, le digo: «¡¡Desgarro!!», y así consigo que pare. ☺

CUATRO PARTOS NATURALES

El primer parto fue bien. Llegué a la semana 41 y no había manera de que mi niño quisiera salir de allí. Debo de ser francamente cómoda por dentro, porque muchos de mis hijos han salido después del toque de corneta.

El final de los embarazos, cuando he llegado, siempre se me ha hecho un poco duro. Aparte de la impaciencia de ver a tu hijo y disfrutarle, hay otras razones:

1. Porque a las embarazadas, no sé por qué razón, nos encanta decir que estamos de más tiempo del que estamos. Cada cuatro semanas contamos un mes más, es decir, si han pasado doce semanas, ya decimos que estamos de tres meses, y esto no es exactamente así. Los meses no son cuatro

semanas justas, así que si cada cuatro cambiamos de mes, acabamos teniendo embarazos de elefantas, es decir, eternos. *Mi consejo es*: si te dicen que sales de cuentas el día 3 de octubre, por ejemplo, espera al día 3 de cada mes, para sumar un mes más en tu embarazo. Eso te hará más llevadero el final.

2. Porque desde la semana 37 o 38, más o menos, todo el mundo a tu alrededor espera a que te pongas de parto, y entonces empiezan a llegar los mensajitos y las llamadas de: «¿Todavía no?, ¿ningún síntoma?». Y tener que contestar todo el día miles de estos mensajes hace crecer la impaciencia. *Mi consejo es*: manda un mensaje a familia y amigos diciéndoles que en cuanto tengan algo que contar lo haréis vosotros enseguida, pero que haya calma.

3. Porque al final del embarazo, ya ni te puedes poner los calcetines tú sola. Necesitas una grúa humana que te ayude a moverte, más o menos. No te llega la sangre a la cabeza y no puedes ni pensar. La posturita para dormir ya no se encuentra, creo que esto les pasa incluso a las del tipo «me he comido una aceituna», pero ya en el caso de las «mesa camilla con brasero debajo», esto es un sin vivir. Llega el insomnio y el dormir incluso sentada en el salón, porque muchas veces tienes hasta las costillas presionadas por el bebé y hay que estirarse para hacer hueco continuamente. Así que este final lo pone todo especialmente difícil.

Pero como digo, mis hijos deben de estar ahí dentro como Pedro por su casa, bien acolchaditos entre magdalenas y tostadas, así que mucha prisa por salir no tienen.

Y pasa la fecha de parto, y pasa la semana siguiente. Y los monitores, donde tú crees que estás teniendo contracciones evidentes, dicen que estás más verde que una manzana Granny Smith. Incluso te haces a la idea muchas veces de que has roto la bolsa, pero no, señores, eso se llama incontinencia.

Así que el que era en aquel momento mi ginecólogo, puso en práctica conmigo, la **maniobra de Hamilton**, que en mi caso fue mano de santo, con el primero y los dos siguientes. Es un método de inducción mecánico, que consiste en despegar manualmente las membranas de la bolsa amniótica de las paredes del útero. Esto es algo que no todos los ginecólogos acostumbran a hacer y que la mujer debe estar informada de que se lo han practicado, y de los efectos que puede tener. En mi caso, en los primeros tres embarazos, en los que no había manera de que me pusiera de parto bastantes días después de haber salido de cuentas, el ginecólogo me lo hizo el día antes de ingresar para la inducción, y en los tres funcionó ya que me puse de parto yo sola en las horas intermedias entre la consulta y el ingreso.

Así que mis primeros partos fueron naturales. Los tres primeros bastante normales y, el cuarto, para dedicarle un especial.

En los tres primeros partos me pusieron la epidural, pero sin resultado al cien por cien en todos. Yo tenía la sensación de que no me hacía efecto. En el segundo sí, fue todo bastante fácil, pero en el primero y el tercero sentí bastante dolor a pesar de la anestesia. No sé cuál puede ser la razón de esto, pero así fue.

Mi abuela Chaviri, tan genial como siempre, decía que parir es lo mismo que sacar un piano por uno de los agujeros de la nariz. Ella dio a luz a todos en la época en la que no existía la epidural, por eso yo ahora reduciría las dimensiones y quizá podría decir, adaptándonos a los tiempos, que puede ser como sacar un ukelele por la nariz. Mi abuela era genio y figura.

Aun así, para todas aquellas que tengáis miedo al parto, os diré que con la epidural en general es muy llevadero, y que en el peor de los casos en el que no haya epidural de por medio, el dolor es muy fuerte, pero se pasa bastante rápido. Por eso sigue existiendo la humanidad, porque es algo que se nos olvida. ☺

Cuando fui a dar a luz a mi cuarta hija, pedí que no me pusieran anestesia. Por un lado, quería saber lo que era sentir un parto con todo lo que conlleva. Por otro, tenía también la sensación de que la epidural no me hacía efecto, y que para eso me la ahorraba. (Luego, cuando vi las estrellas comprobé que esto no era así…) Y, finalmente, había otra razón: nos habían dicho que la niña podría tener algún problema en los riñones, fue un embarazo un poco duro por esto, y al rezar yo le pedía a Dios que me intercambiara el dolor que iba a pasar por unos riñones sanos. Estas cosas que a las madres se nos cruzan por la cabeza.

Así que llegué al hospital con dolores de parto, aunque todavía sin dilatar prácticamente nada. Me ingresaron y me metieron en un box. Dijeron que sería cuestión de bastantes horas y que me lo tomara con calma, que vendrían a vernos de vez en cuando. El dolor llegó muy rápido. Recuerdo sentir tanto que no podía ni apoyar el cuerpo en la camilla, y cuando no había pasado ni una hora, y yo no paraba de decir que tenía la sensación de notar la cabeza de la niña muy cerca (la realidad es que mucho caso no me hacían, me decían que las ganas de empujar eran solo una sensación), una de las veces a la matrona «se le ocurrió» por fin explorarme. Entonces gritó: «¡¡Celador!!». Enseguida vino uno y cogió la camilla, junto con ella y otra enfermera, y me sacaron de la habitación rápidamente. A El Muju le dieron la bata verde para que se la pusiera, pero cuando no la había ni abierto, escuchó el llanto de un bebé. Nuestro bebé, que había nacido en el pasillo del hospital.

Cuando me llevaban al paritorio grité: «¡Que sale, que sale!», y así fue. Pararon la camilla y nació Lucía. Y muy rápido y ya juntas nos llevaron al paritorio, para cortar el cordón. Fue muy fuerte, la verdad. Pero la niña nació con los riñones perfectos, y eso era todo lo que me importaba en ese momento.

Ya sé lo que es parir con dolor, y aunque creo que no lo volvería a repetir, me alegro muchísimo de haberlo sentido y haberlo vivido.

LA POST *PARTY*

Por que todo lo que pasa después es casi como una post *party*. Todo el mundo te cuenta lo que pasa antes y durante, pero muy poca gente te explica lo que viene después de los partos. La resaca física del cuerpo después de la fiesta del parto.

No a todo el mundo le pasa, ni mucho menos, pero a las que nos pasa, creo que habría sido genial que alguien nos lo hubiera contado, para estar más preparadas. Y además, he de decir, también, que es temporal y en unos días se soluciona. Ahora, esos días, se pasa mal.

• La episiotomía: incisión quirúrgica en la zona del perineo, para facilitar el parto y la salida del niño. En principio es algo preventivo para evitar el... ¡¡desgarro!! En el momento del parto no te enteras demasiado, y no notas mucho el dolor, pero para mí esto fue una de las cosas que más me costó al irme a casa. Estuve cinco o seis días con mucho dolor, y bastante desesperación, ya que no podía estar de pie, ni sentada. Como menos me dolía era tumbada, pero claro, quién se puede tumbar tanto tiempo con un bebé recién nacido, así que toca tirar *pa'lante* y aguantar. Recuerdo comer de rodillas y, alguna vez, llorando. Pero también recuerdo que a los cinco días de repente eso se acaba y a otra cosa, mariposa.

• El pecho: aunque luego hablaré un poco de la lactancia, el tema físico del pecho es otra de esas cosas que me hacen pasarlo mal en la post *party*. No sé por qué razón, si estoy mal hecha o qué, el enganche del niño al pecho es algo para mí muy pero que muy doloroso. Durante unos días el dolor en el momento en el que el bebé se pone a comer, pasa por un dolor inicial tan intenso que se hace insoportable. Y ese dolor me provoca contracturas por todo el cuerpo. Nunca he llegado a saber si es un tema postural, o de sensibilidad en mi piel, o de qué, pero solo de pensarlo en este instante, se me pone la carne de gallina al recordarlo. Me salen grietas siempre, se me hacen heridas, y tengo que estar echándome cremas para intentar mejorar, aunque de poco sirven en mi caso. Luego contaré más sobre la lactancia, y sobre mi especial empeño en continuarla.

• Los dolores de espalda: me imagino que sobre todo provocados por todo el proceso del parto y los efectos de la anestesia, y unidos a la cantidad de nuevas posiciones del cuerpo que utilizamos para atender al niño, cogerle en brazos, darle el pecho, bañarle, dormirle, cambiarle el pañal... posturas que hacemos además con cierta tensión porque es tan pequeñito que hay que hacerlo con mucho cuidado; aparecen dolores de espalda en algunos casos, que son fuertes, pero que también se acabarán pasando.

Son temas del post *party*, que son la resaca que hay que conocer, y cuanto más preparadas estemos, mejor, porque si luego no ocurre será maravilloso, pero si llega, es mejor estar preparada, sobre todo psicológicamente.

QUE LA CESÁREA NO SEA «INNECESÁREA»

Como os conté antes, al principio estaba muy obsesionada con que no me hicieran una cesárea y eso era el motivo de mi mayor agobio. Por supuesto que si hubiera que hacerla, estaría agradecida de que existiera esa opción, pero no quería que me la practicaran sin una necesidad real. Tenía muy claro que iba a luchar por el parto natural hasta el final, y de ahí mi frase: QUE LA CESÁREA NO SEA «INNECESÁREA».

Y así le estuve dando la tabarra a mi querido ginecólogo durante los nueve meses que nos estuvimos viendo las caras. Por eso para mí era importante ir con el seguro, ya que el mismo ginecólogo me iba a atender el parto, y así me podía asegurar que tenía la frase bien interiorizada. Especialmente porque ya teníamos la idea de formar una familia numerosa, y las cesáreas están un poco reñidas con esta idea.

Cuatro cesáreas

Después de cuatro partos naturales, yo pensaba que esto estaba hecho. Salí de cuentas de mi quinta hija y sin llegar al toque de corneta del ginecólogo con su Hamilton, me puse sola de parto.

Nos fuimos al hospital en el que habían nacido los dos anteriores, dispuestos a repetir la misma jugada. Pero esta vez fue diferente. Cuando ya estaba dilatada por completo, me llevaron al paritorio para tener a la niña. Esta vez no estaba mi ginecólogo, porque en ese impasse de tiempo él dejó de atender partos, así que me atendió el que estaba de urgencia.

En el paritorio estuvimos mucho tiempo, demasiado. Empujé como una mula. Y ellos lo intentaron todo, incluso más de lo que yo lo habría hecho. Pero la niña no bajaba. Un intento, otro, otro, empuja más, más fuerte… Yo me quedé afónica del esfuerzo. Dos matronas distintas se iban subiendo a la camilla para abrazarme la tripa con sus brazos y tratar de bajarla. No hubo forma. Y yo empecé a sufrir porque cada vez oía los latidos del monitor más bajos, o más lentos, o ya no me acuerdo qué, pero yo sola me di cuenta de que había que hacer una cesárea, así que cuando lo dijeron ellos, me quedé bastante tranquila. Y así fue como llegó la primera. El motivo que me dieron es «cesárea por no progresión del parto», o con otras palabras me dijeron que el útero había perdido el canal de parto. La niña pesó 4,100 kg, yo creo que eso tuvo también algo que ver. Cuando me la pusieron en brazos al nacer, me dio la risa porque era una regordeta con lorzas.

Me muero de risa cuando recuerdo algo que me contaron los anestesistas. Como no notaba bien el efecto de la epidural, y vieron que me estaba doliendo, me tuvieron que sedar. Al cabo de las horas, cuando salía yo de los vapores de la anestesia, me preguntaron qué tal estaba, y yo contesté: «He estado en Matrix». ☺

El sexto embarazo tuvo sus complicaciones, y en la semana 33 nació mi Chito. Tenía la esperanza de que fuera un parto natural, ya que si tienes una segunda cesárea, ya no te dejarán tener más partos naturales. Pero tampoco. Recuerdo estar en la camilla, después de haberlo intentado durante mucho rato, y ver en el reflejo del cristal de la ventana a los dos médicos que estaban allí haciéndose gestos, para que yo no lo escuchara, de que no se podía seguir intentando. Me habían hecho una prueba para comprobar si había sufrimiento fetal, sacándole un poquito de sangre a ella de la cabeza, a través de mí, y ahí se confirmó que ella no lo estaba pasando bien. Así que, una vez más, bendita cesárea.

Y a partir de ahí llegaron la tercera y la cuarta. En principio dicen que no se deben hacer más de tres cesáreas, lo que pasa es que esto depende un poco de cada persona. Hay algunas que con dos, tienen el útero ya muy mal, y otras que aguantan tres, cuatro y hasta cinco, aunque esto no es recomendable.

Si el post *party* es chunguillo, la post cesárea, ya no puedo ni contaros. Eso es otra historia. Eso es una operación en toda regla, donde te abren en canal para sacarte al ukelele, es decir, al niño. ☺

Pero, como tantas otras cosas, se superan y con nota, todo por la posibilidad de ser madre y de que el niño esté bien.

Aquí puedo decir una cosa por experiencia personal: no tiene NADA que ver la recuperación de una cesárea si vas al hospital estando descansada y preparada. Es decir: de mis cuatro, la recuperación fue infinitamente mejor en la segunda y en la cuarta. En la primera y en la tercera fui un poco bestia e hice vida normal muy hasta el final. Fui a trabajar ya habiendo salido de cuentas. Y esas recuperaciones fueron mucho peores. En la segunda y la cuarta, tuve que hacer reposo previo por alguna complicación en el embarazo, y eso hizo que las recuperaciones no tuvieran nada que ver.

No sé si hay alguna base científica en esto, pero también hay otra posible explicación: con la segunda y la cuarta cesárea tenía una niña en la UCI, y creo que eso hizo que no tuviera tiempo ni ganas de quejarme, y que estuviera centrada en ellas. El cuerpo es sabio y se adapta a las situaciones.

Hospitales

En los primeros embarazos y partos, estábamos tan sumidos en el caos de tener tantos bebés, que para nosotros irnos a dar a luz al hospital, sin niños, era como ir a pasar dos días en un hotel con pensión completa.

Los cinco primeros niños los tuvimos en dos hospitales privados de Madrid. Muy a gusto, con habitación para nosotros solos y sin horarios estrictos de visitas, cosa que para nosotros, con tanta familia alrededor, nos venía de perlas. Siempre nos fue bien.

Pero la verdad es que los tres últimos los tuve en hospital público, y en este momento no lo cambiaría por nada del mundo.

En el sexto embarazo tuve un trombo en una pierna. Hacia la mitad de las cuarenta semanas empezó a salirme un bulto en medio del muslo al que no le di importancia, porque no me paraba mucho tiempo a pensarlo, pero poco a poco fue creciendo, hasta que un día se convirtió en una patata roja, caliente y muy dolorosa. Fui al hospital donde solía ir y allí me subieron en una ambulancia para llevarme a otro donde hubiera hematología. Estuve tres días ingresada, era superficial, pero había que asegurarse de que empezaba a deshacerse con la heparina. Desde entonces en todos los embarazos me he inyectado heparina, para prevenirlos. El único tema es que me dijeron que no debían pasar veinticuatro horas sin heparina antes de que pudieran suministrarme la anestesia para el parto, por eso había que programar el parto, para retirar antes la heparina.

Cuando ya estaba embarazada de 33 semanas, una mañana me levanté con mucho dolor como de parto. Yo estaba convencida de que era una infección de orina, pero de camino al hospital donde solíamos ir, me di cuenta de que aquello tenía pinta de parto. Y cambiamos el rumbo. La niña iba a ser muy prematura, yo me había pinchado la heparina el día antes y había tenido el trombo, así que nos fuimos a La Paz. Creo que es la mejor decisión que pudimos haber tomado. Allí tuvimos que esperar bastantes horas para poder dar a luz, por el tema de la heparina, y para colmo después de intentar el parto natural, como contaba antes, no pudo ser.

Yo estuve bastantes horas en reanimación, y a Guillermo le dijeron que se quedara en la sala de espera que estaba cerca, así que hasta el día siguiente no me llevaron a la habitación. Y cuando llegamos allí, deseando conocer a nuestra hija, la niña no estaba. En el nido nos dijeron que estaba en la UCI. Tenía distrés respiratorio y por esa razón estuvo ingresada once días en la UCI. Ahí fue donde me di cuenta de que tener una razón para levantarte, te hace superarte. En la primera cesárea estuve cinco días sin poder moverme y, en la segunda, que era esta, esa misma tarde estaba bajando por mi propio pie a la planta de la UCI para estar al lado de mi niña.

Mi experiencia en el hospital público fue buenísima (aun compartiendo habitación y no pudiendo dormir con El Muju a mi ladito), así que desde entonces ya siempre he repetido. Incluso en el último embarazo, en el que tuve toxoplasmosis, la profesionalidad de todos los médicos que nos trataron fue impresionante. Me sentí muy acompañada y muy bien atendida.

Con los dos últimos, todo el embarazo me lo llevaron en la Seguridad Social y he estado encantada. De hecho, después de salir de La Paz y del Infanta Sofía, escribí una carta que les envié para agradecer lo bien que se portaron con nosotros, lo buenos profesionales que fueron todos y, sobre todo, el trato tan agradable que recibimos.

Lactancia

La idea inicial era dar el pecho a mis hijos. Me hacía ilusión pensar en ese momento de unión madre-hijo y nunca sospeché que iba a ser tan costoso para mí.

Los primeros días en los que tuve que enfrentarme a la lactancia materna, fueron complicados. El niño no se cogía al pecho. Yo tardé en que me subiera la leche y él no hacía ningún esfuerzo por agarrarse. Típico agobio inicial de cualquier madre, ¿no es así?

Mi hermana había dado a luz unos meses antes y, estando en el hospital conmigo, a alguien se le ocurrió la idea de que lo intentara ella, para ver si el problema estaba en el niño, o estaba en mí. Solo de pensar en que se pudiera agarrar a ella y no a mí, me daba algo, y lloraba enfadada porque no quería intentarlo. Pero en el fondo sabía que era una buena idea, así que salí de la habitación para no verlo. Ahora que lo pienso no sé si estaba un poco invadida por las hormonas dramáticas. El caso es que no se enganchó y yo respiré tranquila. Estuvimos unos días dándole biberones, que tampoco succionaba especialmente bien, pero él tampoco se quejaba.

Fue una enfermera decidida la que vino un día a la habitación y me dijo que me dejara de chorradas, que lo cogiera sin miedo, agarrara bien, y que pusiera al niño a comer con convicción. La verdad es que sorprendentemente funcionó y así estuvo el niño comiendo hasta ocho meses más tarde.

Como decía antes, los primeros días dando el pecho eran muy dolorosos para mí. Un dolor inhumano. De hecho, estoy segura de que el miedo a ese dolor me habría hecho autoconvencerme de que no debía insistir tanto en la lactancia materna. El caso es que, una vez más, las madres tienen una naturaleza que les hace superarse por el bien del niño. Y cuento por qué.

Había pasado un mes y celebrábamos su bautizo. Ese día me fui a la peluquería y dejé al niño en casa de mis padres con un biberón de leche de fórmula para que le dieran si hacía falta. Así fue, hizo falta, y cuando llegué a casa unas horas más tarde, mi pobre niño era una bola. Estaba sufriendo una reacción alérgica tan fuerte que ni las orejas tenían forma, se habían hinchado como pelotas. Y ahí empezó nuestra aventura con las alergias, que es otro temazo aparte (y que hablo de él en el capítulo de las «-itis»).

El caso es que la alternativa a la leche materna, era solamente la leche hidrolizada de bote, que está mala, no, malísima. Cada vez que abría el bote para hacer un biberón, pensaba que esa leche estaba podrida. Así que esta fue la razón de que le diera lactancia materna todo el tiempo posible, a él y a todos sus hermanos.

Cuando un niño tiene alergia a la leche, en principio y por precaución, no se debe dar leche de vaca a sus hermanos, hasta que no se compruebe si ellos son o no alérgicos. Como no les pueden hacer pruebas hasta que no tienen unos meses, si no quieres darles la leche hidrolizada o si no les gusta, solo les puedes dar la materna. Y eso a veces, es costoso, porque no tienen alternativa, pasas unos meses sin poder separarte de él ni un minuto, y siempre con «el restaurante» abierto veinticuatro horas. Incluso después de haber pasado tres mastitis, he seguido durante meses sacándome con sacaleches para no tener que darles la hidrolizada.

Gracias a Dios, una vez superados esos primeros días de dolor, después para mí la lactancia materna se convierte en una maravilla. Soy de esas personas que siente felicidad a la hora de darles el pecho y notar la conexión que se crea en esos momentos. Y siempre me he alegrado mucho de haber tenido que forzarme a ello.

A todos les he dado hasta que el cuerpo me ha aguantado, incluso después de incorporarme a trabajar, llegando a casa en modo explosión, he aguantado todavía algunos meses.

En dos casos, tuve que adelantar la leche artificial, por haberme quedado sin leche. Fue impresionante. Con mi tercer niño, uno de mis hermanos sufrió un accidente de coche bastante serio, y aunque no fue nada grave finalmente, el shock al llegar al lugar y verle tirado en la carretera con dos ambulancias, me cortó la leche de golpe. La segunda vez fue con el episodio de la piscina de Milú. Fue radical, entre el susto y que pasé cuatro días en el hospital con ella, la leche se acabó.

Hablando de lactancia materna, aquí puedo aportar un nuevo ANECDOTÓN:

Cuando nació el tercer niño y tenía un mes más o menos, un día el mayor sufrió una reacción alérgica muy fuerte, se puso fatal y tuvimos que salir corriendo al hospital. Le dejé el niño a mi vecina, que a su vez tenía también un bebé, y ella, que siempre me ayudaba mucho, accedió encantada a quedárselo. Cuando llegamos a casa, pasé a recogerlo y me dice: «Genial todo. Ha dormido muy bien, no ha llorado nada y ha comido fenomenal». Y le digo: «¿Comido? Si no he dejado biberón…», y me dice: «Ah, no, le he dado yo el pecho y ha comido como un loco». Al principio me quedé un poco sin palabras, sin saber qué decir, ni qué pensar… pero luego pensé que las madres son tan generosas que hasta de la comida de sus hijos les dan a quien lo necesita. ☺

Leído así todo seguido, vómitos, nubes negras, puntos, grietas, UCI y ¡¡desgarros!!, suena fatal, la verdad… Quién en su sano juicio se metería en algo así, no una sino ¡ocho veces!

Que seamos capaces de traer una vida al mundo, con todo lo que eso supone, es algo tan milagroso e inexplicable que ni por un minuto querría rebobinar y dejar de pasar por cualquier cosa de las que he pasado en esos nueve meses. Nueve meses por ocho niños… 72 meses embarazada. Setenta en realidad.

Cuando tuve el primer niño y volví del paritorio, recuerdo que al entrar en la habitación tumbada en la camilla, vi a Guillermo sentado en el sofá, con su primer hijo en brazos. La cara que tenía él mientras lo miraba es algo que no se me olvidará en la vida. Estaban ellos dos solos y se estaban conociendo. Aguanté todo el día haciéndome la fuerte, porque había pasado muchos nervios y todo era muy nuevo para mí, pero por la noche, cuando ya estaban los dos dormidos, yo no podía ni cerrar los ojos. Los miraba y solo me salían lágrimas de felicidad. No podía creerlo. No hay proyecto más grande en la vida que este. Tener hijos y comprometerte a luchar todo el resto de tu vida para que sean felices, eso es algo muy grande.

No voy a negar que padecí también mis pequeñas crisis iniciales, y que cuando llegué a casa el primer día, tuve algo muy parecido a la depresión posparto, pero que duró muy poco. La sensación era de miedo y de pena por haber acabado con nuestra vida en pareja en exclusiva, habiendo colado en la ecuación a un nuevo miembro, que todo él era una incógnita.

Y pronto empiezas a preguntarte cómo es posible que hayas podido vivir tanto tiempo sin él.

Los momentos previos a dar a luz al segundo niño, te persigue en la mente una pregunta: ¿cómo voy a poder querer tanto a dos personas a la vez? Pero cuando nace y te lo ponen a tu lado, y lo hueles, y lo sientes, y él te mira y te reconoce, te das cuenta de que vuelves a empezar, y de que el amor no se divide, se multiplica. Te das cuenta de que el corazón no pone límites en ese sentido, y tiene la capacidad de crecer y crecer todo lo que le pidas.

Cuando tuve a Morti, la octava, y la cogí en brazos por primera vez, me di cuenta una vez más. Es increíble cómo puedes volver a enamorarte como la primera vez… es increíble cómo puedes enamorarte del milagro de la vida.

LOS *TIPS* «REPARTURIENTOS» DE LA KATIUSKASA

Estos son **los *tips* que propongo como «reparturienta» de mis hijos.** Lo que nunca falta en mi casa, algunas ideas que hago o trucos importantes para mí. Cuando me puse a trabajarlos escribí a algunas amigas mías (Myriam, Mariví, Blanca, Valle, Pía y Vega) para que me contaran cosas y así comprobar si estoy obsoleta y fuera de onda, o realmente las cosas importantes no cambian aunque pasen los años. Mi última niña es de hace cuatro años, tampoco es que yo sea una abuela, ¿eh?, pero desde el día que vi que ellas utilizaban una *app* para acordarse de qué pecho le habían dado la última vez, pensé que yo me había quedado en el paleolítico anterior, así que decidí comprobar.

Y de todo el mejunje de ideas, aquí van las más importantes:

- Lo primero que quiero decir es que mucho **ánimo si lo estás deseando y ese embarazo no llega.** Entiendo que lo estés pasando mal, que no comprendas nada, que te caigan mal todas las embarazadas del mundo... Ten paciencia. No te voy a decir que el estrés es el peor enemigo de la fertilidad, porque eso te lo estará diciendo todo el mundo, y ya estarás luchando tú para no estresarte. Busca distracciones, céntrate en algo que te guste, inicia algún proyecto nuevo, distráete y ten mucha paciencia. Busca también un médico que te pueda ayudar en un momento dado. A lo mejor cambiando algo pequeño podrían crecer las posibilidades.

Si ha llegado el embarazo...

- **Enhorabuena,** has recibido el regalo de traer una vida al mundo. Tienes unos meses por delante que van a ser una experiencia maravillosa para ti, para los dos. Siéntela y disfrútala. Relájate, va a haber muchos cambios a partir de ahora.

- **Si entras en la nube negra...** No te puedo decir nada. Sobrevive. Pide ayuda. Ten fe en que acabará y volverás a ser la misma. Y no te sientas mal... El sentimiento de nulidad y de ser una carga te invadirá y no debe ser así, estás haciendo algo muy grande.

- Investiga qué alimentos debes suprimir a partir de ahora, para evitar toxoplasmosis, listeriosis, etcétera. No compensa comerlos, en serio, no compensa ese minuto de saborear algún alimento, la culpa de haber contagiado a tu hijo, y os lo digo por experiencia. También cómo lavar los alimentos y qué precauciones hay que tener.

- **Planifica el cuidado de tu cuerpo.** Es importante, yo no lo hice y estoy teniendo mis consecuencias. Algo de ejercicio (andar treinta minutos al día), alimentación sana, hidratarse y dormir bien (si el insomnio no te ataca fuerte). Pregunta a tu médico, que debe ser el que guíe tus pasos.

- **Cuida tu cuerpo también por fuera.** Pregunta a tu ginecólogo/a o matrón/a qué cremas te recomienda. Estas son posibles recomendaciones:

  – **Cremas antiestrías:**
    ✓ Trofolastin, con centella asiática y fibronectina.
    ✓ Suavinex, con rosa mosqueta y centella asiática, para usar a partir de la semana 34 de embarazo.

  – **Cremas para el pecho:**
    ✓ Cualquiera de las anteriores.
    ✓ Purelán, soy muy fan de los productos Medela.

  – **Masaje perineal:** Yo nunca lo hice, pero sé que están teniendo muy buenos resultados. Se trata de hidratar y conseguir elasticidad en la piel para tratar de evitar la episiotomía. (Tuve episiotomía en los tres primeros partos.) Hay que aprender la técnica porque la clave está en que sea muy a menudo.
    ✓ **Aceite de masaje perineal**, de Suavinex.

- Hazte con **un buen libro de embarazo que te cuente la evolución mes a mes,** incluso semana a semana. Hay muchas webs que te lo explican, pero también hay un libro muy bueno y muy práctico, de la doctora Josefina Ruiz Vega: *Nueve meses de espera.* Se trata de un libro para tener en la mesilla de noche y se convierte en tu manual de cabecera. Especialmente en el embarazo se nota mucha ansiedad por saber qué está pasando, cómo está el niño y si lo que la embarazada siente es normal.

- **Ten paciencia.** Las ganas de ver a tu bebé en ecografías y de mirarle la carita harán que sientas una impaciencia exagerada. Es un buen entrenamiento para la vida que vivirás a partir de ahora, en la que, como madre, deberás convertirte en Santo Job.

- **Hormonas traicioneras.** Es bueno que sepas que es normal sufrir cambios de ánimo durante el embarazo: alegría, miedo, ansiedad, tristeza... No pasa nada, suele ser pasajero. Habla también con él, y dile lo que estás pasando. A mí me da ESPECIAL RABIA que se achaque todo lo que nos pasa durante esos nueve meses a que «estamos hormonadas». Solo ese comentario ya me daría para pegarle un pellizco con las uñas a la persona que lo hace, porque me parece una falta de respeto fuerte. Estamos embarazadas, pero no somos tontas.

- **No os preocupéis tampoco por el** EMPANAMIENTO. Esto es terrible en mi caso, y sé que hay gente a la que le pasa. Tengo una amiga que cuando enciende el móvil y no es capaz de poner el pin, ya no le hace falta la prueba de embarazo, sabe que está embarazada.

- En cuanto sepas **la fecha probable de parto, empieza las cuentas del embarazo basándote en esa fecha.** Huye de sumar meses cuando todavía no los has cumplido (no sé por qué razón nos gusta tanto decir que estamos de más de lo que estamos realmente). Cuenta los meses de manera distinta, no sumes un mes más cada cuatro semanas. Es mi consejo personal, porque si no el embarazo se te hará larguísimo y el final será tedioso.

- **Piensa en el parto que quieres,** coméntalo con el médico las veces que haga falta, y **lucha todo lo posible porque así sea.** Pero si luego no sale como esperabas, no te culpes. Si te hacen una cesárea, también es una forma maravillosa de traer un hijo al mundo. Si quieres dar a luz sin anestesia, pero luego tienes que pedirla, no te culpes, no pasa nada. No dejes que estas cosas nublen uno de los momentos más emocionantes de tu vida.

- **Si en algún momento del embarazo te dieran malas noticias sobre el bebé,** mantén la calma, pide otras opiniones, ten esperanza. A veces puede ocurrir que haya diagnósticos erróneos que te hagan estar sufriendo todo el embarazo, y que, gracias a Dios, no sean realidad.

- **Ropa:** Bufff, el tema armario… En estos momentos tengo ropa premamá de tripita, de tripón, de invierno, de verano, de casual, de trabajo… y todo eso mismo también en ropa posparto y en ropa de transición. Tenemos la suerte de que ahora se lleva ropa amplia y que no hace falta comprar prendas específicamente de embarazo. Los *leggins* y las camisas anchas son nuestro mejor aliado. Por experiencia: es mejor comprar muy poco y cuando acaba el embarazo pasárselo a una hermana o amiga y que te lo quite de en medio. Yo tengo una caja guardada con un cartel: «ROPA DE EMBARAZADA», y puedo prometer y prometo que cuando la saco, y miro lo que hay, está tan estropeado o pasado de moda, que vuelve a la caja según ha salido. Así que lo mejor es: pocas cosas, comprar algunos básicos (vaqueros, pantalón negro, *leggins*) y partes de arriba anchas o vestidos que se puedan utilizar luego en la transición.

- **Curso preparto: muy necesario.** Te explican todo lo que te queda por saber, solucionan todas tus dudas, te ofrecen información y nuevas ideas en las que quizá no habías pensado, compartes con las otras embarazadas tu experiencia y la suya, y, sobre todo, te enseñan a respirar y a empujar en el parto. Después de mi primer parto, en el que no fue fácil bajar al bebé, me dijeron que si no llega a ser porque me habían enseñado a empujar bien, habría acabado en cesárea.

La matrona te dirá cuándo debes empezar, y si tienes seguro privado y debes elegir uno, lo mejor en esto es el boca oreja: pregunta a hermanas, cuñadas y amigas para que te recomienden uno.

Si el cuerpo te deja, monta un planecito especial con tu marido unos días antes de dar a luz. Os esperan días maravillosos, pero muy cansados, donde va a ser difícil, por no decir imposible, tener momentos para los dos. Aprovecha cuando todavía no hay bebé para iros a cenar, a dormir a algún sitio especial (cerca del hospital, eso sí), o hacer algo distinto. Todavía recuerdo con alucinación y mucho agradecimiento, el fin de semana antes de dar a luz a El Bollu.

Nuestros amigos Paco y Natalia nos cogieron a los seis niños y se los llevaron a dormir a su casa una noche (unidos a sus cuatro hijos). Nosotros nos quedamos en casa durmiendo horas y horas, y eso fue una bendición unos días antes de ir al hospital.

El parto

- **Prepárate psicológicamente para recibir todo tipo de comentarios**: «Huy, tienes la tripa muy baja», «Se te ha puesto boca de parto», «Hoy hay luna llena», o incluso «¿Todavía no?, ¿todavía nada?, ¿estás nerviosa?, ¿estás nerviosa?, ¿estás nerviosa?». Ánimo: «*sonreíd y saludar*», katiuskario.

- En las clases de preparación al parto te habrán contado **cómo identificar si estás de parto.** Ten muy en cuenta estas indicaciones, porque los nervios y las ganas de que llegue el momento, pueden jugar malas pasadas.

Lo de dar a luz en la cocina o en el taxi suele pasar solo en las películas (aunque lo dice una que dio a luz en el pasillo del hospital ☺), pero lo normal es que los partos, especialmente de las primerizas, duren entre ocho y doce horas. Así que calma, al final del embarazo ocurren cosas que te pueden hacer confundir los síntomas.

En general las contracciones de parto son MUY DIFERENTES a las que llevas notando toda la última fase del embarazo. Una vez que las has sentido, ya no las vuelves a confundir, porque son OTRA COSA.

Si las contracciones no se hacen más intensas y más seguidas cada vez, si se pasan cuando cambias de postura o caminas un rato, lo más probable es que no estés de parto. A veces también se puede confundir la rotura de la bolsa con otras cosas (no voy a dar detalles sobre esto ☺), pero yo misma, EN MI OCTAVO embarazo, me fui a urgencias convencida de que había roto la bolsa, y nanay. Vergüencita de la buena que pasé.

MI RECOMENDACIÓN PERSONAL. No des a la familia la voz de alarma de que estás yendo al hospital, hasta que no te confirmen que ingresas, porque a veces ocurre que te mandan de vuelta a casa, y se pasa un bochorno considerable, después de que todos los tíos y los abuelos hayan avisado por whatsapp a toda su agenda de contactos, que la operación bebé está en marcha.

Eso sí, ante la duda, o la intranquilidad, mejor ir al hospital las veces que haga falta.

• **La maleta del hospital**: Esa maleta que en el primer embarazo tienes preparada desde los cinco meses, en el segundo la preparas a los ocho y en el tercero vas al hospital sin ella, sabiendo que tu marido irá a casa en algún momento y podrá coger cosas. ☺ ¿Qué llevar?

• **Si das a luz en hospital público:**
    – Para ti:
        ✓ Zapatillas, cómodas y un poquito más grandes de lo habitual. Los pies tienden a hincharse. De meter el pie y listo, esos días no estarás para agacharte a abrochar nada.
        ✓ Bata. Aunque no te la pongas mucho porque suele hacer calor, pero para recibir a la gente que irá a verte está bien tenerla.

✓ Ropa interior: sujetadores de lactancia y braguitas desechables.

✓ Neceser con todo (allí te suelen dar unas esponjas que llevan el jabón integrado, pero por si acaso, mete un jabón neutro). El desodorante mejor de barra, para que el spray no llegue al pecho, discos absorbentes.

✓ Ropa para el alta (no te lleves tus vaqueros de antes, que nos venimos muy arriba. Eso solo les pasa a las famosas).

– Para el bebé:

✓ Allí le darán todo lo que va a necesitar para los días en los que esté allí.

✓ Además, es bueno llevar una toquilla o muselina.

✓ Colonia y cepillo blandito para peinarle.

✓ No es necesario llevar al hospital la silla de paseo, pero sí la del coche el día que te lo lleves a casa.

✓ Ropa para el alta (puede ser el pijamita).

• **Si das a luz en hospital privado:**
– Para ti:

✓ Zapatillas, cómodas y un poquito más grandes de lo habitual. Los pies tienden a hincharse. De meter el pie y listo, esos días no estarás para agacharte a abrochar nada.

✓ Bata. Aunque no te la pongas mucho porque suele hacer calor, pero para recibir a la gente que irá a verte está bien tenerla.

✓ Ropa interior: sujetadores de lactancia y braguitas desechables.

✓ Neceser con todo (aparte de lo básico, dos paquetes de compresas tocológicas, jabón neutro para la ducha y el desodorante mejor de barra, para que el spray no llegue al pecho, discos absorbentes).

✓ Camisones aptos para la lactancia, con botones o abiertos por delante. Alrededor de cuatro, por si te tuvieran que hacer una cesárea y te quedas algún día más.

✓ Ropa para el alta (no te lleves tus vaqueros de antes, que nos venimos muy arriba. Eso solo les pasa a las famosas).

– Para el bebé:

✓ 5 *bodies* cruzados, para facilitar el cambio de pañal, 100 por ciento algodón.

✓ 5 pijamas 100 por ciento algodón (o ropa para vestirles, pero creo que lo más cómodo para ellos son los pijamitas).

✓ Gorrito, manoplas (se arañan muchísimo) y patucos para mantener el calor.

✓ Toquilla o muselina.

✓ 2 paquetes de pañales talla 0.

✓ 2 paquetes de toallitas.

✓ Crema de cambio de pañal (si no es necesario no se usa, pero se puede irritar y es bueno tenerla a mano). Natusan o Weleda Caléndula.

✓ Chupete talla 0 bebé (se puede llevar esterilizado y te lo pueden esterilizar allí). Esto a gusto del consumidor, hay quien prefiere no dárselo.

✓ Llevar una bolsita separada con la ropa para el paritorio con un pañal, un *body*, un pijama calentito, el gorro y las manoplas.

✓ Neceser (jabón neutro, crema hidratante, esponja natural, colonia y cepillo blandito).

✓ No es necesario llevar al hospital la silla de paseo, pero sí la del coche el día que te lo lleves a casa.

✓ Ropa para el alta (puede ser el pijamita).

• **Es bueno que el padre de la criatura,** que va y viene varias veces, **se vaya llevando cosas a casa** para no encontrarte con una mudanza el día del alta.

• **Donación de cordón umbilical.** No conozco bien el sistema porque, como yo en los embarazos tengo que ponerme heparina, no he podido hacerlo nunca. Pero la sangre del cordón umbilical es rica en células madre y puede ayudar a salvar vidas, así que si tenéis la oportunidad, me parece un gesto precioso que deriva de un nacimiento.

El posparto (o post party ☺):

• Es posible que **la subida de la leche tarde en llegar,** no te agobies, esto es algo que genera mucha tensión en el posparto. Ya te dirán si es bueno complementar mientras con algo de biberón para que no baje mucho de peso, pero ESTA SITUACIÓN ACABA RÁPIDO. Lo normal es que la leche suba, que el niño coja el pecho y que fluya la lactancia de manera normal. Pero hay que tener un poquito de paciencia porque tanto el bebé como la madre tienen que aprender a hacerlo.

A veces la subida de la leche provoca dolor de cabeza y algo de fiebre, en mi caso además de eso también paso dos días con tiritonas (lo paso realmente mal esos días), pero también se va. Si tienes dudas o estás intranquila, acércate para que te vea el médico y asegúrate de que no haya mastitis. Si la hay, tampoco es el fin del mundo, se puede tratar sin riesgo de tener que cortar la lactancia materna. Yo tuve con el segundo y con el séptimo, pero se solucionaron rápido. Ayudan a coger una buena postura los cojines de lactancia (y ayudan también para sentarse encima cuando duelen los puntos de la episiotomía).

• Hay *apps* **para controlar la lactancia**, el tiempo que ha comido, de qué lado le diste la última vez y permiten hacer un seguimiento de la alimentación. Casi todas son bastante parecidas y válidas. Yo nunca las he usado porque con los siete primeros niños no habían aparecido estos avances, y acudía al «método del palpe», para saber cuál había sido el último lado (siempre se queda más vacío el último ☺). Hay otras opciones que son atar un lazo en el tirante del último lado donde comió (hay que empezar la siguiente toma por ese lado). Pero vamos, creo que al final cada una aprende a identificar esto de manera natural.

• Es importante **tener un buen sacaleches**. Yo recomiendo siempre el eléctrico y en concreto me encanta el de la marca Medela. Compré ese porque en el hospital público tienen sacaleches de esa marca así que yo podía adaptar mis accesorios a las máquinas que tenían allí. Funciona muy bien y es rápido. Ahora hay uno que permite sacar de los dos lados a la vez, el modelo Swim, esto reduce mucho el tiempo. No es bueno abusar del sacaleches, porque la estimulación no es la misma. Cada una tiene que aprender cómo responde su cuerpo; en mi caso, cuando me sacaba, no generaba suficiente para la siguiente vez. Lo hacía solo cuando tuve la mastitis, para darle mi leche a través del biberón.

- Existen **bolsas de congelación de leche materna.** Las de Dr. Browns están bien de precio. Es muy útil tener leche en la reserva, para momentos de necesidad.

- También existe la **posibilidad de donar leche materna.** Yo lo hice una época en la que Chito estaba en la UCI, con suero, y me sacaba leche sin parar. La sensación de estar ayudando a otras madres que no pueden y niños para los cuales esa alimentación es oro puro, es como medicina, resulta inigualable.

- **Los entuertos...** ¡Ja! Cuando eres «multípara» la cosa se pone interesante, y no todo acaba en el parto. Los entuertos son las contracciones del útero, que suelen darse a partir del segundo parto. Son dolorosos, pero duran muy poquito tiempo. ¡Un poquito de paciencia que ya casi está!

- **Alta, ¡¡a casa!!:** Recuerdo perfectamente estar en el hospital con el dolor de los puntos de la episiotomía y pensar que sería imposible incorporarme para ir a casa. Lo mismo con la cesárea: el tercer día sabes que en cualquier momento te van a dar el alta y crees que no lo vas a conseguir. Sin embargo, todas salimos. Aunque parezca mentira encuentras la fuerza y las ganas suficientes y eso te hace tirar para adelante, aunque casi seguro parecerás un patito mareado.

- Mi recomendación, aunque esto depende mucho de cada uno, es **intentar concentrar las visitas en el hospital el**

segundo día. Ni el primero, que estás un poco hecha polvo, los dos con falta de sueño y estáis conociendo a vuestro hijo (hay que luchar por tener momentos de intimidad los tres), ni los primeros días en casa, donde parece que ha habido una batalla campal y el pijama con ronchones de escapes de leche en «determinadas» zonas, no se te despega del cuerpo.

Recuerdo que cuando tuvimos al El Chipi, nos fuimos a pasear El Muju y yo para comprar algo de aperitivo para la gente que nos había avisado que nos iba a visitar. Compramos veinticuatro latas de Coca-Cola y veinticuatro de Fanta de naranja y, os prometo, que a los dos días no quedaba ni una. Nuestra casa parecía el camarote de los hermanos Marx o la pescadería el 24 de diciembre, todo el mundo cogiendo la vez. ☺

- **Es normal si sientes algo de pena o desconcierto al llegar a casa**, no te asustes. La explosión hormonal y de todo lo que ha pasado está haciendo su efecto. Calma, date tiempo, y si ves que persiste, cuéntaselo a tu médico.

- **Cólicos:** Si tienes la mala suerte de tener hijos con cólicos, ÁNIMO. ÁNIMO Y MUCHO ÁNIMO. Yo lo viví con los dos primeros. Al mes de nacer, un día empezaron a llorar, y así pasaron uno o dos meses, llorando sin consuelo de 19 horas a 2 horas de la madrugada, más o menos. Sin consuelo, ¡¡sin consuelo!! Nada que hacer más que armarse de MUCHÍSIMA PACIENCIA. Yo probé todos los remedios que me fueron diciendo, Aerored, Colikids… pero lo único que servía, más o menos, era tener al bebé en brazos, en general apoyado sobre uno de tus brazos con el cuerpo mirando hacia abajo, y con la mano del otro ir apretándole la tripa para que se le muevan los gases, cambiando de postura continuamente. Da mucha pena esta fase, porque el sentimiento de impotencia es enorme, ellos lo pasan fatal y tú no puedes hacer nada para ayudarles.

El porteo puede ayudar a combatir los cólicos, además de a muchas otras cosas, con un fular elástico que hay que aprender a poner bien, porque tu niño estará dentro, solo sujeto con la tela. En YouTube hay tutoriales para aprender a ponérselo.

- **Rehabilitación del suelo pélvico e hipopresivos.** Muy buenos para la recuperación y prevención de incontinencias. También es muy bueno hacer Kegel, que se puede practicar continuamente y en cualquier sitio.

- Recomiendo echarle un vistazo a una nueva guía que ha sacado la Comunidad de Madrid: *Guía de recursos de apoyo a la Maternidad*, donde puedes encontrar un glosario de ayudas fiscales, cheque guardería, solicitud de ayudas ante una discapacidad, etcétera.

Y ante todo… ENHORABUENA. Disfruta de esta etapa de tu vida, que además, aunque no lo creas, pasa muy rápido. Todos los dolores son temporales, y cuando ves la carita de tu hijo, se te olvida todo. Cuando le ves sonreír la primera vez, se te olvida todo. Cuando tiene una pesadilla nocturna y se le pasa cuando le coges en brazos, se te olvida todo. **Cuando te llama mamá por primera vez… ese momento es inigualable.**

TIPS

Lo más importante

Palabras Clave

4

ITIS: la madiatra de mis hijos

Cuando El Chipi tenía tres meses, lo ingresaron por una bronquiolitis. Era 5 de enero. Tenía tos pero, sobre todo, salía un ruido feo del pecho y había dejado de comer. Nos fuimos a urgencias pensando que no sería nada importante, y allí se quedó ingresado cinco días. Pasamos la noche de Reyes allí. Cuando le abrieron la vía en la cabeza, le ataron las manos con unas cintas a la cama para que no se la arrancara, y cuando nos lo trajeron, con la carita llena de lágrimas, agotado de tanto llorar, en cuanto nos vio, nos sonrió. Esa fue la primera y la última vez que he visto llorar a El Muju. Y lo que lloré yo no está escrito.

Ha pasado mucho tiempo desde entonces, y hemos pasado cantidad de cosas desde aquello, pero aquel día descubrí que cuando tienes un hijo, nace una nueva forma de amar, que nunca en la vida habías llegado a imaginar, pero con ella, nace también una nueva forma de sufrir, en la que puedes sentir hasta dolor en el corazón.

Reconozco que en estos temas soy blanda. Según estoy entrando en un hospital, ya me entran ganas de llorar. Envidio y admiro a las personas fuertes, que aguantan el tirón con estas cosas. Guillermo lo es, gracias a Dios, y eso es lo que me equilibra a mí, él siempre me tranquiliza y resitúa las cosas. Y soy muy consciente de que nada de lo que hemos pasado por aquí ha sido grave, y debo dar muchas gracias por ello. No sé cómo podría afrontar la enfermedad seria de un hijo, mantener la esperanza, sonreír como lo hacen sus padres, y morir por dentro sin que se les note por fuera, como hacen los que lo están pasando o lo han pasado. Me imagino, porque no lo he vivido, que lo que debe ser peor para un padre o para una madre es la impotencia de no poder hacer más, el dolor de no poder cambiarse por él. Si yo cuando sé que uno de mis hijos tiene un dolor de cabeza fuerte rezo para que Dios me lo pase a mí, no me puedo imaginar lo que debe de ser en estos casos.

Creo que esa es la representación máxima de lo que es ser PADRE. Ser padre en lo duro, en lo feo, en lo desagradable, en lo insoportable… Ahí es cuando hay que darlo todo, salir de uno mismo y darse por completo. En esos momentos los otros agobios desaparecen, las horas de sueño perdidas quedan en el olvido, las notas del colegio pasan a ser solo números que no significan nada… En esos momentos en los que tienes que luchar cada día por tu hijo, por que sufra lo menos posible y te vea fuerte a ti, ahí es cuando todo se coloca en su sitio y todo tiene más sentido que nunca. Esa es la ENTREGA, a lo que nos comprometimos con ellos cuando les miramos a los ojos por primera vez, cuando les cogimos en brazos y notamos su calorcito.

Desde aquella primera vez, en la que ingresamos en un hospital, han pasado quince años. Y en ese tiempo he aprendido mucho sobre enfermedades de los niños. Soy su «*madiatra*», *katiuskario*: madre pediatra. He hecho un máster en pediatría, sin tener ningún conocimiento técnico, solo el de la vida y la experiencia, por supuesto sin dejar de consultar siempre al pediatra de verdad y a los expertos. En este sentido, sin ánimo de que esto sea un manual médico, porque no soy quién para hacerlo, sí hay algunas cosas que os puedo contar, por si os resultan de interés.

Hemos pasado todo tipo de *-itis* en esta casa: gastroenteritis, bronquiolitis, otitis, conjuntivitis, sinusitis, amigdalitis, mastitis, flebitis, cistitis, colitis y hasta meningitis. También alguna *-ción*: descalcificación, deshidratación, inflamación y, la peor, invaginación.

Hernias inguinales, dermatitis seborreicas, también tópicas, prurigos y un largo etcétera.

Siempre he dicho que lo mejor que me ha podido pasar en mi vida como madre ha sido tener cerca a mi amiga Myriam, que además de que la quiero mucho como amiga, es pediatra y muy buena. Absolutamente vocacional, siempre atenta, siempre estudiando y formándose, es una pasada. Gracias a ella me evito muchas visitas a urgencias, además de que ahora yo ya sé distinguir bastante bien la gravedad de un asunto, y cuándo debemos ir al hospital.

Como aquí todos los padres somos «padiatras» y «madiatras», no creo que deba contaros las cosas más comunes, sobre las que seguro sabéis más que yo, pero hay cuatro asuntos que os puedo contar, por si os afectan, o por si, Dios no lo quiera, os pudieran pasar: la toxoplasmosis, la dermatitis atópica, la moneda y la alergia, temas en los que creo que os podría aportar algo porque los hemos vivido, y porque le pueden pasar a cualquiera. Lo cuento desde la perspectiva de una madre, con los conocimientos que tengo a mi alcance, así que todo lo que expongo es mejor contrarrestarlo si hace falta, y consultar con profesionales.

Toxoplasmosis

Siento empezar una frase con «tiene narices», pero es que tiene narices que cogiera toxoplasmosis en mi octavo embarazo. Pasé los siete anteriores, como todas las embarazadas, haciéndome pruebas en los análisis rutinarios de cada trimestre sobre el toxoplasma, y siempre ha salido negativo. Las dos primeras analíticas del octavo embarazo salieron bien, negativo, pero en la tercera llegó la noticia.

Estábamos en la cita con el ginecólogo, él apoyó su mano sobre la mía y ahí noté que pasaba algo. Los resultados de mis análisis daban una cosa extraña, como si fuera un falso positivo de toxoplasmosis. (No quiero ser muy técnica para no liar, pero para quien entienda daba Igm positiva, Igg negativa). Me repitieron los análisis, y volvió a dar ese resultado. Así que durante unas semanas volvieron a repetírmelos hasta cinco veces para asegurarse, siempre con el mismo resultado, hasta que en los últimos análisis, cuando ya íbamos a considerarlo falso positivo definitivo, se convirtió en positivo. Estaba embarazada de seis meses y acababa de coger toxoplasmosis.

Aunque nos lo tomamos con bastante tranquilidad y confianza (mi Muju siempre me da la paz que necesito) en ese momento empiezan a asaltar miles de dudas: ¿Cómo la he cogido? ¿Qué he hecho mal? ¿Se contagiará mi niña? ¿Medicación sí o no? Pero ¿qué he hecho mal? Para esto las madres somos unas campeonas, el sentimiento de culpa siempre presente...

En mis primeros embarazos era bastante inconsciente y no me lo tomaba muy en serio. «¿Quién conoce alguien contagiado?», «Es una es una exageración», «No hago mucho caso a esas cosas»... Comía jamón serrano y otras cosas sin problema, sin darle importancia al tema. Pero justo en este, no sé si por madurez, por ser más consciente de las cosas, creía que lo estaba haciendo de libro: nada de carne poco hecha, nada de embutido, nada de foie... Después de darle muchas vueltas, puedo decir que **estoy convencida de que el contagio vino por una lechuga.**

Cuando un adulto coge toxoplasmosis en general no lo nota. Lo pasa como un catarro o algo parecido y sin secuelas. Yo recuerdo que el mes anterior a esos análisis era agosto y estábamos de vacaciones. Precisamente en esos días tuve dos días malos, me sentía muy cansada, pero no le di importancia, estaba embarazada y ¡tenía siete niños que atender! No me di cuenta, pero probablemente estaba pasando la toxoplasmosis.

El problema llega cuando lo coges estando embarazada. Se sabe que el parásito cruza la placenta y puede transmitirse al feto, si la madre se infecta por primera vez durante el embarazo. Si ya tenías la toxo antes del embarazo, entonces el bebé no se contagia.

La posibilidad de que tu bebé contraiga la infección aumenta a medida que tu embarazo avanza. Para explicarlo fácilmente: si la coges al principio del embarazo, tienes pocas posibilidades de contagiarle, aunque si ocurre, las secuelas serían mayores. Si las coges al final, hay más posibilidades de contagio, pero con menores secuelas o ninguna.

Cuando me dieron la noticia, me preguntaron si quería tomar medicación. Me dijeron que no había experiencia sobre el efecto de tomarla, ni para bien, ni para mal, pero era una posible prevención. Se trataba de un antibiótico, espiramicina, un tratamiento farmacológico que puede disminuir el riesgo de infección fetal o puede reducir la gravedad de la enfermedad si ya se ha transmitido la afección al feto. Me dijeron que podría provocarme anemia a mí, pero desde luego, eso era lo que menos me preocupaba, así que empecé y estuve dos meses y medio tomándolo.

Cuando nació Morti, recuerdo que me la pusieron encima y yo solo le daba besos y le pedía perdón, perdón, perdón... Ahora ya solo quedaba ver si ella se había contagiado. Ese mismo día se la llevaron para hacerle pruebas: analítica, eco de cerebro, fondo de ojo y punción lumbar. Todo salió bien, pero era solo el principio de una larga temporada de pruebas.

Volvimos un mes después, para análisis. Correctos, los niveles de toxo bajaban. Lo mismo a los tres meses y a los seis. El pediatra, que era muy crack, en el hospital Infanta Sofía de San Sebastián de los Reyes, me dijo: «Normalmente con lo visto hasta ahora, os podríamos dar el alta, pero os recomiendo hacer una última prueba a los nueve meses, para descartarla al cien por cien». Así lo hicimos y, contra todo pronóstico, los niveles de la toxoplasmosis de Morti se habían disparado. Las palabras del pediatra de «infecciosas» fueron: «*Bad news*». Contagiada. Además, yo no estaba allí, estaba en otro hospital con mi Chito, a la que justo ese día habían operado de una hernia inguinal. Fue a la consulta Muju solo, pensando, sin duda alguna, que nos iban a dar el alta. Me llamó por teléfono desde allí y no le salían las palabras. Os podéis imaginar el bajón...

Los niños con toxoplasmosis congénita deben recibir tratamiento con pirimetamina, sulfadiacina y ácido folínico. Es una medicación tan complicada que me dijeron que en Madrid solo la hacían en dos farmacias en toda la ciudad, con formulación magistral. Hay que pedir la medicación con días de antelación, te la preparan y te avisan para que vayas a recogerla.

Un año de medicación fuerte para la pobre Morti, intentando (pero no asegurando) matar al parásito. Creo recordar que le dábamos tres medicinas, tres veces al día, durante un año. La primera vez que le metí la jeringuilla en la boca lloré todo lo que no había llorado en los últimos meses. Me sentía tan culpable…, porque lo que estaba claro es que se lo había contagiado yo. La medicación tenía bastantes efectos secundarios. Entre ellos, la niña estaba sin defensas, así que El Bollu, que empezaba la guarde ese año, se tuvo que quedar en casa todo el curso, para no traerle todos los virus a ella.

Morti ahora está perfectamente. Tuvimos mucha suerte, porque podía haber sido mucho peor. No se descarta del todo que pueda haber provocado daños, porque esto es una carrera de largo recorrido, sobre todo en temas de la vista. Pero de momento, todo va bien.

Como experiencia, y como trucos, os puedo contar lo siguiente.

Algunas ideas importantes:

- **Las precauciones para la toxoplasmosis hay que tomárselas en serio.** Sabéis que se transmite al ingerir carne poco hecha, embutido poco curado y con fruta y verdura mal lavadas. También a través de los gatos, pero hay que tener una cosa en cuenta: un gato que vive en una casa sin acceso al exterior y comiendo pienso o carne cocinada, no contagia. El riesgo está en los gatos silvestres, que viven en el exterior, o que comen carne cruda, o cazan pájaros o ratones y se los comen, entonces sí puede estar infectado y transmitir la enfermedad. Aun así, es bueno pedir a alguien que cambie la arena de los gatos muy a menudo.

– Lavad bien las verduras, desinfectarlas, nunca es demasiada precaución.

– La carne debe ser cocida a 66 °C o superior (hasta que deja de estar rosa) o congelada durante veinticuatro horas en un congelador doméstico (a menos de –12 °C).

– Las tablas de cortar, los cuchillos, los cortadores y el fregadero se deben lavar después de la preparación de la comida. Evitar el contacto con la boca al manipular la carne cruda.

– Lavarse a menudo las manos.

– Yo añadiría que, si tenéis jardín, mejor no manipular tierra, o lavarse y desinfectarse las manos después.

• **Si diera positivo alguna analítica,** QUE ES MUY, MUY RARO, **ante la duda repite los análisis** tuyos y del bebé cuando nazca, hasta que estéis bien seguros de que se confirma el positivo o el negativo. (En mi caso hasta cinco veces, y en el caso de Morti, cuando ya parecía claramente que no tenía, gracias a la precaución del pediatra de repetir la analítica a los nueves meses, salió el positivo. Si no, no la habríamos medicado para evitar las secuelas.)

• **Tranquilidad,** mi caso no es lo normal. Conozco tres personas que han tenido toxoplasmosis en el embarazo y no han contagiado al niño. Eso es lo más excepcional. Incluso en mi caso, las cosas van muy bien.

- **Los médicos saben mucho** sobre esto, siguen un protocolo estandarizado. Pero **si te preguntan si medicar** o no en el embarazo, aunque el resultado no esté garantizado, **mi consejo es hacerlo**. Quién sabe si no se hubieran provocado más secuelas si yo no lo hubiera hecho.

Dermatitis atópica

Al poco tiempo de nacer El Chipi, empezó a tener una dermatitis tremenda. Tan tremenda que daba penita mirarle, y cuando la gente se acercaba a verle, en vez de decirme «qué rico», o «qué espabilado», o «qué monada»… todo el mundo me decía lo mismo: «Madre mía, pobrecito». Tenía la piel áspera y llena de lesiones, y a mí me daba muchísima pena, porque, además, él se rascaba y se hacía heridas continuamente.

Tengo muchas dudas de que aquello no fuera una reacción alérgica permanente a la leche que tomaba a través de la mía, porque cuando se acabó la lactancia materna, casualmente también fue desapareciendo la dermatitis.

Aun así, durante todo aquel tiempo probé y probé y probé cremas, brebajes, pociones, ungüentos, y nada funcionó, hasta que pasaron dos cosas, que no sé si serán el remedio universal, pero desde luego a nosotros nos funcionaron increíblemente bien.

- Di con una dermatóloga, cuyo nombre no recuerdo, que fue como una maga curadora para la dermatitis de El Chipi. Ella atendía en aquel momento en un hospital de Sanitas y yo, que no tenía seguro médico, fui a una sola cita con ella, pero que fue suficiente para hacernos con la situación.

Lo primero que nos dijo es que **no lo bañáramos todos los días**, porque el jabón no es lo más sano para la piel. En los momentos de brote dermatítico, bañarlo solo **una vez cada cuatro días**. Esto no es fácil de conseguir, porque hay muchos días que los niños acaban tan sucios y malolientes que habría que meterlos directamente en la lavadora, pero en esos casos hay que tirar de mano con agua para lavar las zonas más sucias con cuidado. En los días que están mejor, es preferible ducharlos, en vez de baño, porque el remojo en agua reseca mucho la piel, siempre con un jabón neutro. Y para los días que están mal de verdad, nos dio una idea, que nunca habíamos escuchado, y que nos funcionó fenomenal.

Llenar la bañera con agua templada, y hacer una mezcla con emoil emoliente (que se compra en la farmacia) y maicena (sí, maicena, de la del supermercado). Se remueve bien y con esto se hace una especia de baño en crema hidratante, donde se les deja un ratito. Y al sacarles, mojábamos un algodón con sulfato de zinc (que nos habían hecho en la farmacia) y aplicábamos en los eccemas, sin arrastrar. No soy capaz de indicar las cantidades exactas porque hace muchos años de esto y no las recuerdo bien, y porque me da apuro decir cosas como esta, no siendo médico. Solo pretendía contaros la idea, por si alguien quisiera investigar más. Para nuestro Chipi fue mano de santo.

• Y la segunda, es que un día coincidimos con un matrimonio amigo de mis padres, ambos dermatólogos, y después de contarles un poco la situación y todo el porrón de cremas que habíamos probado hasta entonces, nos dijeron: «La mejor crema de todas es la Nivea de lata azul. Y la más barata.

La de toda la vida, la que parece cemento que necesitas una hora para extenderla». Pero la verdad es que después de probarla un tiempo, nos dimos cuenta de que le funcionaba mejor que ninguna. Cuando un niño tiene tanta dermatitis, se debe **estar muy pendientes de que esté bien hidratado, por dentro, con agua y zumos naturales, y por fuera con una buena crema hidratante.**

Dermatitis atópica cada vez hay más. Nuestro sistema inmune se ha debilitado en los últimos años por culpa de la contaminación, el sol, la alimentación cada vez menos natural y la utilización de jabones (tanto para la ropa, como para el cuerpo) y cremas con aditivos químicos.

La verdad es que ya hace muchos años de esto, y seguro que ha avanzado mucho, o han aparecido cremas que funcionan bien, pero yo diría una cosa. Si alguien en la sala está pasándolo mal con este tema, porque da mucha pena, porque genera muchísima impotencia, porque un niño tan pequeño lleno de eccemas y heridas lo pasa muy mal, quiero deciros que yo también sufrí mucho con esto, pero se pasó. No queda ni rastro de aquella dermatitis, nada, ni una ligera tendencia. Así que os animo a que busquéis la solución que os funcione con vuestros hijos, que no siempre es la misma para todos, y a tener mucha paciencia, porque lo normal es que dure un tiempo y luego se vaya pasando.

La moneda

Una vez más, la protagonista de este episodio es la pobre Milú. Mira que tengo niños como para repartir los temitas, pero la pobrecita mía ha sido el blanco de varios de nuestros agobios en asuntos de salud.

Cuando ella tenía un poco menos de un año, y gateaba sentada con las piernas de medio lado, se movía por toda la casa encontrando los objetos perdidos más recónditos e inalcanzables que podríamos imaginar.

Un día, estaba yo hablando con una amiga, y de refilón vi que ella encontraba una moneda detrás de una puerta y la mantenía dentro de su puño cerrado. Fui idiota por no haber ido en el acto a quitársela, pero Milú no era de las que se llevaban las cosas a la boca, y como le veía la mano cerrada, no lo hice.

Pasaron unos segundos, porque fueron segundos, y la oí toser un poquito de una manera rara, y me asusté. Salí corriendo hacia ella y vi que la moneda había desaparecido. Lo malo es que yo no estaba del todo segura, no la había visto tragársela, pero la moneda no estaba alrededor y eso era muy raro. Así que salí corriendo hacia el centro de salud, porque aunque ella estaba bastante tranquila, me sentía muy agobiada con la situación. Mi amiga me llevó en coche, yo la tenía en brazos, y de camino hacia allí vomitó bastante encima de mí, aunque la moneda no salió.

Al llegar, nos atendieron rapidísimo y la pediatra estuvo con ella bastante rato. Me preguntaba continuamente si estaba segura, y aunque no lo había visto, lo tenía clarísimo, además yo notaba a la niña un poco rara. Estuvimos allí como una hora, vigilando, pero después de auscultarla y de hacerle varias pruebas vieron que respiraba bien, no tenía síntomas de ahogamiento, no tenía dificultad para tragar, y no parecía que le doliera nada, así que nos fuimos a casa con la indicación de vigilar TODOS los pañales con caca de la niña. Insistieron en vigilar muy bien esto, porque si no veíamos salir la moneda, tendríamos que ir al hospital a hacer radiografía para luego operar.

Estaba a punto de ir a la guarde, pero decidimos dejarla en casa unos días para poder vigilar más y asegurarnos de que la íbamos a ver si la moneda salía.

Lo que pasó el domingo siguiente fue una cosa rara. El episodio había ocurrido el miércoles y yo había puesto a rezar a todo el que conozco para que la moneda saliera y pudiéramos dar carpetazo tranquilamente al asunto.

Era domingo y estábamos en casa. Mi padre me llamó por teléfono y me dijo: «Lo he visto claro, hoy va a salir esa moneda». Al ratito de la llamada, Guillermo notó que había «asuntillo» en el pañal, y al abrirlo... ahí estaba. Os doy mi palabra de que es muy impactante el momento en el que lo ves, y confirmas todo lo que has sospechado y te das cuenta de lo que podría haber pasado.

Sobre esto os cuento lo que me dijo la pediatra de urgencias, que era una gran profesional, y mientras esperábamos en observación, nos dio una clase práctica de qué hacer en estos casos.

- De manera natural, los niños pequeños aprenden y experimentan llevándose cosas a la boca. Lo hacen así hasta que desarrollan más el sentido del tacto o del oído. Así que, **cuando están en esa fase, no se les puede quitar ojo de encima.**

- Cuando los niños se tragan algo, **es habitual que el objeto atraviese el aparato digestivo y que se expulse en la caca.** Este proceso puede durar hasta una semana.

- Si estamos en casa y vemos que el niño se ha tragado algún objeto, NO DEBEMOS INTENTAR SACARLO **a no ser que lo veamos claramente** y estemos seguros de que lo vamos a poder extraer, porque es posible que en el intento, lo metamos más para dentro y sea peor.

- Si está tosiendo, **animarle a que tosa más a ver si lo expulsa**, y si vemos que tiene dificultades para respirar o síntomas de asfixia, si da tiempo, salir corriendo al centro de salud, y si no, tratar de hacer **maniobras de primeros auxilios para que lo expulse**. (Si es bebé, boca abajo, si es mayor, por detrás, con los dos brazos alrededor de su cuerpo, haciendo compresiones en el tórax.) La pediatra que nos atendió me enseñó sobre la marcha cómo debía hacerlo, pero aun así, creo que es bueno y necesario hacer un curso de primeros auxilios.

Lo más sorprendente de todo fue que, al contarle a todo el mundo que la moneda había aparecido, la pregunta que nos hacía todo el mundo, sin excepción (y no sé muy bien por qué razón) fue: «¿Y DE CUÁNTO ERA LA MONEDA?». ☺

ALERGIA

Bautizamos a El Chipi el día que cumplía un mes de vida, y por esa razón me fui a la peluquería esa mañana, dejándole a buen recaudo en casa de mis padres, con un biberón (más o menos el noveno que iba a tomar) por si había que dárselo en caso de urgencia.

Justo cuando llegamos a casa lo encontramos dormido, porque media hora antes se había despertado con hambre y le habían dado el biberón. Cuando fuimos a verle a la cuna, el pobrecito era una bola hinchada y roja, ni sus orejas tenían forma. Tenía unos ronchones enormes a lo largo del cuerpo, que poco a poco se iban uniendo entre ellos. Salimos corriendo hacia el hospital donde nos tuvieron en la sala de espera dos horas, así que cuando lo evaluaron, ya se le había pasado la reacción. De hecho, se empeñaban en estudiar unas erosiones que se veían en la piel, a pesar de que yo insistía en que eso ya lo tenía de antes y eran fruto de su dermatitis atópica. Qué nerviosa me puse en aquella ocasión...

A partir de ahí empezó nuestra vida rodeados de la leche hidrolizada, en espera de confirmar que el niño era alérgico a la leche. A mí me parecía imposible, porque ya le habíamos dado varios biberones, pero a partir de que ocurre algo así, empiezas los estudios en el nuevo curso del máster de «madiatría», en este caso la asignatura era la de las alergias e intolerancias. Entonces me enteré de que la alergia no aparece la primera vez que se ingiere un alimento, tiene que haberse producido un contacto previo para que aparezcan los síntomas.

En aquel momento le atendían la alergia en el hospital Niño Jesús. Recuerdo ir a hacerle las pruebas allí, siempre con el corazón en un puño, pero enseguida dejar de lamentarme y hacerme más fuerte al entrar en el hospital y ver niños de todas las edades con enfermedades de todo tipo. Sabía que no tenía motivo para quejarme.

En las primeras pruebas que le hicieron confirmaron alergia a la leche y al huevo en un grado altísimo.

Era tan alérgico que si nosotros nos tomábamos un yogur y después de un rato le dábamos un beso, le salía un ronchón en la cara. Siempre que estábamos desayunando y él andaba alrededor, le acababan saliendo ronchitas en la cara y en el cuello, aunque él no tocara aparentemente nada. La leche le provocaba una reacción cutánea, tipo urticaria, y el huevo, reacción de estómago, con náuseas y vómitos. Tiene pelendengue (como diría mi suegra), porque la madre de la criatura, que soy yo, podría vivir exclusivamente de leche y huevos: son los productos que más me gustan y los que más como, no sé si esto podría tener algo que ver en este asunto.

Durante bastante tiempo, estuvimos haciéndonos a la situación, tanto nosotros, como él. Él no era muy consciente de lo que le pasaba y alguna vez le pillábamos comiendo algún alimento prohibido. Esto se acabó radicalmente una vez que se escondió debajo de la falda de una mesa camilla, en casa de los abuelos, y se comió un paraguas de chocolate. El pobre… me da mucha pena solo imaginarle disfrutando allí abajo del chocolate, que nunca había comido, y que nunca ha vuelto a comer. Se puso tan mal, tan mal, que prácticamente entró en shock anafiláctico. Por el camino hacia el hospital se me dormía, y solo decía una palabra: «ina, ina»… (medicina) ☹. No hemos corrido más con el coche en la vida.

Después de aquello no lo ha vuelto a intentar. Lo pasó tan mal él mismo que nunca se ha arriesgado ni un poquito.

Le costaba crecer, siempre estuvo fuera del percentil, pero por abajo. Y para colmo, durante un año también nos quitaron el gluten. En una revisión de alergia nos dijeron que parecía que era celíaco. Aquel día me fui andando los treinta minutos que se tardaba en llegar del Niño Jesús a mi casa sollozando por la calle. Era mi primer niño, no conseguíamos que engordara, el pobre no podía comer prácticamente nada y, además, debíamos suprimir el gluten. Estuvimos un año así, hasta que confirmaron que no era celíaco y que podíamos dárselo.

Nos metieron en el programa para hacer la «desensibilización» en el hospital (inmunoterapia que consiste en acostumbrar al organismo al alérgeno, administrándole pequeñas dosis del mismo), pero no funcionó. En cuanto aumentamos un poquito la cantidad de leche que le iban dando, los dolores de tripa eran constantes y tuvimos que cortarlo.

Lo habitual es que, en un porcentaje muy alto, las alergias remiten antes de los tres años, pero en este caso no fue así. La verdad es que lo pasamos mal, pero una vez que le coges el truco, es bastante llevadero. Él es el que se lleva la peor parte, ya que ni en los cumples, ni en las fiestas, ni en muchos lugares a donde va, puede comer lo que sirven. La leche y el huevo están en infinidad de alimentos. Pero poco a poco aprendimos qué alimentos podía comer, a base de no correr ningún riesgo y hacer pequeñas pruebas muy controladas.

Lo bueno es que **cada vez hay más concienciación.** Primero por parte de la industria, que cada vez evitan más los alérgenos o por lo menos los anuncian. Cuando empezamos en este mundillo los productos no avisaban de los alérgenos, había muchos errores en las listas de ingredientes (cosa que nos costó más de un ingreso y de un disgusto), y a veces, por curarse en salud, ponían que los alérgicos no podían comer esos productos, aunque no contuvieran aquello que les daba alergia. Y también hay mucha concienciación en los colegios, con los caterings, que están muy preparados para atender todas las alergias, y una emocionante concienciación entre los padres, que siempre preguntan y siempre piensan en los alérgicos de la clase, en la celebración de los aniversarios, cuando los niños llevan chuches al cole el día del cumple o incluso en lo que los niños se llevan para media mañana, y que no se produzcan intercambios peligrosos en los patios. ☺

El que fue llamado Chipi en aquellos años, es ya un paisano. Tiene quince años y ya no le decimos así, aunque a mí me hace mucha gracia recordarlo. Sigue siendo alérgico a las dos cosas, aunque en mucho menor grado. Yo estaba convencida de que prácticamente se le habían pasado las alergias, pero el año pasado tuvimos un susto y que acabó en jeringuillazo de adrenalina y hospital. Me dijeron que, llegados a este punto, es casi imposible que se le quiten las alergias del todo, aunque se podría hacer algo para que mejore un poco su calidad de vida, y de vez en cuando, pueda comer algo sin tener una reacción fuerte.

Hace poco mi amiga Myriam me habló de una compañera suya, la doctora Celia Pinto, que tiene una clínica llamada Alpedia, especializada en niños alérgicos, a los que hace tratamientos que le están funcionando muy bien. Hablé con ella y me impresionó el entusiasmo y la esperanza que tiene en este tema, me dijo que cree que podemos intentarlo, así que lo vamos a hacer. No imagino a mi hijo tomando un huevo con patatas.

Después de hablar con ella varias veces, y uniendo algo de lo que yo he aprendido, os cuento algunas cosas que pueden ser útiles para todos:

- **La desensibilización o inducción de tolerancia oral tiene unos elevados porcentajes de éxito con la leche de vaca y el huevo.** Respecto a la inmunoterapia con otros alimentos, desde hace unos años se están realizando ensayos clínicos para investigar la eficacia y seguridad de un protocolo para niños alérgicos al pescado, y también alérgicos al cacahuete.

- Hasta una tercera parte de los niños con alergia a alimentos suele presentar **reacciones adversas con más de un alimento.** Y es frecuente que **en una misma familia haya varios miembros con alergia a alimentos.** En mi caso, con estos antecedentes, cuando nace uno de mis hijos, no puedo darle leche con proteína de leche de vaca hasta que no le hagan pruebas. Por esa razón, si les complemento la leche materna con un biberón, debe ser de leche hidrolizada. Se trata de una de las cosas que más me cuestan, porque a mis hijos no les suele gustar nada y pasan mucho tiempo sin comer. Cuando nació El Bollu, tuve varias mastitis durante la lactancia y, como no quería ni loco tomar la leche hidrolizada, yo tenía que sacarme la leche siempre con sacaleches. Me pasaba las noches en vela: primero me la sacaba, luego se la daba en el biberón, me iba a la cocina a comer algo para ver si «fabricaba» leche otra vez, y vuelta a empezar. Estuve varios meses sin dormir nada por este tema, un poco desesperada, hasta que por fin le hicieron las pruebas de alergia y comprobamos que no era alérgico.

- **La anafilaxia** es una reacción alérgica grave que puede ser fatal. Es causada por picaduras de insectos, pero también por alimentos y por fármacos, así que, en general, **todo el mundo debería estar preparado para reconocer sus síntomas.**

- **La Academia Europea de Alergia e Inmunología Clínica, tiene varias guías** que hablan sobre anafilaxia y te ayudan a reconocer la anafilaxia.

- La adrenalina por vía intramuscular (en el muslo) es la pauta «más eficaz» ya que previene del broncoespasmo y el colapso cardiovascular. Ningún paciente con riesgo debería salir de casa sin **las inyecciones de adrenalina.** Si vuestros hijos van a viajar, de campamento o a cualquier sitio, deben llevarse dos, por si tienen que hacer uso de una, que no se queden desprotegidos, y además porque una sola puede ser insuficiente.

Gracias a Dios las alergias acaban por controlarse, con una buena concienciación del niño, de los padres y del entorno. A mí se me hizo muy duro al principio, lo pasé mal, pensé que no íbamos a cogerle el truco nunca, ni nosotros ni él, pero no fue así. Sin bajar la guardia ni un momento, y con precauciones, la vida puede transcurrir de forma absolutamente normal y esto se convertirá muy rápido en un tema secundario. Hay que reconocer que puede haber cosas mucho más graves. ☺

LOS *TIPS* «MADIÁTRICOS» DE LA KATIUSKASA

Estos son **los *tips* que propongo como «madiatra» de mis hijos.** Lo que nunca falta en mi casa, algunas ideas que hago o trucos importantes para mí:

- **Cartillas de vacunación.** Abre en «la nube» una carpeta para las cartillas de tus hijos. Cada uno con el método que utilice, yo, por ejemplo, uso Onedrive para mis documentos importantes, a los que quiero acceder desde cualquier sitio. Cada vez que le pongan una nueva vacuna, hazle una foto a la página completa y envíala a la nube, descartando la anterior. Es un buen método por si pierdes la cartilla o por si necesitas acceder a ella desde un lugar de vacaciones o algún sitio adonde no te la hayas llevado.

- **Documento para las «-itis».** Siguiendo ese mismo método, es muy bueno crear un documento con las enfermedades que han ido pasando los niños, como si fuera un pequeño historial médico casero. Aunque parezca mentira, eso que les pasaba a nuestras madres de no acordarse si habíamos pasado la varicela o no, también nos puede pasar a nosotros, y aunque ahora se informatiza todo en los hospitales, no está de más que nosotros lo tengamos claro y podamos recurrir al comodín del documento si hace falta.

- **Tarjetas sanitarias.** Busca un lugar para tenerlas localizadas y a mano. Cuando los niños sean responsables y tengan algún sitio donde llevarlas ya le darás a cada uno la suya, pero cuando son pequeños, es bueno que las tarjetas se queden en algún sitio accesible (no para los más pequeños, porque les encanta jugar con ellas y las pueden perder), y que ellos mismos conozcan cuál es, por si se necesitan cuando no estás tú en casa. Yo solía llevarlas en el bolso hasta que en un viaje de trabajo hizo falta una tarjeta y no pudieron usarla porque la tenía yo.

- ¿Sabéis el grupo sanguíneo de vuestros hijos? No estaría mal aprendérnoslo y decírselo a los niños para que lo aprendan también.

- **Primeros auxilios.** Haber hecho un buen curso de primeros auxilios puede ayudarte a salir de situaciones de emergencia en casa. Siempre que haya tiempo para ir al centro de salud o al hospital, mejor, pero si no existe ese tiempo, es necesario saber ayudar a alguien que se está ahogando, o a cerrar una herida que sangra mucho, o a sacar algo que tenían en la boca y se ha tragado.

- **Botiquín.** Ten un buen botiquín en tu casa, con lo básico. Se debe guardar en un lugar seco, y fácil de localizar en un momento de urgencia, pero fuera del alcance de los niños. Esto es lo que tenemos nosotros:
  - **Termómetro digital infrarrojo y digital axilar**
  - **Suero en monodosis.** En esta casa se consume suero compulsivamente, no sé muy bien por qué razón. ☺
  - **Gasas**
  - **Crema para picaduras**
  - **Crema para quemaduras**
  - **Crema para los golpes.** Para mí el Arnidol ha sido el descubrimiento del siglo, pero también vale Thrombocid.
  - **Alcohol**
  - **Tiritas,** sencillas, sin dibujitos, porque si los tienen, misteriosamente los niños se hacen heridas cada tres minutos y medio, y el paquete te dura un día.
  - Un **antiséptico para desinfectar,** como Betadine
  - **Paracetamol** para niños y mayores, Apiretal, por ejemplo, o el genérico.
  - **Ibuprofeno** para niños y mayores, Dalsy, por ejemplo, o el genérico.
  - **Un antihistamínico,** para las alergias, como el Polaramine.

–Una aguja esterilizada para ampollas

–Si tenéis asmáticos en casa, siempre **un inhalador broncodilatador,** como el Ventolín, y si tenéis niños muy alérgicos, **dos jeringuillas de adrenalina.**

–Una hoja con la lista de las dosis que toma cada niño de las medicinas anteriores, para no tener que mirar cada vez el prospecto. Recuerda actualizarla de vez en cuando para adaptar la medicación a su peso y edad. Puedes pegarla en la tapa del botiquín, o meterla dentro.

• Bajo mi punto de vista estas cosas son las que siempre hay que tener. El resto de las medicinas, más específicas, es mejor ir comprándolas cuando sean necesarias, como un colirio o un aciclovir, que caducan muy rápido.

• Un buen truco, que hace mi madre, es **escribir en la caja del medicamento, para qué se la recetaron y la posología.** Así no tendrás el armario de las medicinas lleno de cajas que ni recuerdas para qué son.

• **Cada cierto tiempo, es necesario revisar y tirar lo caducado,** o llevarlo a los puntos de recogida, que suelen estar en las farmacias. Y de paso, reordenar el botiquín. Puedes nombrar algún encargado de hacer esto, que sea lo suficientemente mayor como para que no juegue con las medicinas o se las tome.

• Imprescindibles en mi casa, les hemos dado muchísimo uso:

–**Máquina de aerosoles,** para los niños pequeños. Esto te puede evitar ingresos en el hospital cuando hay temas respiratorios.

—**Manta eléctrica**, para posibles contracturas y dolores musculares. (Mucho cuidado con ella porque es habitual dejárselas encendidas y, según los bomberos es una causa de incendio común en las casas. Esto me lo contó una amiga a la que le pasó.)

• Busca una farmacia cerca de tu casa y déjate ver. Hazte colega. Siempre es interesante tener **una farmacia de confianza** en la que, por ejemplo, te puedan devolver el dinero de una medicina que te dieron cuando no tenías receta, y luego la has conseguido.

• Ten una amiga pediatra (☺), y en su defecto, estudia las opciones de atención domiciliaria de tu seguro médico, si lo tienes, o mira opciones de *apps* que pasen consulta por videoconferencia. Nada como una visita en directo, pero **hay muchas cosas que se pueden solucionar sin acudir al hospital**, y así no saturamos las urgencias. En ese sentido, también hay centros de salud que tienen urgencias veinticuatro horas y te ahorran muchas horas de espera en urgencias.

• Y finalmente os cuento un truquito que utilizo desde hace muchos años, desde que Chipi era pequeño: **el fantasmita de las heridas.** Cuando se hacen una herida y no paran de llorar, hay que acudir a maniobras de distracción. El fantasmita de las heridas viene a casa cuando se han hecho una herida considerable, y son valientes y dejan de llorar. Solo con esta idea paran de llorar mucho antes, porque llega un momento que entran en bucle y lloran sin sentido. Eso sí, la herida no puede ser cualquier tontería. Acudí a la idea del fantasmita para matar dos pájaros de un tiro: el fantasmita le trae regalos cuando se hacen daño, así ya no es tan malo y se les quita un poco el miedo que le tienen. El regalo debe ser algo pequeño, para que no llegue un momento en el que se hagan las heridas a propósito. ☺

Espero de todo corazón que no tengáis que releer este capítulo, ni tener que acudir a él nunca en la vida. Pero ahí lo dejo, por si puede aportaros algo en algún momento.

TIPS

LO MÁS IMPORTANTE

PALABRAS CLAVE

5

La magia de la organización

Me he vuelto bastante loca para escribir este capítulo, para pensar en distintas situaciones (muchas de ellas son por las que más me preguntáis), pensar en ideas prácticas y *tips* para facilitar esos momentos, luego ordenarlos en mi cabeza y a continuación en el papel. Espero que os sean útiles las cosas que aquí cuento y que me deis también vuestros consejos estrella, para ir mejorándolos y compartiéndolos con los demás.

- La tintorería
- El perchero de la ropa del día siguiente
- Decoración
- El orden
- Las mudanzas
- En la calle
- Los viajes
- Los piojos
- Celebraciones:
  - Cumpleaños
  - Comuniones y otras celebraciones

- Las vacaciones
  - Verano
    - ✓ El cambio de ropa
    - ✓ La playa
    - ✓ La piscina
  - Navidad
  - Reyes Magos y Papá Noel
- Las maletas
- La vuelta al cole
- Los agujeros negros
  - Las gomas del pelo
  - Los calcetines

LA TINTORERÍA

A veces me da por pensar que mi casa parece una tintorería. El proceso de la ropa SIEMPRE está en marcha. Digamos que mi casa tiene una banda sonora cuyos sonidos (aparte de los muchos ruidos que nosotros hacemos de por sí, y si no que le pregunten a nuestros vecinos de abajo) son los que vienen de la lavadora y la secadora en funcionamiento.

A veces digo que LA VIDA ES ESO QUE PASA MIENTRAS PONGO LAVADORAS, y os va a parecer raro, pero… es que ME ENCANTA. Esto no fue siempre así, ya os conté que en mis primeros años de independencia y en nuestra primera casa éramos bastante desastre. El Muju era mucho más ordenado que yo y se ocupaba más y mejor de la ropa. Pero poco a poco me he ido dando cuenta de que es algo que me gusta (en este punto he salido a mi madre) y, por eso, ahora tengo el tema subcontratado a mi propia persona.

Mi reto consiste en tener la ropa al día y gestionar los tiempos para que los procesos estén lo más optimizados posible. He ido cambiando mi forma de hacer las cosas, sobre todo porque en una casa con tanta gente la ropa se acumula muy fácilmente.

Así que os voy a contar cuáles son los procedimientos que sigo, los *tips* más importantes y los productos que uso.

1. En este asunto resulta básico que te acompañen **buenos electrodomésticos**. Este es uno de esos temas de la casa en los que considero importante invertir. Un electrodoméstico malo no hace bien su trabajo y además dura mucho menos tiempo.

a. LAVADORA: Desde hace tiempo tengo una Samsung, que me ha salvado la vida porque tiene una capacidad de 12 kg. La que tenía antes era de 8 kg y he calculado que, más o menos, de cada tres lavadoras he ahorrado una. Eso supone tiempo y dinero. Se trata de una lavadora bastante molona porque además tiene una *app* y la puedes manejar desde el móvil y esto te permite poner la lavadora desde el lugar que tú quieras y a la hora que tú quieras, y además, te va avisando de los procesos que sigue (por si quieres incorporar algo al centrifugado, por ejemplo).

Con respecto a la lavadora, para mí las funciones básicas son:

• Me parece fundamental que tenga una **función de lavado corto**. Esto es lo primero que busco a la hora de comprar una.

Las que lo tienen suelen ser de 15, 20 o 30 minutos. Hay muchas prendas de ropa, como, por ejemplo, las sábanas y toallas, que no necesitan mucho más que un lavado y aclarado rápido. Cuando no hay manchas importantes, es de sobra. O cuando tienes que lavar urgentemente una o dos prendas solamente, no tiene sentido tener la lavadora funcionando una hora y pico.

• Que tenga una **función específica de centrifugado**. Todos los programas de lavado incluyen su centrifugado, pero a mí me viene muy bien, en alguna ocasión, solo centrifugar. Por ejemplo, si has puesto el programa corto de lavado, este suele tener una potencia baja de centrifugado, así que yo suelo después añadir algunos minutos de centrifugado más fuerte. También te viene bien si has lavado algo a mano. Hay lavadoras que, en apariencia, no tienen esta función, pero lo hacen, así que si la vuestra es de esas, investigad en las instrucciones.

• Se le puede sacar mucho partido a la **función final diferido**. Suele llamarse así, y si no, buscad la función que lo haga en la vuestra. Esto quiere decir que puedes programar la lavadora para que se encienda dentro de unas horas y que acabe cuando tú quieras. Lo veo fundamental, porque si pones la lavadora y no estás para sacarla cuando termina, la ropa se arruga muchísimo. Mi consejo es que NO PONGAS UNA LAVADORA SI NO LA VAS A SACAR ENSEGUIDA AL TERMINAR. Por eso es tan interesante esta función. En vez de ponerla por la noche y recogerla por la mañana, déjala programada y así cuando te levantes estará recién terminada.

• **Normalmente, no hago distinción de programas**. Pongo todas las coladas en el mismo tipo de lavado, que dura 59 minutos, pues normalmente es suficiente. Lo que hago es añadir un poco más de jabón del que marca, porque en mi caso es mucha ropa.

- **Distingo por colores.** Aunque hay mucha gente que no lo hace y le funciona, yo tengo cantidad de ropa suficiente para hacerlo y siempre lo he hecho así.

- **Productos,** utilizo tres:

  ✓ **Jabón Ariel actilift,** en gel. Una vez me dijeron que el jabón en polvo estropea más la ropa y no sé si será verdad, pero yo me pasé al gel. Este es el que usa mi suegra y se lo copié a ella. Utilizo el original, que me gusta mucho.

  ✓ **Suavizante Mimosín.** Antes usaba el de marca Hacendado, pero una vez compré este y me gusta mucho más el olor que deja en la ropa. Alterno el blanco y el azul.

  ✓ **Quitamanchas KH7,** pues a mí me parece magia. Después de lavar dos veces un mantel con una mancha gigante de Cola Cao en el centro y no conseguir quitarla, llamé a mi madre. ☺ Le eché KH7 y lo dejé toda la noche y esta vez salió perfectamente. Tengo encima de la lavadora los dos botes que se comercializan para manchas, cada uno es para unas manchas específicas. Y según voy metiendo en la lavadora les voy echando si hace falta. Para mí es un básico.

b. **SECADORA:** Es gracioso porque la gente que no la tiene no la necesita, y la gente que la tiene no puede vivir sin ella. Yo estoy en el segundo grupo. El ritmo de movimiento de ropa que llevamos en esta casa no me permite que la ropa se esté secando muchas horas. Tengo una Bosch de tercera mano. Pasó por casa de mis padres, luego de mis hermanos solteros y llegó a la mía hace seis años, y sigue intacta. Es una pasada.

- La mía es de **CONDENSACIÓN**. Las hay de evacuación, las que llevan un tubo hasta la calle para evaporar el agua, o de condensación, que recogen el agua en un cubilete. A mí esta última me parece comodísima, porque solo necesitas un enchufe para instalarla.

- El agua que se recoge en el cubilete de las de condensación es **agua destilada, sin cal**, y viene fenomenal para usarla en la plancha. Así que no la tiréis, dejaos una jarra grande encima de la secadora, para rellenarla cuando el cubo esté al límite y usarla para planchar.

- Las secadoras tienen filtros que hay que limpiar a menudo. Hay uno muy visible, el que vaciamos continuamente. Si la secadora te da algún problema y deja de funcionar, es bueno saber que suelen tener otros filtros más grandes, más escondidos, y que de vez en cuando debemos vaciarlos. Antes de llamar al técnico, búscalo y vacíalo, porque el problema suele solucionarse con eso; no es que esté estropeada.

- **Función final diferido**. Aquí os digo lo mismo que al hablar de la lavadora, es mejor poner la secadora cuando estemos en casa, para poder sacarla enseguida. Cuando la ropa sale calentita de la secadora, muchas veces con un buen doblado es más que suficiente, no hace falta planchar. Esto es fundamental hacerlo todo sobre la marcha, porque si dejamos la ropa acumulada en una cesta o similar, habrá que planchar todo sí o sí. Por eso me parece fundamental calcular bien cuándo se va a poner la secadora.

- **La puerta.** Aunque suene muy básico, por si acaso yo lo digo. Las puertas de la lavadora y la secadora tienen la opción de instalarlas abriendo hacia un lado o el otro. Si tienes la lavadora y la secadora juntas, lo lógico es que las sitúes en el lugar cómodo para facilitar el proceso. Que las dos puertas abran hacia el lado contrario, para que al pasar de lavadora a secadora no te encuentres con una puerta en medio que lo dificulte.

- Si no tenéis mucho espacio, siempre podéis poner **los dos electrodomésticos en torre.** Siempre la secadora encima de la lavadora.

- **No se debería meter toda la ropa en la secadora.** Por supuesto, hay que mirar las etiquetas antes. En cualquier caso, yo la utilizo para casi todo, pero hay prendas, como las camisas de El Muju, por ejemplo, que no meto para que no acaben perdiendo la forma de cuello y puños.

- Siempre habrá que tener además, un **tendedero** extra, para colgar aquello que no se meta en la secadora. Yo tengo uno **de techo**, y es genial porque cuando no lo usamos, está siempre pegado al techo y no abulta.

c. **PLANCHA.** Ya os he contado alguna vez que soy muy fan de las planchas de la marca Rowenta, lo he heredado de mi madre. ☺ Estuve muchos años con plancha normal, sencilla, hasta que un día me animé a comprar un

centro de planchado y ya no lo cambio por nada. Planchar con vapor me hace ahorrar mucho tiempo y queda mejor.

- Como decía antes, para los centros de planchado, lo mejor es el agua destilada. Os vale la de la secadora.

- He descubierto también hace poco un producto que me gusta mucho: el **limpiador de planchas de Rayen**. Cuando la base de la plancha empieza a tener manchas, le echas un poquito y te la deja como nueva.

- Si la ropa se saca en cuanto termina la secadora, y se hace un buen doblado, lo que popularmente se llama «el planchado de la mano», salvo algunas prendas que se arrugan mucho, el resto no hará falta que lo planches. Ya os conté alguna vez que hay quien (una persona a la que quiero mucho) hace una montaña de ropa y se sienta encima 15 minutos y la tiene lista. Oye, y ni una arruga llevan. ☺

2. Hasta que logramos organizar un poco el tema de la ropa en esta casa, hemos tenido muchas épocas en las que resultaba bastante desastroso. Echábamos a lavar una prenda y casi tenías que volver a comprarte otra igual porque esta nunca volvía a su sitio. Así que, después de mucho pensarlo, os cuento cómo funcionamos ahora, que es la manera más rápida, práctica y colaborativa posible.

Para esto, un gran descubrimiento para mí fue hacerme con una **etiquetadora**. Yo tengo la marca Brother, que es la que más me gusta, aunque los recambios son más difíciles de encontrar que los de Dymo.

- Tenemos dos **cestos para la ropa sucia** en los dos baños que más usamos. Son de mimbre, grandes, estables, no se mueven de su sitio. Ahí va a parar toda la ropa sucia, sea cual sea, sin separar colores.

- A su vez, tenemos **dos bolsas para ropa con patas**, plegables, de plástico, que son las que muevo de un lado a otro. Las puedes tener detrás de los cestos o de una puerta, o de donde quieras, porque no ocupan nada. Son de Ikea, se llaman Jäll, y cuestan unos cuatro euros. Desde que las descubrí no puedo vivir sin ellas. Las tengo plegadas al lado del cesto, y cuando voy a poner una colada, la cojo y la lleno con ropa clara u oscura. Ahí es donde hago la separación. Esa bolsa es la que va hasta la lavadora.

- Cuando termina la secadora, lleno la bolsa plegable con la ropa y la llevo al cuarto de la plancha.

- En el cuarto de la plancha tengo una cajonera grande, y en cada cajón están nuestros nombres puestos con la etiquetadora. Según vamos doblando ropa de la secadora, vamos metiéndola en el cajón de su dueño. Porque así te ahorras trabajo posterior de separar y asignar la ropa. Se va haciendo sobre la marcha.

- La idea (digo la idea, porque luego conseguir esto es más que difícil), es que por la noche cada uno va a su cajón, coge su ropa y la lleva a su armario.

- En los armarios también tengo etiquetas con los nombres de lo que va en cada sitio. Ropa interior, calcetines, camisetas, equipaciones deportivas, polos, pijamas… Es la única manera de conseguir que cada uno haga su parte, y que todo quede más o menos ordenado.

El perchero de la ropa del día siguiente

Yo lo llamo el PERCHERO DE UNIFORMES, porque mis hijos llevan uniforme al cole. Pero vale para todas las opciones, pues nos ha ahorrado 15 o 20 minutos todos los días a la hora de salir de casa por las mañanas y también un nivel de estrés importante, cuando no encuentras el jersey o el zapato en el último momento.

Se trata de poner un perchero (el mío lo compré en Amazon) en algún lugar visible de la casa. Yo lo tengo a la salida de la cocina, donde justo hay un recoveco y me queda perfecto. También es interesante que tenga una balda abajo, que haga las veces de zapatero.

- Hay que poner una percha con el nombre de cada uno. Si puede ser, todas iguales, para que quede más bonito. Las mejores para esto son las de madera, con pinzas para falda o para sujetar otras cosas.
- Por las mañanas cada percha tiene absolutamente todo lo que deberá ponerse el niño, calcetines incluidos. Y los zapatos abajo. Al terminar de desayunar, el niño coge su percha y se va a vestir. Cuando termina, devuelve la percha a su sitio y deja en la balda las zapatillas de estar por casa.
- En algún momento del día alguien (padre, madre, los mismos niños o quien creáis) deja en el perchero el polo y los calcetines del día siguiente.
- Al llegar los niños a casa, lo primero será ir al zapatero y cambiar los zapatos por las zapatillas.
- Cuando se vayan a duchar, echan a lavar la ropa sucia y ellos mismos cuelgan su falda o pantalón y el jersey, y así queda ya hasta el día siguiente. Puede ser una lucha diaria

al principio, hasta que cogen la rutina, pero después, ¡¡funciona!!

Si no llevan uniforme, todo esto sería igual con la ropa de diario, y solo tendrían que volver a colgar algo si lo repiten al día siguiente. Incluso se puede hacer también con la ropa del fin de semana si se tiene prisa para salir al día siguiente.

Decoración

Contando el cambio de piso que hicimos hace unos meses, durante los que nos mudamos al piso de abajo, en el mismo edificio, hemos vivido en cinco casas desde que nos casamos. La verdad es que hay veces que pienso que confundí mi profesión, y que tenía que haberme dedicado a la decoración, porque es un tema que realmente ME APASIONA.

A pesar de que uno no siempre vive en las circunstancias ideales, ni tampoco se cabe bien en casa (esto lo he vivido muchos años), ni siempre tiene la luz que querríamos, o armarios suficientes, o está muy viejita ya… tengo una cosa muy clara. TU CASA TE TIENE QUE ENCANTAR. Vamos a pasar en ella mucho tiempo, y a formar allí una familia, así que la meta es que al levantarte cada día pienses: oye, qué mona está mi casa. Y eso, sea como sea la casa, se puede conseguir con pocas cosas.

Yo soy de las que voy por la casa paseando y pensando qué nueva «reformita» puedo abordar… Probablemente tendría que hacérmelo mirar porque seguro que tiene alguna explicación. Cuando lo cuento, la gente me pregunta si estoy embarazada, pero no, es como una fiebre que me da en algunas épocas del año y que no tiene cura. ☺

Mis gustos decorativos han ido cambiando, lógicamente, porque las tendencias varían y poco a poco nos vamos adaptando, y si por algo me defino a mí misma cuando decoro, es porque hago cosas de quita y pon (como soy inquilina en las casas, cuando me voy tengo que dejarlo todo como estaba), porque son reformas exprés, porque soy una impaciente: cuando veo claro algo que voy a hacer, no paro hasta que lo hago (en plan pintando paredes por las noches con los niños acostados, ☺), y porque son baratas, muy baratas, ya que no tengo mucho dinero para gastar en esto, y me veo obligada a agudizar el ingenio.

Así que he reunido aquí unos cuantos *tips* que yo aplico allá adonde voy, y que me permiten personalizar la casa a mi gusto, dentro de las posibilidades que se presten en cada sitio.

- **El blanco**. Claramente lo nórdico ha podido conmigo y mi tendencia ha ido viajando hacia el blanco. Al principio era yo muy de meter color en todas partes, pero poco a poco me he ido dando cuenta de que para el día a día el blanco es lo que me da más paz. Una casa puede cambiar totalmente solo por el color blanco de las paredes. Y lo he podido comprobar. Como sabéis, me he cambiado de casa este último año y me he mudado a EXACTAMENTE LA MISMA CASA, pero un piso más abajo. La casa es igual en cuanto a distribución, pero sin embargo la actual me gusta muchísimo más, y es por el color blanco de las paredes. Arriba estaban pintadas de beige y estas, de blanco. Esa pequeñísima diferencia hace que la luz trabaje de otra forma y cambie la casa entera. Por eso en esta casa me he propuesto no cargar mucho con colores, y tengo que luchar conmigo misma porque hay veces que se me escapa la brocha más de lo que debería.

- **La pintura**.

  – Teniendo en cuenta que lo que más me gusta es el blanco, ponerle un toque de color en alguna zona también puede estar bien. Para eso, me gusta mucho la opción que tienen en Leroy Merlin de hacerte la pintura en el momento. Hay una carta de colores muy extensa y puedes elegir exactamente el matiz del color que buscas. Además, está muy bien de precio. Y si en el futuro necesitas repetir, siempre lo tienes ahí. Te dan una pegatina con la referencia para que la guardes por si necesitas más. Yo no sé si es pintura lavable, pero la realidad es que, por ejemplo, el verde que tengo en la cocina es de allí y yo limpio colacaos enteros que caen encima y salen perfectamente.

  – **Las rayas**. Una de las pegas que han tenido casi todas mis casas ha sido el gotelet, qué le vamos a hacer. En mi caso, la cabra tira al monte y mi cultura familiar me pide poner papel, por lo menos en algunas paredes de la casa. Pero al no poder hacerlo por culpa del gotelet (y aunque fueran lisas también por culpa del precio), la imaginación echó a volar y empecé a «trabajar» con la pintura. Hacer rayas con pintura en las paredes viste muchísimo una superficie sosa, y aunque es laborioso, resulta fácil y barato. Solo necesitas:

    ✓ Pintura: los colores que quieras utilizar. Yo normalmente solo compro uno, porque juego con el blanco que ya tiene la pared de por sí.

✓ Cinta de pintor o carrocero

✓ Cinta métrica rígida

✓ Lápiz

✓ Útiles para pintar: cubeta, brochas o rodillo, brocha pequeñita para las esquinas, plástico para cubrir el suelo.

El tema es elegir el dibujo que quieres que hagan las rayas: si serán todas iguales, alguna finita y otras anchas… Tienes que pensar bien el patrón. Yo siempre lo he hecho a ojo, pero no está de más mirar ideas en internet.

Antes de hacerlo siéntate a pensarlo y a distribuir bien los centímetros de la pared que tendrá cada raya y las separaciones entre ellas.

Podéis pintarlas de arriba abajo, o de mitad para abajo todo del color elegido, y solo rayas de la mitad hacia arriba.

Y a partir de ahí, el trabajo es de lo más manual. Se empieza a medir con el metro y haciendo marcas con el lápiz para luego ir poniendo la cinta de pintor. Aquí hay que tener en cuenta a qué lado de la marca se pone la cinta, porque esta mide lo suyo y esos centímetros se deben tener en cuenta.

Es bueno ir poniendo una marca en los espacios en los que sí hay que pintar, porque cuando se tienen todas las rayas hechas, es una locura distinguir cuáles se pintan y cuáles no. Yo las marco con una S de sí. ☺

Y listo, a pintar se ha dicho.

• **Las flores.** Otra de las opciones para la pared, que me parece EL DESCUBRIMIENTO DEL SIGLO, y así lo habéis visto en mi blog y en Instagram, es el *roller collection* de Crea Decora Recicla. Es la opción de hacer dibujos en la pared con un rodillo. Es magia, y mola todo. Cuando lo pones, nadie diría que es pintura, ya que parece totalmente de papel. Yo compré un rodillo, me costó menos de veinticinco euros y está totalmente amortizado, porque lo hemos utilizado para varios sitios y varias personas. En gotelet se puede usar, pero no queda tan definido como en una pared lisa.

Cuando te llega el rodillo y vas a empezar a hacerlo, te pones muy nervioso y crees que va a ser imposible, y de repente empiezas ¡y sale! No es difícil, solo hay que pillarle un poquito la técnica para que salga con un mejor acabado. Está pensado para que si te tuerces un poco o te equivocas, no se acabe el mundo, sino que quede un poco disimulado.

Tienen como siete modelos de dibujo y también sirve para pintar telas, con pintura especial para textil, para hacer manteles, cojines, etcétera.

- **Falsas paredes lisas.** Otra de las ocurrencias que he tenido últimamente, y volviendo al tema gotelet, ha sido crear falsas paredes lisas para poder poner papel en algún sitio concreto, o pintar flores con el rodillo. Es decir, por ejemplo, en la casa anterior teníamos una chimenea que a su lado dejaba dos huecos en la pared que pedían a gritos un papel. Así que encargué unos tableros de contrachapado a medida y me los instalaron (eso sí lo encargué, porque luego hay que emplastecer los finales) y ahí pusimos el papel. Quedó de lujo y nadie diría que no era la propia pared.

En la cocina me pasaba algo parecido. La cocina es grande y tiene unos azulejos antiguos que son para echarse a llorar, así que en la zona del office, pedí a un albañil que me cubriera los azulejos con unas placas de pladur para poder pintar encima y hacer las flores con el rodillo.

Ya he podido comprobar, al bajar a la casa actual, que al quitar las dos cosas, las maderas y el pladur sobre el azulejo, que luego las paredes quedan perfectas y como si allí no hubiera pasado nada.

- **La segunda vida de los muebles.** Pues gracias a pinturas como el Chalk Paint y a la profesión de los tapiceros, los muebles, sean como sean, pueden tener una segunda oportunidad. Cuando me casé todo se llevaba en color marrón oscuro, y ahí fuimos nosotros, a empapar la casa de color wengué. Antes de descartar un mueble, creo que hay que pensar en darle otro color y así cuadraría con la nueva decoración de la casa.

Yo suelo comprar el Auténtico, de @creadecorarecicla, porque este es uno de esos casos donde las copias no se parecen ni de lejos al original (lo digo después de haber probado otras marcas), y en el resultado se nota bastante la diferencia.

Hay que tener en cuenta que existen muebles para los que es más fácil usar el espray, pero también sale mucho más caro.

Otra cosa que me parece interesante es dar con un buen tapicero, que le pueda dar otro aire a una butaca antigua. Hay gente muy manitas que con una grapadora lo puede hacer; yo en esto, no tengo experiencia.

- **Los detalles.** Guirnaldas de luz, banderines, velones, flores preservadas, prueba con el pack seguro: velas claras dos alturas, plantas, mimbre, mantas.

- **Las tiendas que más recomendaría para amueblar y decorar una casa son:** Ikea (especialmente las librerías Billy, que son baratísimas y tienen mil usos), las sillas Läckö (que son de terraza, pero yo las uso para todo, cocina, estudio…), Guáimaro, Maison du Monde, Westwing, Decoseeker y Deco&living.

El orden

Como ya os advierto en otro capítulo de este libro, creo que las personas debemos a menudo evaluar nuestro nivel de estrés y tratar de gestionar los picos altos que tenemos durante el día.

Después de unos años y de haber comenzado mi vida adulta rodeada de un gran caos, me di cuenta de que muchos de los momentos más estresantes en mi día a día, provenían del desorden. Desorden material en mi vida y en mi casa, y desorden de gestión y de rutinas de vida.

Tengo grabado un día, hace años, en el que yo estaba en el hospital al día siguiente de haber tenido a mi segundo hijo y estaba sola con mi madre. Yo veía la habitación llena de cosas, de regalos, de flores, de cosas del bebé… y me levantaba una y otra vez para tratar de ordenar todo aquello y no ponerme nerviosa. Lo que no se me olvidará nunca es una frase de mi madre, que acompañada de una graciosa cara de asombro, me dijo: «Paloma, te has convertido en una persona ordenada». Me hizo gracia, pero es verdad. **Soy una conversa.**

La necesidad me ha llevado a ello. **En una casa con tanta gente, o hay orden o hay infelicidad.** Y no digo un orden estricto, inflexible, exagerado… no. Mi casa suele estar desordenada. MUCHO. Pero cada vez menos, porque cada vez está mejor pensada para que se genere menos desorden.

Si tuviera que resumir en unas cuantas ideas este tema, serían las siguientes:

- **Rutinas:** *tip* **básico para conseguir el orden.** O hay rutinas, o es imposible.

Antes, cada vez que entraba en la furgo, iba cargada de niños y dejaba las llaves del coche en el primer sitio que veía, sin darme cuenta de lo que hacía. Y después de poner cinturones a diestro y siniestro y por doquier, pasaba una hora buscando las llaves por todo el coche, y tenía que volver a quitar cinturones para ver si estaban debajo de alguna silla de coche, así que volvía a empezar todo el ciclo. Siempre con prisas, claro. Esto era lo que se conoce como estrés. Así que llegó la rutina, por pura supervivencia. Nada más abrir el coche, dejo las llaves en el asiento del conductor. Ya lo hago sin darme cuenta, e incluso a veces voy a buscar las llaves en mi bolsillo o en el bolso y resulta que ya las he dejado en su sitio sin prestar atención. Ese es el tema, llegar a conseguir que hagas las cosas sin darte cuenta: ese es el momento en el que se ha conseguido la rutina.

- No creo que haga falta contar aquí todas las cosas que hago para facilitarme la vida a mí misma, solo se trata de explicar el concepto de que las rutinas nos lo ponen fácil y nos reducen esos picos estresantes de cada día. Las llaves de casa, por ejemplo, ya solo las llevo o con una cinta larga que sale por fuera del bolso, para encontrarlas a la primera, o intento comprar bolsos que tengan accesorio para las llaves y así siempre sé dónde están, y no tengo que buscarlas entre las mil cosas que llevo dentro (mezcladas con los restos de la hamburguesa con queso que le sobró a El Bollu y amablemente metió en mi bolso, por si en algún momento volvía a tener hambre).

• **Menos es más**: Mi amiga Estela no sabe que ella tuvo bastante que ver en la reorganización y desprendimiento de las cosas de esta casa. Cuando decoramos nuestra casa por primera vez, allí se produjo una mezcla de cosas que ya estaban en el piso alquilado en el que vivíamos, amueblado, regalos de boda (fundamentalmente marcos de plata y adornos varios) que me hacía ilusión exhibir, cosas que había ido comprando poco a poco en plan «me caso y voy a necesitar todas estas cosas» y aportaciones varias del piso de soltero de El Muju. Cuando ya estaba todo colocado, aquello parecía un bazar de todo a cien. Todo era mono, pero era mucho. Y un día invité a comer a mi superamiga Estela y cuando llegó, miró alrededor y me dijo: «Cuántas cosas». Después de enseñarle la casa y de darme cuenta de que había repetido esa frase unas seis o siete veces, me di cuenta de que no debía molar mucho el asunto. Cuando tú estás dentro no lo ves, por eso hay que ponerse a veces en los ojos de otro.

Además, muy poco tiempo después me di cuenta de que tantas cosas me generaban desorden visual y estrés en general. Y así llegué a comprobar y hacer mía la frase «MENOS ES MÁS». Frase que tengo que recordarme a mí misma continuamente, porque mi tendencia natural es rellenar los huecos que veo vacíos, y ahí está el error. Dejemos huecos vacíos, porque esos huecos dan paz. Y si no, haced la prueba. Cuando mueves algo que lleva un tiempo en un sitio y ves el espacio vacío, te da un gusto… De vez en cuando hay que mover cosas de lugar y tratar de desprenderse de aquellos objetos que no tengan algún objetivo (ya sea práctico, ya sea decorativo, que también es necesario).

- **Un sitio para cada cosa.** Se trata de esto que nos decían tanto cuando éramos pequeños: «Una cosa para cada sitio, y un sitio para cada cosa». No soy tan fan de la primera parte de la frase, no creo que haya que tener una cosa para cada sitio, como decía antes. Mejor dejar espacios vacíos. Sin embargo, UN SITIO PARA CADA COSA... estoy totalmente de acuerdo. Parece básico, pero no lo es tanto, y cuanto más acotado está ese espacio para cada cosa, mejor fluye todo, más autónomos son los niños con el orden y más despejado está el espacio y, por lo tanto, nuestra cabeza.

Yo lo he vuelto a comprobar hace poco. Consideraba que tenía todo bastante organizado, pero en casa siempre había mochilas por los suelos, y ocho mochilas son muchas mochilas, abrigos del cole atravesados en cualquier lugar... Así que aproveché un pasillo bastante amplio que tenemos en casa y coloqué ocho percheros dobles. Uno para cada niño, con dos ganchos, uno para el abrigo y otro para la mochila. De verdad que esta tontería, que ya se me podía haber ocurrido antes, nos ha evitado muchos problemas y peleas.

Y como esto, con todo. En la zona de los juguetes, cuanto más despejado esté el sitio para cada cosa, y si puede ser con etiquetas incluso, entonces más ordenarán los niños de forma autónoma y sin que tengas que estar tú detrás. Y si crean esa rutina, incluso lo harán sin que tengas que decírselo tú. (Jajaja, ya podemos esperar sentados... esto no ocurre nunca.)

- **Vigila las «esquinas-llama-cosas».** Dícese de esa esquina de tu casa que inevitablemente se van llenando de cosas. Todo lo que nos encontramos, va a parar ahí. También se usa en plural, es decir, que puede haber más de una, y de dos y de tres esquinas de esas en casas. Parece que llaman a gritos a otras cosas y por la noche montan fiestuqui allí mismo. Cuidado con ese *corner* traicionero. Vacíese a menudo, e incluso lo mejor es desmontar lo que haya allí de manera fija, es decir ese jarrón, ese cesto, esa caja que tienen efecto llamada a otros objetos. Lo mejor es quitarlos de allí y dejar el espacio vacío.

- **Un sitio para el desorden.** Seguramente si me leen los organizadores profesionales me matarán por este párrafo, pero a mí esto me da la vida, y me veo en la necesidad imperiosa de compartirlo. PARA QUE HAYA ORDEN, HACE FALTA UN LUGAR PARA EL DESORDEN. Es decir, debemos asignar un espacio, una caja, un cajón, un armario, un debajo de la cama… donde ir acumulando cosas varias que eviten el desorden visual. Véase el ejemplo: viene gente a casa y no te ha dado tiempo a ordenar. Recójase todo lo que esté por en medio y guárdese en el sitio para el desorden. Con el firme propósito, eso sí, de tratar de ordenarlo cuando se tenga un momento más libre.

  Yo tengo una cajonera en un pasillo, donde voy acumulando las cosas del día a día que andan por ahí y que molestan (y que no tienen un lugar definido en casa), y una vez al mes (esto es el reto, la realidad es un poco más dura), vacío dando salida a todo lo que se ha acumulado allí. Es como lo que todos hemos hecho muchas veces en la vida de esconder las cosas debajo de una cama, cuando aparecía gente sin avisar, pero oficializado y con nombre: un sitio para el desorden.

- **Implicación de todos.** Es materialmente imposible que haya orden en una casa, si solo está concienciada una persona. Todos desordenan y uno ordena, es inviable. Esto es cosa de todos, porque resulta imposible luchar contra los elementos. Por eso, si tenéis niños pequeños, estáis a tiempo de inculcarles el gusto por el orden y de crear rutinas en su día a día. Y si no son tan pequeños vuestros niños, pues adelante, amigos, ánimo. A por ello. Yo estoy en esa fase. Como mi amor por el orden llegó tarde, empecé también tarde a sensibilizar a los niños con este tema, y ahora cuesta el doble.

Por eso es tan bueno hacer encargos en casa: a cada uno su encargo concreto, y luego otros generales, más relacionados con el orden personal de cada uno, de sus cosas y de lo que utiliza en casa.

- Cuando ya ha llegado el desastre, el huracán, y la casa está patas arriba (todos pasamos por fases en las que nos pasa esto y de repente te das cuenta de que vives entre montañas y montañas de cosas), aplica el *tip katiuskero* (**que encontrarás en el capítulo «Decálogo»**): pasito a pasito, suave suavesito. Que se viene refiriendo a que no te propongas ordenar todo de una atacada, sino poco a poco. La montaña es eso, una montaña. Y en nuestra mente se hace más grande todavía si cabe, y nos da tanto bajón que se atraganta. Así que aplica el *tip*: cada vez que pases junto a la montaña, coge cinco cosas y las ordenas, y olvídala hasta la siguiente vez. Y así, poco a poco y sin agobios, irán desapareciendo los montículos del caos.

- Y finalmente, tenemos la suerte de que han aparecido en el mundo los organizadores profesionales, y yo en concreto sigo a tres que me aportan muchísimo: Alicia, de @ordenylimpiezaencasa, Vanesa, de @ponorden, y María, de @organizacion_del_orden. Solo siguiéndolas en Instagram, a mí me están ayudando mucho en temas de orden y organización. Ellas son las profesionales y ofrecen muchísimos *tips* para mejorar estos asuntos en casa.

LAS MUDANZAS

He calculado que me he mudado unas diez veces en mi vida. Cinco de ellas «siendo hija» y cinco «siendo madre». De las primeras casi ni me acuerdo, qué suertaza los niños y su inconsciencia... De las que he hecho ya en mi vida de pareja, con mi Muju, podría relatar cada minuto, cada hora y cada día de cada vez que me he mudado. Porque las mudanzas, si no eres una persona masoquista y rara (y si no eres mi amiga Marta que dice que le encanta mudarse), son traumáticas y agotadoras. Sobre todo si no te organizas bien.

Las familias crecen, las necesidades cambian... En mi caso las necesidades han ido cambiando a pasos de elefante, y nos hemos tenido que ir adaptando a las nuevas situaciones familiares, lo cual ha supuesto, muchas veces, cambiar nuestro nidito familiar.

Cuando nos casamos vivimos en un pisito en el centro de Madrid; allí nacieron los dos primeros niños. Cuando nos enteramos de que llegaba el tercero, nos cambiamos a una urbanización, a un pisito un poco más grande. En tres años ya no cabíamos tampoco allí, dormíamos con dos niños metidos en nuestra habitación en dos cunas, así que buscamos casa de nuevo y nos trasladamos a un pueblo muy a las afueras de Madrid. Allí vivimos siete años y estábamos encantados. Hicimos hueco para la quinta, la sexta y el séptimo, pero ya la octava no tenía ni sitio para dormir, ni espacio para su ropa. Así que... llegó el cuarto cambio. De nuevo nos acercamos a Madrid y ya nos metimos en un piso mucho más grande. Cuando llevábamos dos años y medio, y pensábamos que iba a ser la RRRREfinitiva, los dueños de la casa, que era alquilada, nos la pidieron para instalarse ellos, así que volvimos a tener que mudarnos, con la gran suerte de que solo bajamos un piso. Creo que los pobres vecinos que vivían abajo no debieron aguantar el ruido que hacíamos desde arriba, así que salieron huyendo. Y eso nos vino muy bien, porque es donde vivimos ahora. Me imagino que, en breve, los que están ahora en el piso de abajo volverán a huir... ☺

Así que después de tener que trasladar a esta familia cinco veces, aquí va un mejunje ordenado de los *tips* que yo resumiría como los más importantes.

• **PASO PREVIO:** Alquilar o vender tu casa

—Si la casa donde vives actualmente es tuya (o del banco) y tienes que ponerla a la venta o en alquiler, **haz unas buenas fotos.** Las fotos son BÁSICAS para el éxito en la operación. Lo primero es meterle un repaso importante de orden, despejar, quitar todas las cosas posibles de en medio (aunque sea solo para la foto) y luego elegir el día y la hora más soleada para fotografiar las distintas habitaciones. No cuelgues fotos borrosas, oscuras o poco apetecibles. Las fotos serán el escaparate que atraerá a los interesados.

—**Cuélgalas en portales inmobiliarios de internet** (Idealista, Fotocasa…) y luego mueve los *links* por todos tus grupos de whatsapp y contactos. El boca-boca, o boca-oreja como se dice ahora, o el tecla-tecla en este caso… jejeje, funcionan de miedo.

- PASO SIGUIENTE: Buscando casa nueva

—Métete en esos mismos portales, haz una búsqueda con filtros en la zona y el precio que quieres, y **ponte alertas para que te avise de los nuevos anuncios** con tus requisitos. Las casas interesantes suelen volar: aquí el que no corre, vuela. Si te interesa una, ve a saco y no lo pienses.

—Ten en cuenta que, **si el anuncio es con inmobiliaria**, tendrás que pagarles un mes de alquiler a ellos, más IVA, a fondo perdido. Esto duele y mucho, pero son lentejas…

- Y LLEGÓ EL MOMENTO: la mudanza

A la hora de contratar la empresa:

—Si te has entendido bien con los inquilinos y ellos también se tienen que mudar, **mirad la posibilidad de contratar las dos mudanzas con la misma empresa,** y pedirles reducción de precio. Yo lo hice así y funcionó.

—**Pedid varios presupuestos**, es increíble la diferencia de precio que hay entre unos y otros, y no siempre los más caros son mejores.

—A los que van a daros presupuesto, **no está mal hacer-les saber que estáis pidiendo precio a varios**, a veces les anima a ser más competitivos.

—Contratad mudanza en la **que os hagan todo, cajas incluidas**. Este es un consejo aprendido con la experiencia. Cuando te envían un presupuesto con cajas o sin cajas, siempre te entra la tentación de decidir hacerlas tú. Pero, de verdad, creo que es el dinero peor ahorrado del mundo, no compensa.

—Como me dijo una vez mi amiga Silvia, la contratación de la mudanza va acorde con la edad. Cuando eres más joven te alquilas una furgo, invitas a cañas a tus hermanos y amigos y el plan mudancero se convierte en un planazo. Un poco menos joven contratas mudanza solo de muebles, las cajas las haces tú, y después de arrepentirte eternamente, te dejas la diferencia en fisios. A la tercera mudanza va la vencida y contratas una en la que les abres la puerta, les das los buenos días y te vas a hacer running mientras tu casa es mudada. Esta es la mejor opción, sin duda, porque aun así hay muchísimo trabajo que te vas a chupar tú, sí o sí.

- **Los días antes de mudarte:**

—**Ordena, dona, tira.** Fundamental. No tiene nada que ver una mudanza cuando lo que sacas de las cajas en la nueva es ya para ordenar. Reduces el trabajo de después, cuando estás desubicado y sin muchas fuerzas. Aquí empezarán los desacuerdos familiares entre qué es básico quedarse y qué no, qué es una joya de la corona y qué no. Ánimo con esta tarea.

—**Hazte un kit básico.** Esto es, como si te fueras de viaje tres días. Maletita con ropa para dos o tres días, higiene, sábanas y toallas. Parece obvio, pero no lo es. O para mí no lo fue, y nos estuvimos yendo a dormir a casa de mi hermano tres días hasta que aparecieron las sábanas en una caja. Mete también tarjetas sanitarias y si los tienes, documentos importantes.

–**De las cosas muy frágiles encárgate tú mismo.** No se puede pretender que se acuerden de que aquella caja lleva la vajilla buena de tu boda. Craso error en mi caso, y consecuente bajón al sacarla partida en trozos en la cuarta mudanza.

–Entérate de cómo van los **cambios de titular en los suministros.** Se trata de la pera limonera, y hasta que está todo correcto y puedes dejar de devolver los recibos del inquilino anterior, pasan varios meses.

–**Tema telefonía.** Hay algunas compañías que pueden tardar hasta quince días en pasar por tu casa a instalarte la línea, así que este trabajo es bueno contratarlo previamente, para que vayan el día de la mudanza o los días siguientes, y así pasar el mínimo tiempo «desconectado».

• **El día de la mudanza:**

–**Piensa bien qué día de la semana es mejor.** Si trabajas fuera de casa y puedes tomarte dos días por mudanza en la empresa, mejor un jueves. Si te dan uno, mejor viernes. Pero que esté unido al fin de semana, porque así tienes dos días para la posmudanza.

–**¡¡Ánimo, paciencia, alegríaaaa!!** Da igual, tendrás bajón te diga lo que te diga. Y pena por dejar tu casa antigua y todos esos sentimientos que más afloran cuando estás cansado y con incertidumbre de hacerte al lugar nuevo.

—**Coloca a los niños.** Hazlo ese día y si puede ser alguno más, mejor. Déjate de emotividades, ya desayunaréis juntos el resto de vuestras vidas en la casa nueva. Lo mejor es organizarles un plan alternativo divertido, para que vosotros podáis centraros en colocar lo más rápido posible, así podrás estar mejor con ellos cuando vuelvan y también tengan que adaptarse a la casa nueva.

—**Numera las habitaciones de la casa antigua y de la nueva, y pon carteles en las puertas.** Cada número de habitación, debe corresponderse con el de la habitación donde irán esas cosas en la nueva. Que todo el mundo sepa que las cajas y los muebles de la habitación 1, van a la 1 de la nueva casa.

—**Piensa en la comida y cena de ese día.** Tenlo previsto, porque hay que disponer de energía. Y si puedes dejar a la vista un aperitivo para los trabajadores de la empresa de mudanzas, Coca-Cola y café, pues mejor que mejor. Siempre puedes recurrir a empresas como Deliveroo o Just-Eat, etcétera, que te traen la comida a domicilio.

• **Días posteriores:**

—**Más ánimos, paciencia y alegría.**
—**Tira de amigos y hermanos para ayudar.** A montar muebles, a cuidar niños, a deshacer cajas… Para eso está la gente que te quiere. Ya les ayudaréis vosotros cuando les toque.
—**Hazte un calendario de trabajo,** e intenta que sea rápido. Ponte una meta cercana para tener todo deshecho.
—**Quita cajas de en medio,** agrúpalas todas en algún sitio, para ir despejando habitaciones y que no parezca que

toda la casa está invadida. Es necesario ir aligerando los espacios cuanto antes, para no generar agobio por el trabajo que queda por hacer.

– Y una máxima para el futuro: **las cajas que no has deshecho en un año, las puedes tirar** directamente. Se ha demostrado que no necesitas lo que contienen.

La verdad es que yo reconozco que las mudanzas me parecen un reto y me gustan, porque suelen estar asociadas a un cambio de casa y, por lo tanto, a una nueva oportunidad decorativa. ☺)

EN LA CALLE

Si pego un grito ahora y digo: «Cheeeeenchooooooo»..., ¿a que todos o casi todos sabéis a qué os recuerda? *La gran familia*, famosa película de un matrimonio con quince hijos... Pero aunque es preciosa y acaba todo bien, a mí se me quedó grabado de pequeña que perdieron a Chencho en la plaza Mayor y eso ha marcado un poco mi obsesión por la vigilancia cuando salimos de las cuatro paredes de nuestra casa.

Y digo obsesión porque cuando estamos con amigos me doy cuenta de que soy una histérica y que vigilo incluso a los mayores (que ya han pasado la decena) como si fueran bebés.

Cuando éramos pequeños perdimos a uno de mis hermanos dentro de casa. Estuvimos buscándole un buen rato hasta que alguien le encontró dormido debajo de una cama. Pero ¡lo llegamos a pasar mal! Debió de esconderse tan bien jugando al escondite que como se aburría porque nadie lo pillaba se durmió, hasta que alguien se dio cuenta de que no andaba por ahí… En fin, que si te puede pasar dentro… imagínate fuera. Así que yo prefiero pecar de exagerada, sobre todo porque si no tengo a todos en mi radio de visión, no estoy tranquila, me paso el día haciendo inventario: 1, 2, 3… 7.

Aun con esto, hace poco, perdimos a El Bollu en un parque. Me avergüenza contar esto, porque realmente fue un despiste nuestro. El Muju pensó que estaba conmigo, yo pensaba que estaba con él (qué típico) y así el pobrecito estuvo un rato perdido. Si vierais el espectáculo… Justo ese día iba vestido con ropa heredada, que estaba marcada con el nombre de uno de mis sobrinos, con lo cual, las personas que lo tenían nos decían que se llamaba de una manera y nosotros de otra. Fue un poco caos, pero creo que se apiadaron de mí al verme llorando como una loca. Sustazo, la verdad. Gracias a Dios acabó bien, pero es que en este tema, no se puede descuidar uno ni un minuto.

Os voy a contar cosas que hacemos cuando salimos de casa todos juntos, A SITIOS CON MUCHA GENTE:

- Lo primero es instruirles bien. **Nadie se separa de papá y mamá.** Alguna vez les asusto un poquillo, sin pasarme, para que las más despegadas (si estáis pensando en las rubias estáis acertando) no se animen demasiado a explorar lugares desconocidos. Cuando estamos en sitios con mucha gente, cada persona (cada adulto) se encarga de uno o dos niños hasta el final.

- Llevo un rotulador en el bolso y, cuando hace falta, **les escribo mi número de teléfono en la mano,** por lo que pudiera pasar.

- Superpráctico, tengas 1, 2 o 46 hijos, cuando sabes que vas a estar en sitios con mucha gente, **ponedles ropa de color chillón**. Por ejemplo, en un parque con cafetería, los niños en los columpios y nosotros tomando un café. Resulta mucho más fácil saber dónde están identificándolos por el color. En la playa igual, si están un poco alejados, con los bañadores iguales y chillones los tengo mejor localizados.

- **Nunca les pongo ropa en la que salga su nombre muy a la vista.** Hay sudaderas muy monas que se personalizan, o camisetas, pero me asusta que alguien les llame por su nombre y ellos, confiados, se vayan con un desconocido. Esto suena dramático, pero no sería la primera vez que pasa.

- Y por último, cuando pierdes a uno de vista, **ante todo, tranquilidad**. Tendemos a ponernos nerviosos muy pronto y en general están detrás de una columna del centro comercial, o se han quedado entretenidos en un escaparate, pero si nos ponemos muy nerviosos nos bloqueamos y no podemos pensar con claridad.

LOS VIAJES

Cada vez que tenemos vacaciones, puentes o fines de semana largos, El Muju y yo cargamos las maletas y los guajes en la furgo y tiramos *pa* Asturias, a nuestra tierra. Últimamente, ahora que los niños empiezan a crecer, cuando surge la oportunidad, nos estamos animando a conocer otras ciudades de España.

Los viajes que hacemos suelen ser de unas cuatro horas de media. Y os cuento cómo lo hacemos:

- Antes de salir, **rezamos a todos nuestros ángeles de la guarda**, para que nos protejan, y cada uno dice en qué parte del coche va el suyo. También rezamos por todos los que están ese día en la carretera.

- **Sitios fijos.** Nos ha cambiado mucho la vida desde que hemos establecido sitios fijos. Gran parte de las peleas que se generaban al subir al coche se han acabado. En nuestro caso, hay tres de los mayores que, como prefieren ir en la esquina, se turnan dentro de la misma fila de asientos, y ellos mismos han establecido que cada mes rotan y van cambiando de lugar.

- Después de muchos intentos y probatinas hemos decidido que **no volvemos a viajar en momentos de atasco**. Imaginaos a ocho pequeños saltamontes encerrados en medio metro cuadrado cada uno y en general con los pies llenos de maletas o cachivaches. Si ya las cuatro horas se nos hacen durillas, no admitimos ni un minuto extra para regalarle a la carretera, así que para evitar la operación salida, viajamos cuando ya está anocheciendo, previa siesta del conductor para que no resulte un peligro.

- Hay una cosa que tenemos muy clara: **el coche no para**. Es decir, así vomiten, lloren, se zurren, hagan «aguas menores o mayores» y estemos todos desmayados con el aroma, NO PARAMOS. Una vez que a El Muju se le pone cara de volante, ya no se le quita hasta que no estamos entrando en casa. Le gusta tanto conducir que le cuesta dejarme coger los mandos, y yo me dejo querer, porque prefiero que conduzca él. (Echamos gasolina al principio del viaje, para no tener que parar cuando están dormidos. Todos los padres sabemos que reducir un poquito el sonido ambiente de la carretera, supone que se despierten todos a la vez. ☺)

• **Los niños viajan cenados, bañados y en pijama** (los pequeños, claro) y hasta con su almohada cada uno, para facilitar al máximo la somnolencia. Vamos, que porque no hay colchones de viaje homologados, que si no...

• Es muy interesante nombrar a un **«Encargado del cuánto queda»**, es algo que me he inventado recientemente. A este encargado se le da un reloj, y antes de arrancar el coche se hace una estimación de hora de llegada. Y a partir de ahí, se les dice a todos los ocupantes del coche que el que quiera saber cuánto queda se lo pregunte a él. En general, a ellos les gusta contestar y a uno le quita mucha presión tener que responder a la preguntita las 1.268 veces que te la hacen hasta llegar al destino.

• Hace años no concebíamos un viaje sin los DVD. Caían una, dos e incluso tres películas. Siempre las mismas, rayadas, pero eso a nadie le importaba, mientras pudieran estar entretenidos. Y yo pensaba que era el mejor invento del mundo. Pero tiempo después se estropearon (¿por qué estos aparatejos duran tan poco?) y la verdad... no pasó nada. Ahora, cuando están despiertos, tenemos dos fases:

–**Fase 1: acomodación, es decir, las peleas.** Las hay de todo tipo: pon el CD, no, pon la radio, tengo frío, yo tengo calor, me duele la tripa, no pongas el pie ahí, no-sé-quién-me-está-tirando-del-pelo, me estoy mareando, tengo hambre, idiota no te apoyes en mi almohada... Gritos, risas, insultos, cantos, puñetazos, bailes... Muy bien, con eso ya tenemos una horita menos.

–**Fase 2: los juegos.** Aquí algunos, por si os dan ideas.

✓ Jugamos a *Descomponer las palabras* y decir las sílabas al revés. Me parece un juego buenísimo, les hace pensar ortográficamente. Por ejemplo: tanegofur. El que lo adivina dice la siguiente.

✓ Jugamos a la *Cadena de palabras*. Buenísimo para la memoria. Uno dice una palabra, el siguiente dice la anterior más la suya, el siguiente las dos anteriores más la suya nueva y así sucesivamente. Acabamos haciendo cadenas de treinta palabras, volviéndonos locos. El que se equivoca o se salta una se elimina.

✓ Jugamos a la *Historia de una palabra*. Empieza uno con una palabra y cada uno va añadiendo una nueva, formando entre todos una historia. Este es muy divertido porque además luego lo repetimos rápido y con la entonación que corresponde a cada uno.

✓ *¡20!* Se trata de sumar los 4 números de las matrículas y cuando sumen 20 ganas un punto. El que más puntos tiene, gana.

✓ Y nuestro juego estrella: *Ropa tendida*. Se establecen cinco elementos que hay que encontrar y el primero que los encuentre gana. Este juego hay que adaptarlo cada vez, según el sitio. Por ejemplo: ropa tendida, vaca, coche amarillo, casa verde, bicicleta. Cada día se puede complicar más (según el tiempo que queráis echarle) y buscar: descapotable descapotado, ambulancia, camión verde con letras blancas, anuncio de hamburguesa y dos perros juntos.

Bueno, bien, llevamos ya dos horas y media de viaje.

Finalmente, llega el momento de LA MÚSICA. La maravillosa música que amansa a las fieras. Y así, poco a poco, uno a uno, van cayendo… y después de la tormenta siempre llega la calma.

LOS PIOJOS

De las cosas que peor llevo de tener tantos niños pequeñitos en casa es, sin lugar a dudas, el momento en el que avistamos vida independiente en sus cabezas. Piojos, vaya. Eso que nos cuesta tanto reconocer a los padres que tenemos en casa, pero nos pongamos como nos pongamos, nadie está libre de ellos y lo sabemos.

Mis hijos son de rascarse poco, así que cuando visualizo al enemigo, suele estar ya en varios frentes y debemos iniciar procedimiento con carácter urgente.

Así es como lo decimos ahora en casa: iniciamos procedimiento. Esto lo empezamos a llamar así después de una vez en la que iba por casa, pasé cerca de Erika, la persona que me ayudaba en casa con los niños, y le escuché decir por teléfono: «Hoy voy a echarles veneno a todos». La cara que se me quedó en esos momentos era *pa'* verla. Me costó unas milésimas de segundo entender que ella llamaba veneno al líquido que usábamos para quitar los piojos, pero esas milésimas fueron divertidamente inexplicables.

Y cuando iniciamos procedimiento, no nos andamos con chiquitas, porque mis hijos, aunque con otras cosas no, con el tema piojos les sale la vena generosa y comparten que da gusto.

Estoy segura de que en este tema os doy penita a todos, y que la gente se anima cuando piensa en mí despiojando a todo el personal. Menos mal que El Muju y yo hacemos cadena y dividimos el trabajo, porque el día que nos ponemos es como para tomarse un buen gin o un Cola Cao, seco, doble, bien cargadito.

Sobre el producto que uso, grandes dudas. La verdad es que el presupuesto no me da para comprar los productos que veo en los anuncios y que prometen ser el inicio de una nueva vida mejor sin bichos saltando por tu casa, así que en general suelo comprar ZZ, el de toda la vida, porque necesito como mínimo tres botes; es muy baratillo y, para mí, de lo más eficaz. Hay que usarlo una vez cada mucho tiempo, porque es muy fuerte. De hecho, cuando lo pido en la farmacia, me preguntan: «¿Para personas o para animales?» (porque tienen de dos tipos), y después de visualizar un rato a mis hijos buscando la respuesta a esa pregunta, contesto: «Para personas, para personas».

Este año, después de ver que la especie evoluciona y se hace cada vez más fuerte, los llevé a un sitio profesional donde se los quitan. Aunque se trata de un desembolso, y en mi caso no fue pequeño, me compensó totalmente porque empecé de cero y así fui más consciente y más tenaz. Mientras les hacían el tratamiento, fui tomando nota de lo que creo que son los *tips* más interesantes para contaros.

1. Ningún producto de los que venden mata los piojos. A lo mejor mata algunos, pero no todos, y desde luego no acaba con las liendres.

2. Lo único que se puede hacer es quitarlos, uno a uno. Para eso lo mejor es:

– Comprar una «lendrera» que sea metálica, de púas largas y acanaladas sobre sí mismas. Si no son acanaladas, la lendrera se carga la queratina del pelo y además no agarra bien las liendres.
– Para quitar, lo mejor es echarles primero un poco de árbol de té, para que huyan, y luego un poco de vinagre (frío, no hay que calentarlo), del que tengáis en casa, porque el vinagre tiene ácido acético y consigue que el piojo se separe del pelo. Se vende un vinagre especial para pelo, que está bien, pero no hace falta que sea ese.
– Hay que tener mucha paciencia. Si se han visto piojos vivos, hacer moños con mechones, e ir soltando de uno en uno y pasar la lendrera a conciencia en cada uno. Si se encuentran piojos, hay que hacerlo tres días seguidos. Las púas tienen que tocar todo el cuero cabelludo porque aunque no saques todas las liendres, así te aseguras de separarlas de la piel del cuero cabelludo para que mueran por falta de calor.
– Se debe hacer mantenimiento una vez a la semana. Pasar la lendrera por todo el cuero cabelludo rápidamen-

te, que no genere un trauma ni al que lo hace ni al que lo recibe, porque entonces se dejará de hacer. Hay que hacerlo de forma rápida y factible.

3. Debemos lavar a menudo los cepillos que tenemos en casa, y especialmente si se ha pasado la lendrera y se han encontrado piojos o liendres. Lo mejor es sumergirlos en agua con amoníaco dos horas. Y luego aclararlo bien.

4. Es importante lavar bien las toallas y las sábanas. Y si se han visto piojos vivos, cuidado también con el reposacabezas del asiento del coche.

5. Si hay peluches o cojines en las camas, es bueno retirarlos dos días. Los piojos, si no tienen comida (la sangre de la cabeza) tardan 48 horas en morir. Con quitarlo ese tiempo, no hace falta lavarlo.

6. Hay que pasar la lendrera a menudo, pero si los niños hacen natación, ese día debemos hacerlo sí o sí, ya que en la piscina se producen muchos contagios.

CELEBRACIONES

Cumpleaños

Os cuento mi *tip* estrella para la celebración de los cumples, o para cualquier evento infantil que podáis tener:

En cuanto a la merienda, no pongo mesas llenas de comida. Siempre me ha dado rabia ver los cuencos de gusanitos o patatas con cinco manos a la vez metidas dentro, o rociados con una Fanta de naranja que cayó por encima. Además, cuanto más grande es la mesa y más comida hay, menos comen.

Así que hace ya muchos años, y copiando una idea que me dieron mis amigas las Covitas, siempre pongo **la comida individual y en bolsitas.**

Compro unas bolsas de papel, generalmente blancas (normalmente las compro en Makro, pero las encontraréis en los bazares chinos), y dentro pongo:

– Una servilleta de papel divertida (si encuentro de cuadritos mejor, para simular un picnic).
– Dos sándwiches (los que queráis que creáis que les van a gustar a los niños).
– Un zumo.
– Una bolsita de patatas.
– Una chocolatina.
– Algo de fruta.

Así, cuando llega el momento de la merienda, haces un círculo en el suelo con todos los niños y cada uno saca su servilleta de cuadros y encima pone su comida. Cuando terminan de comer, ellos mismos guardan la basura o los restos dentro de su bolsa, y la tiran al cubo. Es una solución que a mí me encanta, es más rápida, más limpia, se desperdicia menos, y puedes tenerla preparada tiempo antes.

Además, puedes imprimir el dibujo que hayas puesto en la invitación y pegarlo en cada bolsita, o personalizar las bolsas con los nombres de los invitados. ¡Queda genial!

Comuniones y otras celebraciones

El tiempo pasa muy rápido y cuando te das cuenta, estás organizando las comuniones de los churumbeles. Vaya por delante que nada me gusta más que la sencillez y lo de siempre, y que a veces creo que se nos está yendo un poco la olla y que debemos tratar de volver a acercarnos a las celebraciones de antes, porque si no, perdemos de vista cuál es el motivo principal de lo que está ocurriendo ese día.

Aclarado esto, tengo que decir que, en general, a la hora de organizar planes, tiendo a complicarme la vida, y dejo volar mi imaginación para tratar de hacer cosas distintas y que cada uno recuerde ese día como único. De las cinco comuniones que ya hemos organizado, ninguna ha sido igual a la anterior, ni siquiera celebradas en el mismo sitio. En nuestro caso, viene mucha gente de fuera de Madrid, y ya que tienen que viajar y hacer el esfuerzo, siempre me apetece organizarles un plan con el que se lo pasen bien, dentro de la sencillez, y «echen el día». ☺

Por si os sirve alguna idea, aquí os cuento cosas que proceden de mi experiencia personal, para organizar comuniones, si tenéis, o eventos en general.

- **Piensa con bastante antelación el plan que quieres organizar.** Sea en tu casa, o sea fuera, define lo más posible cuál será la celebración que quieres hacer.
- Una vez que sepas la fecha, **llama enseguida al sitio donde quieras celebrarlo**, o si prefieres contratar servicios para ese día (algún animador o algo por el estilo). Aquí EL QUE NO CORRE, VUELA.

- **Piensa siempre en un plan B para la lluvia.** Los últimos años se ha demostrado que los meses de las comuniones son muy lluviosos y que no te puedes arriesgar a hacerlo todo en un jardín.

- **Según la hora a la que sea, adapta la celebración.** No es lo mismo una comida, que una merienda, que una cena.

- También en cuanto sepas la fecha, **diseña una invitación** (puedes encargarla, pero creo que no hace falta), para que la gente haga el «*save the date*», y se apunten ya en sus agendas que ese día tienen comunión. Puede ser una invitación postal, con una foto de la niña o el niño, o un dibujo hecho por él, o lo que queráis, y también puede ser lo mismo, enviado a través de whatsapp.

- Yo en general **trato de no hacerlo en casa**, como mucho en el local de la urbanización, si es que lo tengo, o en alguna zona común. Pero siempre intento buscar algún lugar externo para no hacerlo en casa, ya que como viene tanta gente de fuera y suelo alojar a varios, esos días la casa no está para enseñar y mucho menos recibir.

- Otro de los grandes aprendizajes que puedo aportar, según mi opinión, es que **no compensa liarte y cocinar tú mismo**. No compensa. Quizá en mi caso es más exagerado, porque somos muchísimos entre familia y padrinos, unas sesenta personas, siendo muy conservadores invitando. Preparar la comida tú supone hacer grandes compras, cocinar durante varios días, y tener que estar muy pendiente durante la celebración del evento. Prácticamente no puedes disfrutar, y económicamente, si buscas una buena solución, no supone mucho más gasto encargárselo a alguien. En estos momentos hay muchos caterings que están fenomenal de precio, o lugares donde puedes encargar comida para llevar.

• Otra idea que descubrí en la comunión del tercero, es que hay **empresas que te alquilan todo lo que quieras**. Las mesas, las sillas, los platos, vasos, copas, cubertería... ¡¡todo!!, incluso en muchas de ellas puedes devolver el menaje sin lavarlo, solo pagando un poquito más. Me parece de los mejores inventos que hay y creo que ya se hace en casi todas partes.

• Algo que da mucha vidilla, si tienes que hacer merienda, o si es una comida y quieres sacar algo a última hora, es **encargar chocolate con churros a domicilio**. Suelen tener packs muy baratos, y es una sorpresa de última hora nada cara. En internet podéis encontrar las opciones más cercanas a vuestra zona.

• Yo encargo **los recordatorios** a @casapomelo (Gabi es la madrina del tercero y es una artista) o a @elgallinerodepilar (la tía de mis cuñadas que hace dibujos preciosos). Me encantan porque personalizan hasta la ropa o a la familia y están fenomenal de precio.

• Otra buena idea es hacer un **vídeo con intervención de todos los familiares que no han podido asistir.** Y si quieres puedes añadir a los que sí están, si tienen ganas de enviarle un mensaje especial al niño. Pides un vídeo a todo el mundo, y que se lo graben con el móvil en horizontal. Una vez que te los envían, puedes montarlo con Imovie (Apple) o Windows Movie Maker (Windows), o con otros muchos programas que existen en internet para edición de vídeo. Pregunta a alguien que tengas cerca y que domine un poco del tema.

• Si quieres **contratar a un animador,** puedes elegir a algún profesional o pedirles a los sobrinos mayores unos días antes que organicen juegos para los niños, o una *gymkana*.

Yo tengo unas sobrinas que se lo curran mucho, y los demás se lo pasan bomba. Y también soy muy fan de unas chicas que se llaman Coconut, que trabajan en muchas ciudades de España, y están muy bien de precio.

- Una idea para compartir un plan todos juntos es poner **un karaoke o un *just dance***, para hacer concurso de baile. Se implica todo el mundo, grandes y pequeños y es divertidísimo, y ahora se puede organizar muy fácilmente con las videoconsolas que tenemos en casa.

- Y último consejo por mi parte: **cuidado con el fuego.** ☺ Ahí va un ANECDOTÓN. Corría el año 2017 y mi hija, la quinta, hacía la Primera Comunión. En un momento de la ceremonia, los padres teníamos que coger una vela, ir a encenderla en el cirio pascual y entregársela a nuestra hija. Yo veía que los padres se la daban así sin más y me parecía que era algo un poco frío, así que imbuida por el espíritu del amor maternal y ante quinientas personas que allí había, le di la vela a mi hija, le cogí la cara y me agaché para darle un beso en la frente. Al levantarme oigo: ¡¡fuego!! En cuanto vi la cara con la que me miraba mi hija, con una mezcla de ¿esto está preparado?, ¿hay que reírse?, cara de flipe total, tardé dos segundos en darme cuenta de que la que ardía ERA YO. Se me estaba incendiando el pelo. Y en un santiamén, el fuego recorrió un mechón entero de pelo, que en aquel momento lo tenía muy largo, y subió rapidísimo hasta la frente. Empecé a darme manotazos en el pelo a la velocidad del rayo, con las dos manos, hasta que logré apagarlo.

No pasó nada grave, gracias a Dios, salvo que mi orgullo se vio seriamente afectado (porque para más inri la cámara me estaba enfocando en esos momentos, y hasta los de las últimas filas pudieron disfrutar del momentazo a través de las pantallas) y que todos los asistentes tuvieron que aguantar el olor a pollo frito rancio durante el resto de la Misa.

Bochornoso. Consejo: Señoras, no se echen laca en espray para las comuniones de sus hijos, no vaya a ser que decidan meter el pelo en una vela y aquello se convierta en las fallas de Valencia.

LAS VACACIONES

Verano

Llega el final del mes de junio y, con él, el momento (tan temido en general por los padres) de LOS NIÑOS TODO EL DÍA EN CASA.

Me gustaría saber quién fue el que inventó el sistema. Imagino al senador romano que se encargaba del *calendarius escolaribus*, tumbado en la Asamblea, comiendo uvas, pensando: los infantes de nuestro *populus romanus* necesitan muchas vacaciones, están cansados de tanta carrera de cuadriga, clases de natación en las termas, caligrafía en pergaminos, cursos de gladiación, enfrentamientos continuos con los galos... Nada, que se quiten las túnicas y se queden en sus *domus* desde el mes VI al IX. Y ahí estaban los romanitos todo el verano bañándose en leche de burra tan *contentinus/ contentini*.

Todos vemos lo cansados que están los niños al terminar el curso y la necesidad que tienen de cambiar de actividad y, a poder ser, de aires. Pero existe una realidad, el verano es muy largo, y si no pensamos bien qué vamos a hacer con ellos, se nos puede desmadrar fácilmente, por la falta de rutinas y de orden.

Soy muy fan de las vacaciones con los niños, por estar más y mejor tiempo con ellos, también por el NECESARIO descanso de los profesores (cuánto os admiro, oh, maestros), pero lo que no tiene mucho sentido es que los niños disfruten de tres meses de vacaciones, cuando los padres tienen solo dos o tres semanas, cuatro el más afortunado. Esto suele conllevar malabarismos por parte de los padres, que muchas veces se tienen que turnar y nunca coinciden en sus vacaciones, para poder atender a los niños. Y esto da mucha pena...

Lo malo es que ahora, con la tecnología, es fácil que los niños acaben viendo más tele de la que deberían, o más tablet, o móvil o Play.

Y para que todo esto no ocurra, hay que dejar volar la imaginación, y planificar bien las vacaciones de los niños. Se me ocurren varias soluciones:

– Explorar los cursos de verano que ofrecen en los **polideportivos municipales**. Están fenomenal y muy bien de precio.

– Buscar algún o alguna **canguro que pueda ir a ayudarte con los niños**. Puede ser algún vecino, esto es lo más cómodo, porque lo tienes al lado, o preguntar a tus amigos si sus hijos mayores tienen plan. Si puede ser, que se curre un poco lo que va a hacer cada día con ellos. Yo he tenido la suerte de tener a Pilar, la hija de mi amiga Rocío, y que cada día cuando viene, trae manualidades distintas para hacer con ellos.

– Explorar la opción de un/una *au pair* **para los meses de verano** (si te cabe en casa).

– Aprovechar para que vean **la televisión** (ya que seguramente la van a ver) **en inglés** o en otro idioma.

—Buscar *apps* o tutoriales en YouTube que puedan ayudarles a aprender algo: otros idiomas o a tocar instrumentos, por ejemplo.

—Una idea que hago en casa todos los años es el **minicampamento**: los mayores organizan un campamento para los pequeños. Así se pasan dos horas al día organizando los planes y luego varias horas más desarrollándolos con ellos. Es decir, que con que tengáis un mayor y un pequeño, les ponéis a organizarse entre ellos y no sabéis cómo funciona. Supermotivación.

Me encanta cómo se organiza mi amiga Ana. Vive en Cádiz y transforma su terraza en el cole de verano, decora las paredes, les compra un uniforme (vaqueros cortos y camiseta de color rojo), el recreo es una piscina de bolas que tiene y cuando saltan los aspersores del jardín de la urba, grita: «Niños, a la piscina», y salen corriendo a «bañarse». Nada como la imaginación para salir adelante.

En esta época de vacaciones, habrá mucha agua, que tan divertida es, y a la vez tan peligrosa. Os cuentos algunas ideas importantes para la playa y la piscina.

• El cambio de ropa

El gran trauma de todo padre que se precie... aquí voy a aceptar el comodín del público, y que me digáis cómo lo hacéis vosotros. Creo que deberíamos llegar entre toda la humanidad, un compendio, un decálogo, un acuerdo, ¡un algo!, que nos ayude a todos a salir de este trance cuanto antes.

Pongamos las ideas en común, por favor. Yo de momento, aporto mi casi nula experiencia en este tema, porque siempre lo hago mal y siempre me pilla el toro.

Básicamente, después de mucho tiempo me he dado cuenta de lo siguiente:

—**No hace falta que los niños tengan mucha ropa.** Si te fijas, casi no usan todo lo que tienen en el armario. Si llevan uniforme al cole, casi con que tengan un modelo para sábado y otro para domingo, sería suficiente. Alguno más para variar un poco, pero poco más. Si no llevan uniforme, la cosa cambia un poco, porque seguramente tienen casi hecho un uniforme extraoficial con su ropa de lunes a viernes.

—Hay que asumir que, cuando ya no son bebés, **la ropa acaba muy desgastada,** y que de un año a otro, casi con seguridad, no les quepa. Así que fuera melancolías y fuera ropa.

—**La ropa reutilizable,** que acaba en buen estado, pero no la va a poder heredar otro hijo, **bolsa y al contenedor de ropa,** que seguro que le hará mucho bien a alguien. Los zapatos mejor no, a no ser que hayan quedado en muy buen estado y sin marcas de pisadas especiales.

—**Si tienes espacio para guardar cajas con ropa, déjalas bien apiladas, que se vean bien** (si hay una caja que no se ve por detrás, esa es caja perdida), y bien etiquetadas, con folios metidos por los dos lados, pegados al plástico, donde diga qué ropa contiene.

—Ahora voy a decir algo complicado, pero que para mí ha sido un descubrimiento básico. **Para dos meses que dura el verano, no compensa hacer el cambio de ropa del armario completo,** que tanto trauma y trabajo nos supone. Ingéniatelas para **designar un espacio exterior para la ropa de verano**. Con armarios plegables, o alguna estantería extra, burros, o el sistema que quieras. Cuando llega el verano, monto burro, saco la ropa al burro y en septiembre la guardo en la caja, y pliego burro. Es mucho más fácil y rápido. Es verdad que tengo un burro atravesado dos meses, pero es por una buena causa, y además solemos irnos de vacaciones, así que es poco tiempo.

- *La playa*

No soy amante de la playa, para nada. Yo soy más de río, por muchas razones. Porque pasé toda mi infancia sumergida en los ríos asturianos que corren cerca de Cangas de Onís, porque en los ríos no hay tanta gente, porque no hay arena y porque como el agua suele estar helada, los momentos baño de los niños están mucho más controlados. Básicamente, que con tantos niños, al final solo voy a la playa a vigilar. Yo me identifico más con Mitch Buchannon que con el baño veraniego de Ana Obregón.

Me imagino que algún día llegará ese ansiado momento en el que vas a la playa, plantas tu sombrilla cerquita del agua y ya todo es disfrutar, pero de momento, **yo soy una baywatch**. ☺ (Solamente me separa de las chicas de la serie el bañador rojo, el cuerpazo de escándalo, el salvavidas que llevan en la manita, el pelazo ondulado siempre de pelu, y el estilo de nado a crol perfecto a pesar del oleaje. El resto todo igualito.) Y es que en la playa, qué cuidado hay que tener. Tanto por el agua como por las pérdidas de niños entre tanta toalla. Las playas están hasta arriba de gente y si a nosotros nos cuesta a veces encontrar nuestra base, hay que imaginar que a los niños mucho más.

Por eso, aunque nunca suele pasar nada, en la playa OJO AVIZOR. Y aquí van algunas ideas para que no se pierdan y por si se despistan los niños.

– Al llegar a la playa, si los niños no son todavía muy pequeños, **identificar un punto de encuentro para todos.** También identificar el puesto del socorrista más cercano.

– Hablar con ellos y decirles dónde situáis las toallas, **marcarles una referencia,** y decirles que se fijen en la sombrilla o en algo que se vea desde más lejos.

– **Ponerles bañadores de colores chillones,** que permitan verles si están alejados, e identificarles rápido.

– Esto para todas las ocasiones: **que se aprendan el teléfono móvil de papá y mamá de memoria.** Yo a los pequeños se los escribo con rotulador permanente en la mano. (En algunas playas ya reparten unas pulseras de usar y tirar para apuntarles los datos.)

– **Que sepan decir su nombre y apellido.**

– En el caso de que se pierda alguno, es bueno **que alguien del grupo se dirija rápidamente a un socorrista para dar el aviso y dejarles el número de teléfono,** mientras otros buscan al niño.

– **Observar la dirección del oleaje,** ya que el movimiento del agua arrastra a los bañistas de forma lateral y seguramente al salir del agua se han desplazado.

– **Buscar en dirección contraria al viento** porque los niños tienden a buscar la brisa de forma instintiva para relajarse. (Esto es una recomendación más técnica, de Cruz Roja.)

—Y ante todo tranquilidad, los nervios no dejan pensar y normalmente aparecen muy rápido.

• *La piscina*

Hace ahora siete años, una de mis hijas, que en aquel momento tenía cuatro, volvió a nacer. Yo estaba en casa, con la quinta, que acababa de nacer, tenía un mes y medio. Le estaba dando de comer y una chica que me ayudaba con los niños se adelantó para ir a la piscina con los cinco mayores.

Cuando llevaban un rato allí, vi por la ventana cómo una amiga mía, Isa, venía corriendo hacia mi casa. Yo estaba hablando por teléfono con El Muju y fui a la puerta. Abrí y me la encontré muy nerviosa, solo decía el nombre de mi hija una y otra vez. Yo me quedé paralizada. En cuanto la vi, supe que era algo grave, y le preguntaba: «Pero ¿está viva?», y ella no contestaba. Mi marido lo escuchaba por el teléfono, el pobre, sin saber. Yo estaba mareada del shock, quería correr, pero no podía. Le dije a él que viniera y colgamos. Ese día los radares debieron flipar con su coche.

Cuando estaba llegando a la piscina vi salir a otro amigo con la niña en brazos. Estaba despierta, pero absolutamente gris y con la mirada ida. Habían llamado a una ambulancia, pero nos subimos al coche corriendo y nos fuimos al centro de salud, que quedaba muy cerca. Allí nos mandaron al hospital, donde estuvo cuatro días ingresada, hasta que se le estabilizaron todos los niveles en los análisis.

Sigo dando gracias a Dios cada día. Por increíble que parezca la imagen me sigue viniendo a la cabeza muchos días cuando le doy un beso de buenas noches y aprovecho para dar gracias por el regalo que me hicieron aquel día.

Lo que yo no vi y lo que os quería contar, fue lo que pasó. Ella era una niña muy prudente, no sabía nadar bien y siempre iba con sus manguitos puestos. **Ese día, uno de los manguitos estaba pinchado** y se sumergió, quedando fuera el otro manguito y su brazo derecho, y eso fue lo que despistó al socorrista y le hizo pensar que estaba buceando. Gracias a una niña que se dio cuenta y empezó a gritar, la sacaron. (La pobre tuvo pesadillas un tiempo…) Le debo la vida a esa niña. Y también a una enfermera que estaba allí, que ya no ejercía, pero que fue la que consiguió que mi hija volviera. El socorrista no logró reanimarla, y ella tuvo la iniciativa de intentarlo, y lo consiguió. No tendré nunca suficientes palabras de agradecimiento para ellas y para todos los que lo vivieron y lo estuvieron pasando mal una temporada.

Actualmente cualquier parecido con un rato de relax para mí en la piscina es pura coincidencia. No les quito ojo, ni un segundo. No puedo ni sentarme, ni leer, ni jugar a las cartas, ni nada que no sea mirarles y hacer recuento continuamente.

Os cuento algunas ideas para tener en cuenta en la piscina:

– **Vigilar bien cualquier elemento que les haga flotar**: flotadores, manguitos, churros, etcétera. No son seguros. No os confiéis. Y renovadlos con frecuencia.

– **Hay que estar siempre mirando a los niños**. En la piscina había un socorrista vigilando y no se dio cuenta de lo que estaba pasando. Recuerda la norma 10/20. Mirar a la piscina cada diez segundos y poder alcanzarle con el brazo en veinte segundos si está en peligro. Y que los móviles, o un libro, o lo que sea, no suponga una distracción cuando los niños están en el agua.

—Si se da la mala suerte de que se sumergen por lo que sea, aunque se trate apenas de quince segundos, llevadles a que les vean. Pueden haber respirado agua y tenerla en los pulmones.

—Si pasa algo y se pegan un susto, volved a meterles rápidamente en la piscina, de manera controlada. Que no cojan miedo.

—Si han cogido miedo, mucha paciencia con ellos. Cuando volvimos a casa después de los cuatro días de ingreso, el primer día nos fuimos directamente a la piscina. Se metió encantada conmigo, nos sorprendió mucho. Y fue el verano siguiente cuando apareció la fobia. Han sido cuatro años luchando contra ese miedo, llorando todos los martes porque los miércoles tenía natación, con una profesora en el cole totalmente volcada en ella. Le ha costado muchos años empezar a sentirse tranquila en la piscina, y en el mar directamente no se baña.

—Lo ideal es enseñarles a nadar cuanto antes, o por lo menos a flotar.

—Y también sería deseable que los padres hiciéramos algún curso de primeros auxilios que nos permitiera conocer las maniobras de reanimación. En este caso había una enfermera que lo hizo. El socorrista no pudo y desde luego yo tampoco habría podido. Además, esto sirve para muchas otras situaciones de peligro.

En fin, gracias a Dios hubo un final feliz en esta historia. Y esperemos que con la concienciación que hay ahora se eviten muchas de estas situaciones.

Navidad

La Navidad es el momento por excelencia de la familia, de pasar tiempo juntos, y debería ser un momento de descanso y de disfrute. Por eso, **planificar nos ayudará a que no se nos pase volando y seamos felices,** que nos permitamos volver a ser niños, que juguemos, que cantemos, que bailemos…

Aquí expongo algunas **ideas para que logremos vivir la Navidad con tranquilidad y con paciencia,** especialmente quienes se ocupan de la organización, y para conseguirlo el secreto es sentarnos y planificar, cuanto más esté pensado todo previamente, más fácil será que salga bien.

En ese sentido puedes pensar en los siguientes temas:

- **El tiempo de los niños.** Si trabajas fuera de casa y los niños están de vacaciones, o si estás en casa y necesitas algo de ayuda, organízalo con tiempo: habla con aquella persona que te va a ayudar con un margen de antelación para que también se organice. Además, puedes practicar el «minicampamento entre hermanos», del que hablamos antes.

- **Si te toca cocinar, planifica tus menús:**
  - No te compliques, haz recetas vistosas pero fáciles.
  - Piensa previamente el menú de los niños, si puede ser el mismo que los mayores o no. A veces hacemos platos que son complicados para ellos, porque no pueden partirlos o comerlos solos, y acaban comiendo poco por esta razón, o se genera un momento de estrés cuando menos lo esperas. Además, no son días para estar pelean-

do, así que mejor pensar menús que en general les gusten a todos, y así será más rápido y fácil el momento en el que coman los pequeños.

–También son días en los que nos movemos mucho, a casa de los abuelos, o de un hermano… así que si tienes que llevar algún plato cocinado por ti, piensa en cosas fácilmente trasladables, y que no necesiten cocinado de última hora.

–Cuanto antes pienses los menús, antes podrás comprar los ingredientes y, por lo tanto, te saldrán mejor de precio.

–Piensa platos que puedas dejar terminados con antelación, esto te quitará mucho lío en el momento en el que tienes ya a la gente en casa.

–Ten en cuenta las alergias de los que vayan a ir a tu casa.

–Hay muchas recetas del recetario del capítulo de cocina de este libro que cumplen estos requisitos, por si queréis echarles un vistazo.

• **Planes familiares**. Busca y aprovecha los mejores planes de tu ciudad: rutas de belenes, mercadillos navideños, espectáculos de luces, conciertos de villancicos… muchos de estos están en la web del Ayuntamiento de la ciudad. Un planazo es hacer un «**Belén de cumbres**»: se trata de ir al monte y dejar un belén en algún sitio, un agujero de un árbol, una roca grande… Se cantan villancicos delante y se deja allí, para que pueda hacer lo mismo el que se lo encuentre. Cuando termina la Navidad se puede volver para ver si sigue donde estaba. Ya os adelanto que no se suelen encontrar… ☺

- **Aprovecha para leer.** Una buena idea es que cada miembro de la familia elija un libro y se vaya leyendo en distintos momentos de las vacaciones. Se pueden comprar o coger en la biblioteca municipal. Al final se puede elegir un día para que cada uno cuente algo sobre su libro.
- **Unas fiestas muy musicales...** con algo de tiempo de antelación se pueden hacer dos listas de Spotify:
- Una de villancicos tradicionales y algunos modernos chulos.
- Otra de música de bailoteo, perfecta para ponerla después de las reuniones familiares.
- **Peli, manta y palomitas.** Uno de los planes por excelencia: cine navideño en casa. Estas son algunas de las pelis más típicas:
  - *Qué bello es vivir*
  - *Una Navidad con Mickey*
  - *Polar Express*
  - *Solo en casa*
  - *Un padre en apuros*

  También se puede echar un vistazo a la cartelera del cine, que suele estrenar películas familiares en estas fiestas.
- **Si recibes gente en casa.** Despeja espacios, quita cosas de en medio. Hay que despejar el «ruido visual». Por eso es bueno asignar un espacio concreto para abrigos, bolsos y sillitas de niños.
- **Ideas para entretener a los niños** y que lo pasen bien:
  - Teatro de Navidad. Es una idea buenísima para cuando se juntan todos los primos. Hay una web que se llama <www.ayudaparamaestros.com>, donde tenéis veintisiete obras de teatro que pueden hacer los niños.

−Manualidades, un clásico que siempre sale bien. Pueden hacer servilleteros, adornos para la mesa de la cena de Navidad, las felicitaciones de Navidad también pueden pintarlas ellos… Hay un libro del que soy muy fan: *50 Manualidades para hacer con tu hijo*, de Lucía Sández.

−Búsqueda del tesoro navideño: Melchor perdió algo el año pasado y tienen que encontrarlo.

−Organizar un amigo invisible entre niños de dibujos o cosas hechas por ellos mismos.

−Ten a mano juegos de mesa, puzles, cartas…

• **Recupera los villancicos.** Qué típico es que ahora ya nadie se acuerde de las letras. Haz un cancionero y varias copias para repartir.

• **Crea tu propia tradición navideña particular.** Un plan, una receta (que tus hijos recuerden toda la vida), una canción… En casa de mis suegros es tradición el día que se mide a todos los nietos. Tienen una pared en la que van marcando la medida de cada uno, donde escriben su nombre y el año al lado. Les encanta ver cuánto han crecido de un año a otro.

• **Conecta con los que están lejos.** Planifícalo y prepara con tiempo el tema técnico. También puede ser sencillamente a través del móvil.

• Una vez conectado, es bueno proponerse **aparcar las pantallas.** Pon un cesto o una caja para que todo el mundo deje su móvil. ¡A ver si lo consigues! ☺

• **Al colocar el belén,** una buena idea es no poner al Niño Jesús hasta el día 24, y de la misma manera, se puede dejar a los Reyes Magos lejos del portal y que se vayan acercando hasta llegar.

- Es bonito pedirles a los niños que **cada día uno de ellos haga una oración delante del belén** y que se la preparen un poco durante el día para leerla todos juntos antes de ir a la cama.

Reyes Magos y Papá Noel

Me parece que es importante dar a los niños un contexto para explicarles el significado de la Navidad, y por qué reciben tantos regalos. Si no, de repente se encuentran metidos en una avalancha de consumismo y de recibir juguetes que, sin explicación, no tiene ningún sentido y puede no hacerles ningún bien.

No sé cómo será en vuestras casas, pero en la nuestra más o menos desde mediados de agosto **empiezan a aparecer cartas a los Reyes.** ☺ Y luego vamos recibiendo actualizaciones hasta el día antes o incluso la mañana misma en la que vienen.

Así que ahora ya no acepto cartas hasta que llegamos a diciembre. Les digo que de momento lo vayan pensando, pero que no lo escriban. Además, les pedimos que escriban una carta bonita, de las de «Queridos Reyes Magos, este año me he portado bien y estos son mis propósitos para el año que viene». Esas son las que nos gustan, porque lo otro se parecen a listas de peticiones de juguetes.

Cuando ya tengo la carta de cada uno les hago una foto con el móvil y así no me tengo que preocupar si se pierde, y además, así podemos llevarlas al buzón.

También trato de elegir un día en el que nos paseamos por alguna juguetería, con la excusa de recoger el catálogo, pero así yo voy viendo dónde se paran los niños, e identifico cuáles son sus intereses cada año y me entero de por dónde van los tiros.

Si puedes encargar algo online, genial. Si puedes hacer las cosas con tiempo de antelación, también genial, para que no se agoten los juguetes que piden. Pero cuando se va acercando el momento, una buena idea es quedar con familia o amigos para juntar a los niños en casas. Cada día uno se queda con los niños de todos los demás y los demás se van a hacer recaditos navideños, y cuando ellos se queden con los tuyos, te toca a ti escaparte.

Siempre nos fijamos en sus cartas y tratamos de que les traigan uno o dos regalos de los que piden (si es que piden, porque ahora se ha puesto de moda que pidan sorpresa), pero todos los años determinamos una serie de cosas fijas:

- Mínimo, un juego de mesa para cada uno. Son buenísimos los siguientes:
  - *El Catán*
  - *Jungle Speed*
  - *Story cubes*
  - *Dixit*
  - *Rummikub*

- Otros juegos que nos encantan, y que trato de reponer si se han roto o perdido:
  - *Perplexus*, o la misma idea de otras marcas
  - *Bop it*
  - Juegos de cartas
  - Juego para hacer jabones (de Dideco)
  - Un bingo (buenísimo para toda la familia)

- Material de papelería: folios, lápices, tijeras, cuadernos, libros para pintar.
- Algunos de los juguetes de toda la vida que tiene Real Fábrica: las tabas, canicas, chapas, recortables…
- Una bolsita con los ingredientes para hacer la tarta preferida de cada uno.
- Un paquete de chicles y una bolsa de chuches para cada uno (no están nada acostumbrados a comer chuches y esto es fiesta total).
- Intentamos poner también todos los años un regalo común: un palomitero, una máquina de algodón de azúcar o de gofres… algo que luego da mucho juego durante todo el año.

Para mí es importante también elegir bien la cabalgata a la que vamos a ir. Hay algunas que, aunque muy divertidas, ya no tienen nada de navideño…

Para poner los regalos el día de Reyes, solemos encargar globos de helio, que los atamos en cada zapato y da un ambientazo a la habitación. El último año lo hice con globos con sus iniciales colgados del techo encima de los regalos.

Hay que hacerles ver también a los niños que deben agradecer los regalos que les traen en otras casas. Se ponen tan nerviosos al recibirlos que es posible que se olviden de dar las gracias a la gente que ha pensado en ellos.

Y lo que es más complicado estos días es hacerles entender la suerte que tienen y lo privilegiados que son. Creo que esto es una obligación de todos los padres. Y aquí va mi ANECDOTÓN del último año.

Toda la Navidad cuidando que a los mayores no se les escapar «el secreto» de los Reyes. Toda la Navidad procurando que nadie encontrara nada. Nos esforzamos especialmente en que ni siquiera los mayores vinieran con nosotros de compras, ni vieran nada antes de tiempo, para mantener la ilusión y, sobre todo, para que los pequeños no pudieran interceptar nada de nada.

Pues bien. Día 6 de enero por la tarde-noche. Los niños se están peleando por los juguetes, los mayores un poco también. Yo me pongo muy nerviosa y llamo a todos al salón, les siento y les digo: «Chicos, no valoráis nada. No valoráis que hay muchos niños a los que sus padres no les pueden comprar ningún regalo en Navidad».

MENUDO TOMATE. Menuda ida de olla.

La cara de mis hijos mayores y la de El Muju era *pa'* verla. En plan: «Mamá, ¿qué estás haciendo?», la cara de mi hija mediana, a la que di especial tabarra para que no se le escapara nada, era la de «Mi madre se ha vuelto loca-majara-del-todo». Y yo me di cuenta y me llevé las manos a la cara. Dios mío, qué momentazo… En ese instante, El Muju dijo: «¡¡Todos a cenar!!», y salieron corriendo. Allí me quedé yo, hundida en la miseria, y muerta de risa y de horror a partes iguales. Todavía no hemos sido capaces de saber si los pequeños se dieron cuenta de algo. Pero menudo momentazo…

LAS MALETAS

Se dice, se rumorea, se comenta, que las maletas son el mayor trauma de la Katiuska madre. Y sí, puedo confirmar y confirmo, que así es. Por lo general, cuando asoman las vacaciones, llego tan *low battery*, que ponerme a hacer maletas está en el top 1 de la lista de tareas más terriblemente perezosas de la vida.

¿Cuáles son mis aprendizajes más interesantes sobre el tema maletas durante los últimos quince años? Ahí van unas cuantas ideas:

- La primera es sobre qué tipo de maletas tenemos. Considerando que la mayor parte del año las maletas no se usan, hay que comprarlas **apilables**, para meter unas dentro de otras y que no ocupen una habitación o un armario entero de la casa. Nosotros tenemos dos juegos de tres maletas rígidas, apilables. Así que, aunque tenemos seis maletas, cuando no las usamos solo tenemos que guardar dos.
- También tenemos un **neceser grande**, tipo maletín, donde van todos los productos de higiene de la familia.
- Además de esas seis, tenemos dos **maletas de tela con ruedas**, que compramos en Decathlon. Tienen mucha capacidad, pero al ser de tela, ocupan poco espacio cuando las almacenas. Dan mucho juego. En una de ellas solemos meter los zapatos de toda la familia cuando viajamos.
- Por último, utilizamos **bolsas de rafia** de supermercados y las míticas azules de Ikea, para rellenar los huecos libres del maletero, y para poner a los pies de los niños, si es que tenemos muchas cosas que llevar.
- Antes El Muju y yo hacíamos las maletas de todos, y era eterno. Una vez para probar les dijimos que se hiciera cada uno la suya y fue un auténtico desastre. Tuvimos que ir a comprar ropa a saco, porque algunos no se habían traído ni lo más básico. Y ahora lo que hacemos es darles una

lista con lo que tienen que coger cada uno, y les pedimos que **lo dejen encima de su cama**. Así luego pasamos solo para la revisión, la confirmación, y a meterlo en las maletas.

- Poco a poco nos hemos ido relajando y aprendido a **simplificar**. Cuando antes llevábamos ropa de verano, chaquetas por si acaso, chubasquero por si acaso, botas de montaña por si acaso, ropa de deporte por si acaso, vestido elegante por si acaso, disfraces por si acaso, pijamas de invierno por si acaso, y todo esto multiplicado por diez personas, ahora metemos la ropa interior, un pantalón, dos polos, un vestido, un jersey y poco más. Y si falta algo, nos las apañamos como sea, pero ya en el destino.

- Y un último aprendizaje: ahora tanto el día que viajamos hacia allí como el día de regreso, nos pegamos la paliza del siglo y deshacemos maletas al llegar, del tirón. Todas, enteras. Porque si no, se te hace bola y tardas en deshacerlas una semana. Las vueltas son tan complicadas, y si encima estás viendo maletas llenas por todas partes, la depresión se multiplica por 2.000.

Y luego está la magia de la colocación de maletas en el maletero, que la tengo subcontratada a El Muju. Yo creo que, si se apunta a un campeonato de Tetris, gana fijo. Es un crack en cuanto a diseños de maletero lleno se refiere. ☺

La vuelta al cole

No es un tema en el que pueda aportar mucho, porque siempre me acaba pillando el toro, pero este año, como gran reto, voy a tratar de dejar la vuelta al cole organizada en julio.

Se me ocurren varias ideas:

- Al terminar el curso, el día que los niños se llevan a casa todos los libros, empieza la juerga. **Designa un lugar de la casa donde cada uno tenga un cartel con su nombre y el curso actual, y deje ahí sus libros.**
- **Lava las mochilas en la lavadora** y mira a ver cuál resiste una segunda vida otro curso más.
- **Haz una primera limpieza:** los libros pintados de un solo uso, échales un vistazo y, si hay algún «trabajito» que quieres conservar, guárdalo, o hazles una foto con él móvil para que queden de recuerdo. El resto, al contenedor de papel.
- Cuando salga **la lista de libros en el colegio,** imprime una copia por cada hijo y establece unos códigos para establecer las necesidades. Por ejemplo: C: comprar, P: pedir a alguien, tick si ya lo tienes, y escribes el código delante de cada libro. Una vez hecho, hazle una foto a la hoja, para que, si la pierdes, no se pierda el trabajo, o para no tener que ir con la hoja a todas partes.
- **Crea una red con otros padres del colegio,** que te puedan pasar libros y a quien puedas pasárselos tú.
- **Con la lista, estudia qué libros te sirven para el año que viene** (comprobando bien los ISBN). Los que no, métalos en una caja para el trastero, o para un altillo o la despensa, y los que sí, reasigna lugares para cada niño con un cartel con su nombre y el nuevo curso.
- Si puedes, **deja esos libros ya marcados con el nuevo nombre, y si hace falta renovar el forro, déjalos forrados.**
- **El forrar se va a acabar con los nuevos forra fáciles** que han salido al mercado. Forralisto, forrafácil, forralibros... es un forro que se adapta a los libros, y con el que a

mí me cambió mucho la vida al descubrirlos. Antes de ir a comprarlos, mide el alto de los libros que tienes en casa, suelen ser todos de dos o tres medidas, y así sabrás qué medidas comprar. Aun así, compra también algún rollo de forro normal, para aquellos libros que se salen totalmente de las medidas estándar. (En Carrefour suelen ponerlos al 3 × 2 en agosto).

• **Haz una comparativa de precios para saber dónde comprar los libros que te faltan.** A lo mejor puedes dividirte el trabajo con otros padres de la clase. Y comparte esa información, que es oro. ☺

• Soy muy fan de **la etiquetadora de Brother (también valdría la de Dymo).** Con ella puedes marcar los libros y marcar la ropa, ya que **tienen la opción de ponerle cinta textil.**

• Según te vayan llegando libros, ya sean comprados, prestados, heredados, trata de ir forrándolos y marcándolos, y no dejes todo para el final. Yo soy muy de esas, y todos los meses de septiembre muero lentamente.

• **Enseña a tus hijos cuanto antes a forrar libros y que te ayuden.** Esto es cosa de todos. Además, es bueno que se impliquen para que valoren lo que cuesta comprarlos y prepararlos, así luego los cuidarán más.

• **Cada vez más hay empresas que te venden los libros y te los entregan ya forrados y marcados.** Hay una web que me gusta especialmente, se llama Todo para el cole, que también tiene etiquetas muy chulas para marcar la ropa y los zapatos.

• **Para el material escolar, a mí me ayuda mucho ir a una tienda donde te atienden personalmente con paciencia.** En mi caso debo ser el terror de los dependientes, porque las listas para 8 son interminables. El año pasado compré todo en Dideco y me ayudaron muchísimo, este año pienso repetir. Además, tienen descuentos para familias numerosas. (Parte de las cartas de los Reyes magos se solucionan también allí. ☺) Tienen en varias ciudades de España, pero si no, busca una tienda donde te puedan ayudar con el material.

- **Sobre los uniformes** sí que espero a septiembre, y los zapatos también, porque en verano pegan estirones y puede ser que a la vuelta no les valga nada y ya no puedas devolverlo. Por eso tampoco hay que confiarse con que lo que les ha servido este año les sirva para el siguiente. Unos días antes de empezar el cole, con cierto margen, hay que hacer un desfile de ropa para ver qué les cabe y qué no. **Aviso: los leotardos y calcetines de uniforme** de Carrefour, suelen estar en agosto a 3 × 2, y el ahorro es considerable. Además, tienen la talla en la planta, y eso hace más fácil su «casamiento».

Los agujeros negros

Las gomas de pelo

Hay algunas personas de este mundo, solo algunas, y son conocidas como extraterrestres, que usan una sola goma de pelo durante meses. Y les dura, y les dura... Me gustaría que si hay alguna de esas personas entre las presentes lectoras de este libro, me lo hiciera saber y me contara CÓMO SE HACE ESO.

En mi casa vamos a goma por día. No sé qué les pasa a mis queridas niñas que todas las mañanas les pongo una goma y todas las tardes, cuando recojo a los niños en el cole, aparecen sin ella.

Yo me imagino que en las esquinas de las clases de los colegios tiene que haber montañas y montañas de gomas de pelo, horquillas y lazos, ¿no? Si no, no me explico dónde van a parar. O igual es que las gomas vienen de fábrica con un mensaje como los de *Misión imposible*, que dice: «Esta goma se autodestruirá en ocho horas». No lo sé...

El momento en el que se pierden a lo largo del día cuando yo no estoy mirando, no puedo controlarlo, salvo concienciando a mis hijas todo lo que puedo.

Lo que sí puedo hacer es por lo menos no perderlas antes de ponérselas, que esa es otra. Porque compras gomas y gomas y luego no aparece ninguna en el momento adecuado.

Así que os cuento lo que hago yo para peinar a los niños por la mañana y tener las gomas a mano.

Mi kit de peinado mañanero: Todos los días entre semana, nos organizamos tirando a mal, y siempre dejamos para el último momento el tema peinado. Así que acabo peinándoles en la puerta, con la banda sonora de El Muju (que les lleva al cole por las mañanas) de fondo diciendo «¡¡Vámonoooooooooos!!». Por eso necesito un kit básico de peinado rápido, móvil, consistente en:
– Un *«flus flus» (katiuskario)*
– Un cepillo del pelo
– Gomas de pelo de silicona

Cuando me llegan las gomas (que las compro online en Ponette), las pongo en una caja transparente que tengo en mi baño, y cojo unas cuantas y las meto en el mango del cepillo del pelo. Meto todas las que me caben, que son bastantes. Así cuando peino en la puerta solo tengo que llevar el *flus flus* (para no tener que ir al baño a mojarles el pelo) y el cepillo donde ya están enganchadas todas las gomas para tenerlas a mano.

Los calcetines

Termino este capítulo de organización, con **la gestión de los calcetines** de esta casa, que todos los que ya me conocéis sabéis que es un trauma importante en mi vida.

Inventores y pensadores del mundo: ¿cómo es posible que tengamos drones que te llevan el pan a domicilio, que los coches ya se carguen con un enchufe de móvil y que puedas tomarte las uvas desde Taiwán con tus padres que están en Coruña Y NO SEAN USTEDES CAPACES DE INVENTAR UN ALGO QUE NO SEPARE UN CALCETÍN DE SU PAREJA?

Muchas veces he pensado que la lavadora no se alimentaba de electricidad sino de calcetines, y he despotricado fuerte e injustamente contra ella. Injustamente porque, con el tiempo, me he dado cuenta de que la pobre no tiene la culpa. Muchas veces me habéis dicho que coséis un hilo de color a los calcetines, y asignáis un color a cada hijo, pero el problema en mi casa no está en el «casado», sino en que los calcetines llegan ya desparejados a la lavadora. Y eso es otro cantar.

Después de mil intentos por tratar de convencer a los calcetos de que vayan juntos, emparejados y que nunca se abandona al calcetín caído, os voy a contar cómo tenemos organizado este tema, para intentar minimizar el número de singles lo máximo posible.

- Para empezar, siempre compro los calcetines en Carrefour, porque tienen la **talla impresa en la planta del pie.** También la marca Dim los está haciendo ahora así, y eso es un gustazo y ahorra muuuucho tiempo a la hora de emparejarlos.
- Como mis hijos llevan uniforme al cole y todos usan los mismos calcetines, pero de tallas distintas, tengo una **torre de cajoncitos de plástico,** en los que he pintado, con rotulador, **una talla en cada cajón.** Así, según voy casando calcetines de una talla, abro el cajón y los meto. Si no, una vez hecho el rulo de calcetines, la talla desaparecía y ya no podía verla, así que era de locos distinguir la talla de cada uno, siendo todos iguales.
- Para evitar el tema de que no lleguen los dos miembros de la pareja a la lavadora, hemos puesto en práctica algo que se le ocurrió a una de mis hijas, y que ESTÁ FUNCIONANDO. Y a base de insistir, están empezando a acostumbrarse a hacerlo. Cuando se quitan los calcetines, en vez de dejarlos «*burruño*» *katiuskario*, como antes, ahora los estiran, los ponen del derecho y los unen por el extremo, doblando uno por encima del otro. Solo se dobla el extremo, de manera que vayan estirados, pero juntos. Al llegar a la lavadora, los separas para que se laven bien, pero ya se ha solucionado el problema de que no llegaran los dos. Si entran dos, salen dos, y ya solo falta casarlos mirando la talla.

Esto que suena tan bonito de contar, no se lo cree ni su padre, porque todos los días me encuentro calcetines sueltos y hechos «*burruño*» por alguna esquina de casa, pero bueno, creo que ya es cuestión de insistir hasta que lo pillemos todos. Vamos por el buen camino. ☺

TIPS

LO MÁS IMPORTANTE

PALABRAS CLAVE

6

Cocinando que es gerundio

Lo más sofisticado que había cocinado en mi vida antes de casarme eran unas tortitas a las que les había añadido claras de huevo montadas. Para mí eso era nivel top. Nunca me había atraído especialmente el arte culinario, y eso que en mi casa se comía muy pero que muy bien.

Cuando me fui a estudiar a Madrid, fui a vivir a una residencia universitaria, donde no tenía que cocinar, así que, tampoco tuve oportunidad de aprender.

El Muju, que al terminar la carrera se vino a Madrid para hacer un máster, vivía en un piso con dos amigos, y su presupuesto mensual para la compra era tan bajo, que lo único que comía eran frituras congeladas que compraba en el supermercado de al lado de su casa. Se convirtió en un gran experto de la sartén, y la verdad es que los espaguetis con tomate les salían de escándalo.

Y en estas penosas circunstancias empezamos nuestra vida en común, sin tener ni repajolera idea de cocinar. Cabe recordar que en ese momento yo tenía veintidós años y El Muju, veintiséis, y que internet no era lo que es ahora. No había whatsapp ni nada que se le pareciera, y para «conectarse» había que enchufar el ordenador y estar un rato esperando los ruiditos que hacía el módem para llamar a la nube por teléfono. Por la misma razón, no había blogs de cocina, ni instagramers explicando recetas, ni programas de *Masterchef*, ni ná de ná de nadísima.

Al principio cocinaba él, con el aval que le otorgaba haber vivido un año y medio en un piso de soltero, pero después de seis días seguidos comiendo croquetas de pollo, de jamón y de cocido, pizzas y otras variaciones de alimentación ligera y sana ☺ para comer y cenar, me armé de valor y me fui a una librería, dispuesta a desterrar el pasado e iniciar una nueva vida rica en gastronomía.

Cuando mi madre se casó tampoco sabía cocinar. Ella siempre cuenta que pedía libros de cocina que incluyeran la receta de la tortilla francesa, porque ese era el nivel que podía seguir. Yo busqué y busqué un libro así, nivel –2 para megaprincipiantes, pero no lo encontré, y finalmente decidí comprarme el libro de *Las 1.080 recetas de cocina de Simone Ortega*. Libro que, literalmente, NO HE ABIERTO NI UNA VEZ EN MI VIDA.

Lo cierto es que mi profesora de cocina fue mi hermana Gabi. Ella se había casado cinco meses antes que yo, y vivía en La Coruña. También había sido autodidacta en estos temas y yo todos los días la llamaba y le preguntaba cuáles eran sus recetas y cómo hacerlas. María Eugenia nos había regalado a las dos (nuestra gran María Eugenia, que llenó nuestros estómagos durante años) la misma olla exprés, y este era nuestro instrumento de trabajo diario.

Mi nivel de novatismo llegaba hasta tal punto que el primer día que me remangué y me puse a cocinar, quise darle una sorpresa a mi maridito y hacerle su plato preferido: lentejas. Mi hermana me había dicho que tenía que dejarlas veinte minutos al fuego, en la olla, pero omitió la parte de que el tiempo cuenta desde que la válvula empieza a dar vueltas. Así que yo eché todos los ingredientes en la olla, cerré, esperé pacientemente veinte minutos de pie al lado del fuego y, cuando se cumplió el tiempo, apagué.

Cuando llegó Guillermo a casa, yo había puesto la mesa. ¡¡Hasta una vela había encendido!! Y le dije: «ponte, ponte a gusto, que es plato único». Cuando se metió la primera cucharada en la boca y empezó a masticar, aquello sonaba igualito que si se hubiera metido un puñado de kikos. Él sonreía y me ponía carita de qué-rico-está-cariño-mío, eres-la-mejor-cocinera-del-mundo, pero cuando las probé yo... estuve riéndome de pena y llorando de risa un buen rato.

Sorprendentemente el tema de la cocina empezó a engancharme, pero a nivel fuerte. De hecho, me gustaba tanto que asumí esta parte de la gestión del hogar (El Muju hacía otras muchas) y cocinaba siempre yo, solo dando margen a unos buenos espaguetis hechos por él de vez en cuando. Esto sigue siendo así, yo cocino (y lo dejo todo bastante mal, dicho sea de paso, Jordi Cruz me mataría si me viera por un agujerito, y él recoge la cocina, siempre acompañado de algún niño).

Además, el tema del cocineo me parece un temazo, es decir, creo que hay que darle importancia, porque alrededor de la mesa de la cocina se pasa mucho tiempo en familia. Alrededor de la mesa de la cocina se educa, se comparte, se aprende, se ríe, se llora, se hace hogar. Siempre he creído que la cocina hecha con cariño se nota y mucho. Me gustaría muchísimo que mis hijos disfrutaran de lo que yo hago, pensando en ellos, y me encantaría que algún día, dentro de un tiempo, cuando hagan ya sus vidas, echen de menos la comida de mamá. Me gustaría que pensaran: estas lentejas están ricas, pero como las de mi madre ningunas. ☺

Las primeras veces que hice recetas un poco más curradas, o que preparé cenas y vino gente a casa y la gente al probarlo decían *mmmmmm*, ya en aquel entonces comprobé que a mí ese tema me gustaba y esa sensación que tienes cuando alguien disfruta de algo que has hecho tú, para mí es de esas cosas impagables que tiene la vida.

Me río mucho recordando que cuando aprendía una receta nueva que me salía bien, cogía mi lista de contactos e iba invitando a cenar de la A a la Z, hasta que todos la probaban. Bueno, esto es un poquito exagerado, pero es verdad que cuando me da por una receta, la exploto hasta el infinito y más allá.

Así que me he propuesto dedicar un trocito de este libro a hablaros de aquellas recetas que he aprendido investigando, probando, leyendo, buceando entre páginas de cocina fáciles pero resultonas. También al final daré algunos *tips* para tratar de que los niños coman mejor, si es que tienes niños, como yo, que les cuesta.

Pero antes, me gustaría empezar contándoos cuáles son los imprescindibles en mi cocina.

No sin mis cachivaches: mis imprescindibles en la cocina

Me presento: soy Palu, la reina de los cachivaches de cocina. Un poco enfermiza, diría yo. Tengo plancha eléctrica, fuente de chocolate, sifón, quemador, fondue, máquina de algodón de azúcar, cuchillo eléctrico, heladera, todo tipo de moldes y cortadores de formas, de emplatadores… ¡¡Me vuelven loca todas estas cosas!! ¡¡Cuánto me gusta una vajilla!! O una cristalería… ese es el mejor regalo que me pueden hacer. Donde haya una vajilla bonita, ¡que se quiten los bolsos, o las joyas!

He comprado todo tipo de chorraditas de estas, y realmente puedo decir que pocas de ellas merecen la pena. Molan mucho, pero se usan dos veces y quedan olvidadas en algún armario cogiendo polvo…

Después de muchos años al frente de mi cocina, puedo decir que en estos momentos tiraría todo lo que tengo, pero no renunciaría a algunas cosas que os voy a contar, y que considero básicas en cualquier cocina.

Algunas de ellas son las básicas, pero después de haber probado, con el tiempo he aprendido que hay que invertir en ellas, para conseguir que ponerse a cocinar no sea una tortura lenta y tediosa.

Ahí va mi lista:

• Un PELADOR de patatas y otras verduras. De los de mano, de los que parecen un cuchillo. Siempre he pensado que debe ser de muy buena calidad, pero el que tengo ahora mismo lo compré en un bazar, me costó menos de dos euros y funciona fenomenal. Tiene que estar bien afilado. Con esto hay que probar hasta encontrar el que te gusta, porque debes estar a gusto con él y debe hacerte el trabajo más fácil.

• Un BUEN JUEGO DE SARTENES. No hace falta que tengas muchas, diría que con una buena de cada tamaño, es de sobra. Una pequeña, de 18 cm, otra mediana, de 24 cm y otra extragrande, de 28 cm para poder dorar carnes o hacer salsas de sartén. Hace un tiempo descubrí las de Monix, de piedra, y ya no puedo usar otras. Aunque para la más grande, me parece importante que sea fina y pese poco. Prefiero tener solo tres sartenes y fregarlas después de cada uso.

- Un BUEN JUEGO DE CUCHILLOS. Que sean afilados con frecuencia, y que estén a buen recaudo para que nuestros hijos no lo cojan como espada para el disfraz de pirata.

- La OLLA EXPRÉS. Hay mucha gente que tiene miedo a cocinar con ella, pero para mí sería imposible hacerlo todos los días si no la tuviera, y están ya muy bien diseñadas para que resulten seguras. Cuanta más calidad tenga y más rápida, mejor. Yo tengo una normalita y voy tirando con ella perfectamente. Hago en la olla las sopas, las cremas, los purés, las legumbres... ¡hasta el arroz blanco!

- Un ROBOT DE COCINA, para trocear y rallar. Acabo de descubrir uno que venden en el Lidl que me ha costado menos de veinte euros y estoy flipada. Si no, una buena mandolina también vale.

- Una BATA CON MANGAS, para que cuando frías y te salte el aceite a los brazos no maldigas a todo el que conoces porque te estás quemando. Yo tengo una especial atracción hacia los ojos, siempre me entra algo de aceite, así que dentro de poco me agencio unas gafas de ventisca para el momento frituras.

- MOLDES PARA HORNEAR. Diría que hay que tener uno redondo desmoldable (debe ser bueno para que no se salga toda la masa en el horno) y de los alargados, uno grande y otro pequeño, lo más antiadherentes que encontréis. Personalmente no soy muy fan de los de silicona, a mí siempre se me pegan.

- Me parece muy importante pensar bien en la vajilla de diario. Después de haber probado muchas opciones, yo recomendaría UNA VAJILLA DE DIARIO BLANCA, que no pese, para que sea fácil poner el friegaplatos, ni ocupe mucho, para que se pueda apilar bien. De las baratas, que no dé pena si se rompe. Mejor que no sea de loza, para que no se casquen los bordes y que se pueda meter en el microondas sin tener que irte a urgencias por quemaduras de primer grado cada vez que sacas un plato que estabas calentando. Yo uso desde hace diez años la misma, comprada en Carrefour, que cuesta unos doce euros, de Opal blanco. Aún está como nueva y si tuviera que reponerla, la tienen siempre.

Cosas que no son imprescindibles, pero que en mi caso se han convertido en grandes amigos, y me facilitan mucho la vida:

- PLACAS DE INDUCCIÓN: FLIPO con la cantidad de tiempo que se gana con este sistema. Después de haber probado todas las opciones, gas, vitro, eléctrico e inducción, os puedo decir que no cambio la inducción por nada del mundo. Lógicamente cada uno tendrá sus preferencias, y tampoco es cuestión de ponerse ahora a hacer obras en la cocina, pero si por lo que sea debéis cambiar lo que tenéis, mi recomendación es que no lo dudéis. Yo he pasado a cocinar en la mitad de tiempo que antes, o menos. Ya no me da pereza hacer algunas cosas con las que antes me eternizaba.

- ENVASADORA AL VACÍO: Ahora que estoy aprendiendo a precocinar, para mí es fundamental tener una. El día que llega la compra intento buscar un hueco para pelar las verduras que voy a utilizar para cocinar esa semana. Si sé que voy a necesitar cuatro zanahorias para el puré, tres para la sopa y dos para hacer bastoncitos y servirlos en un aperitivo, pelo las nueve zanahorias, las troceo y las envaso en paquetes según vaya a necesitar. Lo mismo con las demás verduras. Así a la hora de ponerme a cocinar voy muchísimo más rápido. Además, siempre que te quedan restos, puedes guardarlos envasados y te duran mucho más en la nevera. La reina de esto es Isabel, de @albergue.hostelandresidence. Ella es la que me ha hecho descubrir a mí la magia del precocinado, y le estaré eternamente agradecida. Entre otras cosas, por ejemplo, ella corta y fríe las patatas para tortilla, y las envasa ya fritas. A la hora de hacer la tortilla solo tiene que abrir el paquete y añadirle los huevos. A mí me parece una pasada, y en mi caso, me ayuda mucho.

- CORTADORA DE FIAMBRES: No es imprescindible y creo que para una casa particular, aunque viva mucha gente, no suele compensar comprar los bloques de fiambre y lonchearlos en casa. Yo la uso para cortar carne. Me encanta cocinar carnes asadas (lomos de cerdo, *roast beef*, solomillos de cerdo…), y cortarlas con la máquina ayuda a que queden mucho mejor y cundan mucho más. Pero es un poco armatoste, así que solo es recomendable si dispones de un sitio para tenerla guardada. De comprarla, mejor que no sea de las más baratas, porque entonces no tiene una buena cuchilla y no resuelve nada.

- Paellera eléctrica, oficialmente llamada «multicazuela»: no puedo vivir sin ella. Eso sí, es fundamental que sea la de la marca Princess. No quiero decir que ahí haga paella, porque sé que eso sería sacrilegio para los que me leéis desde Levante, pero yo me marco unos arroces ricos, ricos, y con fundamento. Cuando viene mucha gente a comer a casa, tiro de multicazuela, y todos tan contentos. Hay dos tamaños (yo tengo los dos, jejeje).

Si eres de las que sueles invitar a casa, como yo, también te recomendaría:

- Un juego de tazas de merienda bonito: Invitar a merendar es la mejor opción cuando quieres ver a amigos con niños. No es ni una comida ni una cena, con lo cual no tienes que pasarte el día en la cocina, y además, la hora para quedar resulta muy cómoda. Así que hay que estar preparados para poder recibirles y hacer algo vistoso.

- Máquina para hacer espuma de leche: El año pasado los Reyes me trajeron la de Nesspreso y, no es por nada, pero el café cambia totalmente. Haces unos capuchinos ¡y quedas como un rey!

- Dos termos: Preferiblemente iguales. Así puedes dejar el café hecho y la leche calientes con tiempo antes de la merienda, o antes de una comida, y no hay que ausentarse de la mesa para prepararlos en el momento. Hay que lavar los termos muy bien después de usarlos, especialmente el de la leche, porque si no coge olor.

- Cestos de mimbre de varias formas y tamaños. Yo los uso sin parar, tanto para poner bollería, como para servir patatas fritas o aperitivos o el pan.

El recetario de las katiuskas

Comparto con vosotros mis recetas, las que me han acompañado desde que empecé mis andanzas en la cocina. Todas ellas son fáciles y muy resultonas.

Como este es un tema que me atrae, soy muy «investigona». Siempre que alguien me cuenta que ha ido a una cena, a una boda, a casa de alguien... pregunto qué les han puesto en el menú, y si algo de esto me atrae, lucho hasta la muerte por conseguir la receta. Cuando voy yo a una cena, luego me paso varios días persiguiendo a la anfitriona para que me dé el secreto del éxito. Y así he ido componiendo mi recetario, a lo largo del tiempo.

Antes, me gustaría hablaros de cuatro personas que son de especial inspiración para mí:

- Webos fritos. A Susana me la pido a los Reyes Magos todos los años, pero no hay suerte y no me la traen. Así que me limito a seguirla en Instagram y aprender un poco de ella y sus clases magistrales online. Es una enciclopedia de la cocina y a mí me flipa muchísimo.

- Cocotte minute. Empecé a seguir su blog hace ya muchos años y me parece absolutamente recomendable. Ella hace lo que denomina *«glamcooking»*, cocina fácil y glamurosa. Publica una receta cada domingo y compensa echar un buen rato fichando las recetas que lleva colgando durante años, porque tiene algunas realmente interesantes.

- Mi María Eugenia, que nos dio de comer a los ocho «zanguangos» durante tanto tiempo y con tanto cariño, y que nos hacía algunas de las recetas que vais a encontrar aquí.

- Mi tía Paloma, mi madrina, que junto a mi padrino, mi tío Nacho, organizan unos planes en su casa que son de los que siempre recordaré, donde todo acompaña: su casa, la ópera que te recibe al llegar y te acompaña durante toda la cena, las riquísimas recetas que hacen, y los cánticos y poemas que cierran siempre sus veladas. Siempre que salgo de su casa pienso que me gustaría conseguir que se generase en la gente que viene a mi casa el sentimiento de felicidad que se vive en la suya.

Y añado una cosa más: no soy especialmente buena en temas de nutrición, probablemente las recetas que expongo aquí no son de lo más equilibrado. Pero seguro que hay ingredientes que se pueden sustituir por otros mejores, cada uno que las tunee como considere. ☺

Y ahora ya sí, con todo esto, arrancamos. Espero que sepan ustedes hacer las conversiones de los conceptos «un chorro», «un trozo», «una parte», «un poquito», y «a ojo». Jejeje.

Divido en aperitivos, primeros platos, segundos y postres.

APERITIVOS

1. Queso en hojaldre
2. Vasitos de foie y compota de manzana
3. Hogazas rellenas

PRIMEROS PLATOS

4. Crema de tomate
5. Pisto de Loles
6. Pastel de salmón
7. Ratatouille
8. Quiches
9. Ensalada de manzana, huevo y cangrejo

SEGUNDOS PLATOS

10. Solomillo de cerdo en hojaldre
11. Lomo de cerdo a la mostaza
12. Rollo de pollo
13. Arroz tía Paloma
14. Merluza parisina
15. Dorada a la sal
16. *Roast beef*
17. Salmón en papillote

POSTRES

18. Tarta Guinness
19. Tarta de limón
20. Tarta de queso fácil

21. Flan de la Lola
22. Flan de queso mascarpone
23. Sorbete de melón para el verano

Aperitivos

1. QUESO EN HOJALDRE: Esta es la receta que más hago cuando la gente viene a casa. La probé en la de mi amiga Ana y, desde entonces, la pongo en todas las cenas, porque es un exitazo. ¡Ya lo veréis!

• NECESITÁIS:
−Queso redondo brie o camembert. (A mí me gusta más con brie.)
−*«Mermelada de Álvaroycoque» (katiuskario).* (Pueden ser otras, pero es con la que mejor queda)
−Masa de hojaldre enrollada. 1 o 2 rollos, según el tamaño del queso
−1 huevo

1. Sacar el hojaldre de la nevera un rato antes de hacerlo, para que no esté duro. Cuando esté ya templado, estiráis la masa y recortáis una tirita pequeñita por el borde del diámetro, que luego servirá para decorar.
2. En el centro del círculo del hojaldre, pintáis un círculo de mermelada, del tamaño del queso. Apoyáis el queso justo encima, lo cubrís TOTALMENTE con la masa de hojaldre (aquí es donde podéis usar trozos de la segunda masa para cerrar completamente), y le dais la vuelta.
3. Decoráis con la tira de masa en plan empanada (o ha-

ciendo letras ☺), pintáis con huevo, y al horno a 200 °C, hasta que esté tostadito.

Info: Lo mejor es esperar un ratito, como unos 10 minutos, antes de comerlo.

Si tenéis una cena, se puede hacer tiempo antes, dejarlo bien tapado, y hornearlo un ratito antes de que llegue la gente a casa.

2. VASITOS DE FOIE Y COMPOTA DE MANZANA: Receta de mi amiga Marta. Es una pasada porque está exquisita y a todo el mundo le encanta. Es una delicatessen y encima bastante fácil, aunque hay que hacerla en varios pasos.

- NECESITÁIS:
—6 manzanas Golden
—Azúcar
—1 lata de bloc de foie gras de pato (la mejor es la de Lidl)
—Pedro Ximénez
—1 cucharada de maicena
—1 naranja
—1 paquete de almendras crocanti (la encontráis en Mercadona)

1. Empezamos con la compota de manzana: en un cazo, poner las manzanas peladas y troceadas, con un poco de mantequilla a fuego medio. Cuando empiece a estar blandito, añadir dos cucharadas soperas de azúcar y dejar que se haga bien. Cuando esté, batirlo.

2. Hacer la reducción de Pedro Ximénez. Hay maneras más profesionales, pero yo lo hago así de sencillo: en un ca-

cito en el fuego, servir un vaso de vino PX, y calentar a fuego medio. Añadir el zumo de media naranja y una cucharada de maicena, y dejar a fuego bajo hasta que se reduzca mucho y quede como una crema.

3. Sacar el foie (tiene que estar a temperatura ambiente) y ponerlo en un bol, aplastarlo con un tenedor y añadir la reducción de PX (no pongáis todo, id añadiendo al gusto, no debe quedar muy fuerte) y mezclar bien.

4. Finalmente coger los vasitos donde se va a servir el aperitivo (yo tengo unos botecitos pequeños de cristal con tapa hermética donde queda muy bien) y poner abajo compota y encima el foie. Yo lo hago en mangas pasteleras de usar y tirar, para no manchar los botes cuando lo meto, pero se puede hacer con cucharas.

5. Un ratito antes de servir, añadir en cada bote o vaso, un puñado de almendras crocanti.

Info: Yo suelo hacer la compota dos o tres días antes; la mezcla del foie, el día antes de la cena, y dejo los botecitos ya montados en la nevera el día antes. Así el día de la cena tienes ya un aperitivo hecho y solo hay que añadir la almendra. Es importante sacarlos de la nevera por lo menos una hora antes de la cena.

3. HOGAZAS RELLENAS: Esto lo habréis probado en varios sitios, pero por si acaso, como a mí me encanta, lo añado.

- NECESITÁIS:
  – 1 hogaza de pan del tamaño que necesitéis

Para la hogaza rellena de queso:

−1 cebolla

−1 bote de mayonesa

−300 g de queso rallado (de 4 quesos)

1. Cortar un círculo de la hogaza por arriba, a modo de tapa. Es bueno que la hogaza esté un poquito dura. Vaciar la miga de dentro.

2. Sofreír la cebolla, cortada en trocitos pequeños, en una sartén con un poquito de aceite y una pizca de sal hasta que esté blanda.

3. En un recipiente poner la cebolla, la mayonesa, el queso rallado, un poquito de pimienta y mezclar bien.

4. Introducir la mezcla dentro de la hogaza. Sin ponerle la tapa de pan, envolver en papel aluminio y hornear a 200 °C, durante 15 o 20 minutos. Cuando veamos (destapando un poco), que la mezcla está fundida, quitarle el papel de plata y dejar la hogaza dentro hasta que el queso se ha gratinado por arriba. Y listo.

Info: Este aperitivo es una bomba… pero realmente cada persona toma muy poquita cantidad. Hay que poner colines para que la gente pueda untar el queso. Queda muy bien si se sirve con algunos ya metidos dentro.

También se puede hacer la hogaza rellena de trocitos de chistorra. Se vacía igual, se tuesta un poco en el horno, vacía, y luego se meten los trocitos de chistorra, que previamente hay que freír en una sartén (sin aceite para que no quede muy graso).

4. CREMA DE TOMATE: Esta receta nos encanta a todos, y es válida para una cena entre semana, o para una cena que tengáis en casa y en la que queráis quedar bien.

- NECESITÁIS:
- 1 puerro grande
- 1 patata grande
- 1 zanahoria grande
- 1 lata de tomate entero pelado
- 1 tetrabrik ($\frac{1}{5}$ l) de nata para cocinar
- 1 puñado de arroz

1. En la olla exprés se rehoga con un poquito de aceite las verduras peladas y en trozos, luego se añade la lata de tomate entero pelado, con todo su líquido y se añade agua que cubra casi toda la verdura. Añadir un poco de sal y azúcar, que quitará la acidez del tomate. Cerrar la olla y dejad el tiempo que necesite dependiendo del tipo de olla, por ejemplo, el mismo tiempo que precisa el puré de verdura.

2. Cuando ha terminado, abrir y batir bien todo. Probar para rectificar la sal o el azúcar. Pasarlo todo por un colador grande que quite las pepitas del tomate.

3. Añadir la nata y batir bien. Y listo.

Info: Esta es una crema que queda rica bastante caliente, así que es bueno darle un calentón antes de servir. Podéis poner por encima unas pipas de calabaza, o queso rallado que se funde con el calor.

5. PISTO DE LOLES: Tengo que confesar que yo no soy muy de verduras, pero cuando mi amiga Loles me dio a probar este pisto, se me cayeron lagrimillas de felicidad. Es la mejor manera que tengo de obligarme a tomar verdura, y también a los niños, que les encanta.

- NECESITÁIS:
- – 3 calabacines
- – 1 cebolla
- – 2 pimientos verdes de freír
- – Tomate frito
- – 2 huevos

1. Pelar y trocear las verduras en trocitos muy pequeños.
2. En una sartén rehogar la cebolla, luego añadir los pimientos, y cuando empiezan a estar blanditos, poner los calabacines y dejar que se vayan haciendo despacito.
3. Cuando se ha reducido y empieza a estar bien hecho, añadir tres cucharadas grandes de tomate frito y dejar que cueza todo en su salsa (sin añadir agua) muy despacio. Tiene que estar muuuy cocidito, una hora como mínimo.
4. Rectificar de sal, y justo antes de apagarlo, echarle dos huevos batidos, dándole vueltas para que se mezcle todo. Y listo.

6. PASTEL DE SALMÓN: también es receta de la gran Loles. Se le saca mucho partido, porque es muy fácil de hacer y lucidísima, especialmente para Navidad.

- NECESITÁIS (aparte de un molde de bizcocho):
- Salmón ahumado en lonchas
- Pan de molde sin corteza
- Huevos
- Mayonesa (mejor casera)
- Atún en aceite de oliva
- Tomate frito
- Palitos de cangrejo
- Canónigos y gambón para decorar

Más fácil imposible, señores.

1. Se cubre el molde con papel film, fondo y laterales.

2. Se vuelve a cubrir fondo y laterales con el salmón, intentando no dejar huecos vacíos.

3. Coloca la primera capa de pan de molde. Para eso, según el tamaño del molde, a lo mejor debéis recortar un poco el pan, o hacer trocitos pequeños para cubrir espacios vacíos. Aplastarlo un poco con la mano.

4. Capa de atún con mayonesa (o con tomate frito).

5. Capa de pan de molde (aplastadito).

6. Capa de palitos de cangrejo picaditos (si queréis con mayonesa).

7. Capa de pan de molde. Debéis empezar con pan y acabar con pan. Y según el molde, meter todas las capas del relleno que queráis, hasta llegar a arriba. Ya está listo. Lo cubrís por arriba con film, para que no se seque, y a la nevera unas horas, a poder ser, con algo de peso encima.

Cuando llegue el momento de servir, lo volcáis sobre una fuente, separáis el papel film del molde, y sale perfecto.

Decoráis con huevo duro picado, gambón y canónigo...
y ¡¡a disfrutar!!

Info: Yo suelo poner un poquito más de mayonesa en una salsera. Se puede hacer hasta dos días antes, aguanta perfectamente.

7. RATATOUILLE: Desde que vi la peli soñaba con comer este plato y, aunque este no queda igual que el de Remy, está riquísimo.

- NECESITÁIS:
  - 3 tomates naturales
  - 3 berenjenas
  - 3 calabacines
  - Salsa de tomate (mejor casera)
  - Queso rallado

1. Primero debéis cortar en rodajas finitas las verduras, sin pelar. A continuación, en una sartén con aceite, vais friendo poco a poco los calabacines y las berenjenas y las escurrís muy bien en papel absorbente.
2. En una fuente de horno bonita (porque serviréis en la fuente) cubrís el fondo con la salsa de tomate y vais poniendo las verduras alternadas (tomate, berenjena, calabacín, tomate, berenjena, calabacín...) acaballadas en vertical (como en la peli), hasta cubrir la fuente entera. (Adaptar el número de verduras a la fuente y a los que seáis en casa...)
3. Salpimentáis, le ponéis por encima queso rallado y horneáis a 200 °C hasta que esté bien gratinado.

8. QUICHES: El maravilloso mundo de las quiches. A mí me vuelven loquita. Para comer, para merendar, para cenar, para llevar a una *«cena de traje»*, *katiuskario*, ¡para todo lo que queráis!

Aquí tenéis mil opciones, y cada uno lo hace a su manera. Yo os doy varias ideas, y si tenéis otras, ¡contádmelas, por favor! Siempre la hago en molde desmoldable, redondo y alto.

La base siempre es la misma, y se pueden cambiar los ingredientes para hacerlas diferentes.

• NECESITÁIS:
–2 rollos de masa quebrada (brisa) redonda. A mí la que más me gusta es la de la Cocinera
–1 bote de ½ litro de nata líquida para cocinar
–1 paquete de queso rallado emmental
–6 huevos

1. Desenrolláis la masa brisa (sacar de la nevera un buen rato antes) para cubrir con una la base y hasta la mitad de las paredes, y con otra haced «remiendos» para conseguir que la masa llegue hasta arriba y sobresalga un poco por fuera.

2. Mezclar en un bol todos los ingredientes, sin necesidad de batidora, solo con un tenedor.

3. Incorporar los ingredientes que vayamos a utilizar, que pueden ser, por ejemplo:

    a. Bacon: Añadir a la mezcla un paquete entero de tiras de bacon, sin cocinar antes, tal como vienen en la caja.

    b. Bacon, pasas y cebolla caramelizada: Hay que freír la cebolla un poquito antes de echarla y añadirle un poco de azúcar.

c. Calabacín, cebolla y parmesano: Especialidad de mi amiga Gabriela. Esto es un puntazo. Compra el bote de calabacín y cebolla ya cocinados de Mercadona, y se la añadís a la mezcla de la quiche, con queso parmesano rallado. Está riquísimo.

9. ENSALADA DE MANZANA Y CANGREJO: Es mítica en casa de mis padres. Casi todo el verano tienen esta ensalada en la nevera.

- NECESITÁIS:
– 3 Manzanas
– 6 palitos de cangrejo
– 4 Huevos
– Mayonesa casera

1. Pelar y trocear las manzanas.
2. Cocer los huevos, pelarlos y trocearlos.
3. Trocear los palitos.
4. Mezclar todo y añadirles mayonesa, para que quede tipo ensaladilla.

Info: Puedes tomarla de aperitivo, de primer plato o de acompañamiento del segundo.

Segundos platos

10. SOLOMILLO DE CERDO EN HOJALDRE: De las primeras recetas que empecé a hacer, y que de vez en cuando repito porque nos encanta. Lo comúnmente llamado Solomillo Wellington, aunque yo normalmente no le pongo foie.

- NECESITÁIS:
–Solomillo de cerdo, el número de rodajas necesarias según las personas que seáis. Puede ser ibérico, pero también queda muy bien con el normal, y es mucho más barato ☺
–Hojaldre, del tipo que queráis. Yo uso la masa enrollada porque es la que siempre tengo en casa, pero en este caso es mejor rectangular
–Nata
–Bovril (¿lo conocéis?), es un extracto de carne de buey, que se encuentra en los supermercados en la zona de los concentrados de carne

1. Salpimentar el solomillo de cerdo y sellarlo a fuego fuerte en la sartén. Poquito tiempo, porque al ser finito, se puede pasar. Dejarlo enfriar.
2. Cuando ya esté frío, desenrollar el hojaldre y hacer un paquete, bien cerrado, con el solomillo de cerdo dentro, intentando que quede bonito (no con «burruño» por las esquinas), mejor dejar el cierre por abajo. Se puede decorar también con tiras, a modo de rombos.
3. Pintar el hojaldre con yema de huevo y meterlo en el horno a 200 ºC, unos 20 minutos, aunque dependerá también de cómo os guste el punto de la carne y del grosor del solomillo.

Y se puede servir con una salsa, como la que se hace en mi casa, tan sencilla y rápida que da la risa.
Salsa: En un cazo se pone a hervir nata líquida, y cuando empieza la ebullición, añadir una cucharada de bovril. Remo-

ver bien para que ligue, y listo. Se presenta en una salsera al lado del hojaldre para que la gente se vaya sirviendo.

Info: Se puede hacer un solomillo grande, o trocearlo y envolverlo individualmente. Cuando viene gente, es la mejor opción, porque así no hay que estar cortando, sino que se sirve emplatado y es más fácil para todos.

11.   LOMO DE CERDO A LA MOSTAZA: Esta receta la probé en casa de mi amiga Alicia y pasó a mi top 5 sobre la marcha. La puse en Instagram y tuvo mucho éxito. ¡Les encanta a los mayores y a los niños!

- NECESITÁIS:
–1 taco de lomo de cerdo (también lo podéis hacer con solomillo de cerdo o pechuga de pavo). La cantidad, según las personas que vayan a catarlo. Si podéis, compradlo atado, o pedir al carnicero que lo ate
–3 cebollas
–Mostaza (la que queráis, aunque a mí me gusta con la sencilla, la más suave)
–Miel, debe estar líquida, así que podéis calentarla un poco en el microondas
–Vino blanco

1. Salpimentáis la carne y la doráis en una sartén.
2. Cuando la hayáis sacado y esté fría, la embadurnáis con mostaza.
3. Mientras, en la misma sartén y con el mismo aceite, sofreís las cebollas cortadas en trozos. Cuando empiecen a

estar blanditas, echáis un chorro de mostaza abundante y otro chorrito menor de miel. Removéis bien, y al ratito, añadís medio vaso de agua y medio de vino blanco.

4. Cuando lleve un rato hirviendo, apagar y pasar todo a una bandeja de horno, con el trozo de carne encima, y hornear a 200 ºC, unos 40 minutos. (El tiempo depende un poco de vuestro horno y del punto de la carne que queráis conseguir. Está mejor si no está demasiado hecho.) Cortar en rodaja finitas, batir bien la salsa, ¡y listo!

Info: Yo tengo cortafiambres, con lo cual siempre saco lonchitas finas, y me cunde mucho. Se puede acompañar con pimientos, patatas, arroz con pasas y piñones, cuscús, ensalada...

12. ROLLO DE POLLO: Descaradamente mi top 1. Sin duda. Lo que más me gusta a mí, con mucha diferencia. Receta vilmente copiada a mi amiga Marta, y un pelín tuneada por mí. Es laboriosa, pero fácil. ¡Os animo a que la probéis!

- NECESITÁIS:
- 1 kg de pechuga de pollo
- 2 lonchas gordas de jamón serrano y 2 lonchas gordas de york. (Si tenéis la suerte de que os piquen el pollo en la pollería, genial, pero no lo hacen en todas partes, ya que se necesita una picadora exclusiva para pollo. Una muy buena solución es pedirla en Organizados: si lo pides en los comentarios, te mandan la mezcla ya hecha a casa, y eso es un lujo ☺)
- 2 huevos
- Media cebolla muuuuuy picadita
- Pan rallado para ligar

Salsa:

– 2 cebolla más
– Vino blanco

1. Sofreír un poco la media cebolla en trocitos.
2. En un bol mezclamos el pollo, la media cebolla sofrita, dos huevos batidos, sal y echamos dos puñaditos de pan rallado para ligar. Lo ponemos en una tabla y le damos forma de rollo, gordito (o de dos rollos más pequeños).
3. En una sartén grande y profunda con aceite, doráis el rollo. AQUÍ OS VAIS A ACORDAR DE TODA MI FAMILIA, porque no es fácil. Yo siempre lo hago con alguien y le damos vueltas a la vez con dos palas cada uno. Aun así se nos rompe un poquito, pero no importa, quedará bien. Cuando está dorado por todas partes se saca el rollo.
4. En ese mismo aceite se ponen a freír las cebollas, la zanahoria, todo en trozos. Cuando está blandito, se añade un vaso pequeño de vino blanco, otro de agua, y la sal, y cuando está hirviendo se mete el rollo.
5. Cuando lleva unos 20 minutos se le da la vuelta y se deja otros 20, más o menos. Os recomiendo que al sacarlo lo abráis un poquito por la mitad y comprobéis que está suficientemente hecho, si no lo volvéis a meter.
6. Batir la salsa y... *bon appétit!*

13. ARROZ TÍA PALOMA: Se trata de un arroz casero, barato, y cunde mucho. Así que compensa aprender a hacerlo porque te solucionará desde una comida de diario, hasta una invitación a toda la familia a comer en tu casa.

- NECESTÁIS:
  - −2 dientes de ajo
  - −1 cebolla
  - −2 pimientos verdes italianos
  - −2 tomates naturales
  - −1 paquete de taquitos de jamón (finitos)
  - −1 taza (de moka) de arroz bomba por persona
  - −Salchichas frescas
  - −Taquitos de pollo
  - −Caldo de pollo (si es casero, mejor). Necesitáis el doble de tazas de caldo que de arroz, y yo siempre añado un poquito más

1. Con un poco de aceite en una sartén grande, sofreís el pollo en tacos, y retiráis.

2. En ese mismo aceite freís el ajo, la cebolla, los pimientos, los taquitos de jamón y los dos tomates naturales, todo bien picado, hasta que quede muy blandito. Esto podéis hacerlo con bastante antelación y dejarlo esperando dentro de la paellera hasta un ratito antes de que llegue la gente.

3. Entonces ponéis las salchichas y el pollo y rehogáis. Añadís el arroz, freís un poco con el sofrito y luego añadís el caldo y la sal y hasta que veáis que está hecho (unos 20 minutos más o menos, a fuego medio). Dejad reposar un poquito antes de comer.

Info: Podéis dejar el sofrito hecho con antelación dentro de la paella y, un ratito antes de que llegue la gente, volver a calentarla y hacer el arroz.

14. MERLUZA PARISINA: Es una manera de comer pescado que me encanta. Lo probé en casa de Marta y desde entonces lo he hecho muchas veces. Para una cena en la que quieras poner pescado, es muy buena solución.

- NECESITÁIS:
- Lomos de merluza
- 2 puerros
- ½ l de nata para cocinar
- Vino blanco

1. Cortáis los puerros en láminas, no demasiado finas, y los freís en la sartén grande.

2. Cuando empiezan a estar blandos, se añade la nata, un buen chorro de vino blanco, y se deja hasta que empiece a cocer. Salpimentar.

3. Una vez que hierva, en esa misma sartén o cazuela, se meten los lomos de merluza y se dejan hasta que veáis que están bien cocidos. ¡Y listo!

4. Después de servir en la fuente, espolvorear un poquito de perejil por encima.

Info: Se puede acompañar de arroz blanco. Queda más bonito si se pone en un recipiente (un vaso, por ejemplo) y se vuelca al lado del pescado.

15. DORADA A LA SAL: De las recetas más fáciles que he visto en mi vida, y que más éxito tienen a la hora de comer pescado en esta casa.

- NECESITÁIS:

–Doradas preparadas para hacer a la sal. (Hay que avisar en la pescadería, ya que te la abrirán estratégicamente para sacarle el interior sin hacer una gran abertura por donde se pueda colar la sal)

–Sal para hornear (es especial, muy gorda)

1. En una fuente de horno, hacéis una cama abundante de sal para hornear.
2. Ponéis encima la/las doradas.
3. Echáis sal por encima hasta que quede totalmente cubierto.
4. Horneáis unos 20 minutos a 200 ºC. Cuando esté, dais golpes a la sal (que se habrá endurecido) para sacar el pescado. ¡Y a comer!

Info: Dependiendo del tamaño de las doradas que encontréis, podréis calcular cuántas comprar. Aquí El Muju y los mayores se toman una ellos solos, pero para los niños pongo una para cada tres, más o menos. Suelen ser doradas pequeñas.

16. *ROAST BEEF*: Este es el plato que hago cuando tengo una cena especial en casa, o para nosotros o para gente que viene a cenar. Se ha convertido también en la cena que hago para el día de Reyes en casa, porque a los niños les encanta y es para ocasiones especiales, y además, se puede dejar hecho desde por la mañana sin ningún problema.

• NECESITÁIS:

−1 trozo de carne para asar. Lo típico es hacerlo con lomo de ternera (alto o bajo), pero para mí es espectacular el resultado cuando se hace con «cantero» de cadera. (Deberéis traducir esta pieza al nombre que le den en vuestra zona, porque suele llamarse de distintas maneras.) El tamaño dependerá de las personas que vayáis a comerlo, teniendo en cuenta que cunde bastante. El carnicero os puede orientar. Pedidle que os la ate

−1 copa de coñac o de brandy

1. Salpimentáis la carne. En una sartén ponéis un dedo de aceite y doráis el cantero.

2. Pasar la carne y el aceite, que ya habrá cogido sabor, a una fuente de horno (precalentado a 200 °C). Añadidle una copa de coñac o brandy por encima.

3. Asar la carne. El *roast beef* es un tipo de carne que se come poco hecha. Se suele decir que el tiempo en el horno es de 20 minutos por kilo. (Acordaos de mirar el peso de la pieza antes de tirar la etiqueta ☺, para poder calcular el tiempo de horneado.) Si os gusta más hecha, dejadlo un poquito más.

4. Rescatar de la fuente toda la salsa resultante y pasar a una salsera.

Listo, es una carne muy fácil de hacer y exquisita. Yo siempre la acompaño de puré de patata. Si hacéis puré, podéis presentarlo en una fuente bonita apta para el horno y pintarlo por encima con una yema de huevo. Lo gratináis en el horno y queda precioso para servir.

Info: Yo siempre hago un poco más para dejarla en la nevera, porque si sobra, te soluciona fácilmente una o dos comidas más. Cuando la vayáis a comer, sacadla un tiempo antes de la nevera para que se temple. Hay que calentar la salsa, no la carne, porque si no, en el microondas se cuece.

17. SALMÓN EN PAPILLOTE: Otra receta muy rica y sana y una manera distinta de hacer el pescado. Mi experiencia es que a los niños les encanta. Yo me invento un poco la forma de hacerlo, pero creo que es más o menos así.

• NECESITÁIS:
−Lomos de salmón (pueden ser congelados). 1 o 2 por persona, según el tamaño de los lomos, y según el hambre que tengan vuestros comensales
−1 o 2 puerros
−1 o 2 zanahorias
−1 limón
−Papel aluminio o papel horno

1. Con una mandolina, o con un cortador de verduras, o con el cuchillo y vuestras manitas, cortáis por la mitad el puerro y la zanahoria y hacéis tiras muy finitas. En una sartén y con unas gotas de aceite, las sofreís un poco hasta que empiecen a estar blanditas. Sacar y dejar enfriar.

2. Echar sal sobre los lomos de salmón, un poco de pimienta negra molida y rociar con el limón, exprimiéndolo por encima.

3. En la misma sartén de antes, dorar los lomos de salmón ligeramente, por la parte que no tiene la piel.

4. Hacer recortes de papel aluminio. En cada uno de ellos, poner un lomo de salmón y, por encima, un puñado

de las tiras de puerro y zanahoria. Cerrar bien haciendo un paquete.

5. Precalentar el horno a 190 °C y meter los paquetes unos 15 minutos. Sacar y abrir uno para ver si están suficientemente cocinados, si no, volver a meter otros 5 minutos.

Info: Yo los hago con puerro y zanahoria, pero se pueden acompañar con patata, calabacín, pimientos, calabaza…, lo que quieras. En el caso de que pongas más verduras, será mejor que las pongas en la base del paquete y no por encima.

Postres

18. TARTA GUINNESS: ES UN AUTÉNTICO ESPECTÁCULO. Y podría explicar aquí cómo la hago para molar muchísimo en plan receta tuneada, pero lo cierto es que la hago exactamente como dice Isa Saweis en su canal de YouTube. Buscáis «Tarta Guinness isasaweis» en Google y te sale la receta y el vídeo. De verdad, una pasada de tarta con cerveza negra. ☺

19. TARTA DE LIMÓN: Queda deliciosa. Un poco laboriosa, pero fácil. Hay que hacer una *lemon curd*, que se puede usar también para otras cosas, tipo mermelada de limón.

- NECESITÁIS:
- 1 paquete de galletas María
- 100 g de azúcar
- 6 limones grandes
- Ralladura de uno de los limones

- 6 huevos grandes
- 250 g de azúcar
- Una pizca de sal
- 6 claras de huevo

1. Trituráis las galletas y las mezcláis con la mantequilla derretida. Cubrir la base y las paredes de un molde redondo desmoldable con la mezcla. Meterlo en el horno a 180 °C durante 10 minutos.

2. Exprimir los limones y colar el zumo.

3. En un bol ponéis los seis huevos y añadís el azúcar. Mezclar bien hasta que quede una masa homogénea y cremosa.

4. Añadirle el zumo de limón, una pizca de sal, y mezclarlo bien.

5. Ponerlo en un cazo a fuego medio y remover vigilando todo el tiempo para que no llegue a hervir, y cuando empiece a espesar, mantenerlo 5-10 minutos más.

6. Retirar el cuenco del fuego y añadirle la mantequilla (casi derretida) y la ralladura de limón. Remover bien y dejar enfriar.

7. Cuando esté fría, poner la crema sobre la base de galleta.

8. Montar las claras a punto de nieve y echarlas sobre la crema. Gratinar en el horno vigilando continuamente, porque cuando empiezan a coger color se hacen muy rápido. (Si tenéis soplete, pues mejor que mejor.)

¡Desmoldar y listo!

Info: Si tenéis Thermomix, la *lemon curd* se hace mucho más fácilmente. Encontraréis muchas recetas de *lemon curd* para la Thermomix en internet.

20. TARTA DE QUESO FÁCIL: Se la copié a @lachimeneade-lashadas y la he hecho muchas veces. ¡Está riquísima! Y es muy pero que muy fácil de hacer. En su blog encontraréis fotos de cómo queda.

- NECESITÁIS:
-5 huevos
-1 kg de queso de untar (tipo Philadelphia)
-400 g de azúcar
-½ l de nata líquida
-1 cucharada grande de harina

1. En un bol, mezclar bien todos los ingredientes.
2. Poner la mezcla en un molde redondo desmoldable (previamente engrasado con mantequilla).
3. Meterla en el horno (precalentado) 1 hora a 180 °C.
4. Sacarla, dejar enfriar y luego meterla en la nevera.

Info: Lo perfecto es hacerla el día antes de comerla. Si no, necesitará como mínimo unas horas de nevera.

21. FLAN DE LA LOLA: El flan de la Lola se va a los puertos, es decir, mi querida suegra. Hace el flan como nadie. Necesitáis una flanera con tapa.

- NECESITÁIS:
-1 bote de leche condensada de 740 g
-2 veces la misma medida del bote, de leche entera
-8 huevos
-Azúcar para el caramelo

1. En la flanera, cubrir el fondo con azúcar y poner directamente al fuego, vigilando todo el rato para que no se queme, hasta que se haga el caramelo. (Yo le echo un chorrito de agua.)

2. En un bol, mezclar los huevos, muy bien batidos, con la leche condensada.

3. Una vez mezclado, llenar el bote con leche y añadirla, dos veces.

4. Batirlo todo bien y meter en la flanera cuando el caramelo ya esté duro.

5. Ponerlo en la olla exprés, con agua que no cubra la flanera, unos 15 minutos desde que sale el vapor.

¡Y listo!

Info: Es bueno meterlo un rato en la nevera para que cuaje del todo.

22. FLAN DE QUESO MASCARPONE: Otro tipo de flan, también facilísimo, y un poco más tipo quesada.

- NECESITÁIS:
- 4 huevos
- Una tarrina de queso mascarpone
- 500 g de leche condensada
- Azúcar para caramelizar el molde

1. En este caso lo hago en molde alargado de bizcocho. Se carameliza igual que el flan anterior.

2. Mezclar todos los ingredientes y meterlos en el molde.

3. Precalentar el horno a 200 °C y meter una bandeja de horno con agua y encima el molde de bizcocho, ya que se hace al baño María. Dejarlo unos 40 minutos.

Info: A veces parece que se está quemando el flan, pero es solo la primera capa, que se tuesta bastante. No hay que preocuparse porque es muy fina y no le da sabor al flan. De hecho, luego se puede separar.

23. SORBETE DE MELÓN PARA EL VERANO: Éxito asegurado. Todo el mundo quiere repetir. Una vez lo hice en una cena con amigos y me encontré en la cocina a uno de ellos bebiendo los restos de la jarra de la Thermomix. ☺ Yo lo hago en la Thermomix, pero me imagino que con una batidora turbo también vale.

- NECESITÁIS:
- 1 melón
- 200 g de azúcar glas
- El zumo de 2 limones

1. Comprar un melón y, una vez en casa, pelarlo, quitarle las pepitas y cortarlo en trocitos pequeños. Meterlo en un *tupper* o en una bolsa y congelarlo.
2. Cuando vayamos a tomarlo, un ratito antes, sacar el melón del congelador.
3. Poner el zumo de los dos limones en un vaso y rellenar hasta arriba de agua.
4. Meter en el vaso de la Thermomix el melón congelado, añadir el vaso de zumo y el azúcar glas. Batir bien hasta que

tenga la consistencia de un sorbete. (Cuesta un poco, pero se consigue.)

5. Servir inmediatamente y ¡¡a disfrutar!!

Tips RELACIONADOS CON EL COCINEO

• **Pégate a las señoras mayores (en general son señoras) que están comprando en la carnicería y en la pescadería,** fíjate en la pieza que se están por llevar y pregúntales cómo lo hacen. Yo lo hago mucho, a ellas les encanta contármelo y aprendo mogollón.

• Cuando te establezcas en una casa, **busca rápidamente el sitio donde hagan las mejores tortillas de patata de la zona,** para tener un plan de contingencia si aparece alguien a cenar, o para encargarlas para llevar a una *«cena de traje» katiuskario,* o a un picnic el fin de semana.

• **Invierte en buenos utensilios para cocinar.** Si no, vas a perder tiempo y paciencia.

• **Copia.** Si vas a casa de alguien y te gusta lo que han preparado, pídele la receta. Si escuchas a alguien en el trabajo que ha ido a comer a casa de alguien, pregúntale qué le han servido, y ficha los blogs y cuentas de Instagram de cocina, dan muchas ideas.

• **Abre un cuaderno** donde vayas apuntando a quién invitas a tu casa y los menús que has servido, te puede servir si no quieres repetir.

- **Crea tu propio plato típico**, ese que todo el mundo sabe que vas a preparar siempre, que te sale muy rico y que ya es tradición. Es tu sello y mola.

- **No te dejes llevar por la fiebre de los cachivaches.** Muchas veces compramos cosas para la cocina que usamos una vez y nunca más. A mí me ha pasado con la panificadora, con el sifón y con algunos más.

- **Haz menús semanales o quincenales.** Y ten en cuenta el menú del colegio, si es que tus hijos comen allí. A mí todos los días, cuando se sientan a cenar, me dicen que han comido lo mismo. Parece que tengo un sexto sentido para oler lo que han comido en el colegio y repetirlo para la cena.

- Con esos menús, **planifica la compra.**

- **Crea un grupo en whatsapp con amigos cocinillas**, para compartir recetas e ideas culinarias. Yo tengo uno con hermanos y tíos, se llama SOCIEDAD GASTRONÓMICA y cuando alguien tiene una comida o cena en casa, pregunta y todos aportamos ideas. Y compartimos descubrimientos. ¡Me encanta!

ALGUNAS IDEAS PARA CENAS DE DIARIO

- Pastel de puré de patata. (En una fuente de horno pones puré abajo, en medio un sofrito de atún con cebollita y tomate frito, y cubres con otra capa de puré de patata. Y se gratina en el horno. Se puede hacer también con carne picada.)
- Salchichas frescas con ensalada de tomate

- Quesadillas rellenas de taquitos de pollo
- Crema de zanahoria
- Huevos rellenos de cangrejo
- Mini hamburguesitas
- Judías verdes con patata y huevo cocido
- Crepes rellenos de jamón y queso. (Un crep en la sartén, jamón, queso, un chorrito de nata, queso rallado y otro crep encima.)
- Lacón con patatas cocidas
- Sopa con picatostes
- Solomillitos de cerdo a la plancha
- Medallones de merluza a la plancha
- Tostas de pan tumaca
- Tostas de solomillo con queso emmental
- Ensaladilla especial katiuska
- Ensalada alemana de pasta. (Pasta cocida mezclada con salchichas y una salsa de yogur natural, un poquito de nata y un poquito de mayonesa. Se le pueden añadir pepinillos, a los míos les encantan.)
- *Fingers* de pollo
- Chuletas de Sajonia. (Las ponéis en la bandeja de horno y las cubrís por encima con una loncha de queso y una rodajita de tomate y al horno.)
- Ensalada de tomate con queso fresco
- *Paninnis* caseros. (Tan fácil como partir una baguette por la mitad y agregarle: tomate frito, loncha de queso y el ingrediente que apetezca: bacon, jamón york, serrano, atún, verdura…)
- Arroz tres delicias
- Espirales con cebollita, jamón serrano y nata. (Sofreís la cebolla y, cuando está blandita, añadís jamón serrano en

lonchas troceado, freís un poco, lo mezcláis con la pasta y con la nata.)

- Pizzas caseras
- Revuelto de tomate. (ESTO ES MI OBSESIÓN, os prometo que me escondo para chupar el plato, y me enfado si me distraen cuando me lo estoy comiendo, porque dura muy poco… Solamente se añade un chorro de tomate frito a los huevos batidos, se mezcla bien y se hace en forma de revuelto. ¡¡POCO HECHO!!)
- Minihamburguesas
- Sanjacobos caseros
- Macarrones carbonara
- Alitas de pollo adobadas con mostaza
- Rollitos de jamón con Philadelphia
- Aguacates rellenos. (Partido a la mitad, se le quita el hueso y se rellena con tomate natural, queso feta y cebolleta, o sin ella si no les gusta mucho.)
- Salchichas frescas con puré de patata
- Atún a la plancha
- Arroz a la cubana
- Quesadillas de jamón y queso
- Macarrones boloñesa
- Ensalada de canónigos, bacon y queso fresco

TIPS PARA INTENTAR QUE TU HIJO COMA MEJOR

- **Procura que el niño tenga hambre a la hora de comer.** Parece básico pero no lo es tanto. Si han picoteado algo antes de comer, quizá ese no es el día para introducir un alimento nuevo o darles alguno que sabemos que no les gusta.

- **También es importante que esté descansado.** Si ves que tiene mucho sueño, es seguro que no va a comer bien. Es casi mejor que duerma la siesta y volver a intentarlo después, a iniciar una «guerra» que está perdida.

- **Empieza por lo que menos les gusta.** Si les pones a la vez el pescado y las patatas, y no les encanta el pescado, se comerán antes las patatas y no les quedará mucha hambre. Al principio pónselo en dos platos, empezando por lo que menos les gusta y siguiendo por lo que más, y cuando veas que no hay problema, ya puedes empezar a hacer plato combinado.

- **Ponle poco.** Es mejor que repita a que solo ver el plato se le haga un mundo y empiece sin ganas. No es bueno que los niños se acostumbren a dejarse comida en el plato, no es educativo. Mis hijos antes de ponerles el plato en la mesa me preguntaban cuánto se podían dejar, eso es un desastre. Ahora les pongo menos e intentamos que se lo acaben todo.

- Cuando el niño empieza a comer sólido, **pon siempre una dieta variada en su plato,** para que se acostumbre cuanto antes a todos los sabores, texturas y colores. Ellos empiezan sin prejuicios con los alimentos y a veces somos nosotros los que se los transmitimos.

- **Inventa juegos o retos que funcionen con ellos.** Por ejemplo: un día a la semana, cada uno puede decidir el menú de todos. Para ese día, le das a elegir previamente entre tres verduras, tres segundos y tres frutas para que elija uno de cada. Así se convierte en algo divertido comer esa verdura, esa carne y esa fruta que él ha elegido, porque sabe que todos van a comer eso mismo gracias a él.

- Como en todo, **ten mucha PACIENCIA**. Intenta que los momentos de la comida se conviertan en un momento agradable, con alguna rutina divertida previa a la comida, una canción o algo que le predisponga a pasar un buen rato.

- Y si estás sufriendo por este tema, porque no consigues que coma nada y no engorda, **consulta con su pediatra**. A mi mayor le recetaron unas gotitas estimuladoras del apetito que funcionaron muy bien. No sé si es la mejor solución, pero seguro que el médico te puede dar ideas o recetarle algo que os ayude con este tema.

TIPS

LO MÁS IMPORTANTE

PALABRAS CLAVE

7

Pantallas o pantallas, esa es la cuestión

Érase una mujer a un móvil pegado

Al habla una persona que se reconoce adicta al móvil.

Cuando era pequeña, me pasó con la Game Boy. Me pasaba horas y horas jugando al Tetris. Si no me paraban, yo no lo hacía. Llegó un punto en el que, cuando salía a la calle, iba mentalmente colocando las fichas del Tetris donde podían encajar. En cualquier sitio, entre los asientos del autobús, en clase, en el supermercado...

Así que cuando me dicen que los niños están generando adicción a las pantallas, creo que no es ninguna novedad; me acuerdo de mí misma y pienso que yo no he salido tan mal: luego, hay esperanza.

Actualmente me veo en la necesidad de gestionar mi adicción al móvil, que la tengo, aunque controlada. Unas páginas más allá, os contaré un poco de mi evolución y la gestión que realizo con este aparato que nos ha cambiado tanto la vida a todos.

E incluyo este capítulo en el libro porque realmente es un tema que afecta a la mayoría, de manera personal y en la educación de nuestros hijos, así que lo considero de vital importancia a la hora de hablar de paternidad y de familia.

Cuando me sale la vena dramática

La realidad es que hay veces que me pongo a pensar y siento que me gustaría haber nacido en una época anterior a la mía. No por mí, sino por mis hijos, pues ellos también hubieran nacido en otra época. Pienso que sería todo más fácil si no les hubiera tocado a ellos, y a sus padres, lidiar con la aparición de las pantallas en nuestras vidas.

Cuando los niños me dicen «es que no tengo nada que hacer», o «me aburro» (esto es lo que más rabia me da), yo me acuerdo, y os pasará a vosotros también, de cuando era pequeña y no había quien nos metiera en casa. Salíamos por la mañana y nos tenían que llamar una y otra vez a todos los hermanos para que subiéramos a casa para comer. Incluso después del baño y la cena, bajábamos otra vez en pijama, al tiempo que otra pandilla inmensa de niños y solo queríamos jugar y jugar hasta las infinitas y media.

Me gustó mucho cuando vi la película de *Toy Story*, pero sobre todo me hizo pensar. La primera parte de la peli es la historia de Andy de pequeño, jugando sin parar, desarrollando una imaginación enorme, montando historias en su cabeza y escenarios distintos, dando vida a sus juguetes con una creatividad envidiable.

Qué enriquecedor es esto y qué necesario... Todavía hay muchos niños que son capaces de divertirse pasando el rato con sus juguetes y creando esas historias que nacen en su cabeza, pero cada vez hay más también que ya no conciben estarse un buen rato sin una pantalla delante, ya sea la tele, la tablet, la videoconsola o el móvil.

A veces pienso todo esto y me pongo un poco dramática. Vivimos un proceso de migración digital y estamos probando. Somos una generación conejillo de Indias, porque nadie tiene experiencia en este tema, y reflexiono sobre qué pasará con nosotros. Estoy segura de que en unos años todo estará más regulado y el uso de la tecnología, más pautado y calmado de forma individual, pero somos una generación puente entre una época sin pantallas y una era conectada, y debemos tener cuidado a la hora de gestionar bien ese cambio y que no nos afecte especialmente.

Hay momentos en los que me pongo tremendista y maldigo el momento en el que a alguien se le ocurrió todo esto, quién estaba tumbado debajo de un árbol y de repente se le cayó un iPad encima de la cabeza, pero estos momentos se me pasan rápido. No me permito quejarme, al contrario, creo que debemos ponernos manos a la obra. Con ganas, con alegría, encontrando lo bueno que tiene todo esto, que es mucho, sabiendo que la situación no va a cambiar, por lo que parece, con lo cual, vamos a tener que cambiarla nosotros. La cuestión ya no es pantallas sí o pantallas no, la respuesta está clara. Pantallas o pantallas, ya que han llegado para quedarse. **La cuestión es cómo, cuándo, por qué y, sobre todo, para qué.**

Muchos de los padres de hoy en día, crecimos hace años en un mundo analógico y nuestros hijos viven en un mundo digital. Esto nos lo complica un poco, porque aunque estamos subiéndonos a este tren, y lo estamos haciendo bien y rápido, indudablemente se trata de generaciones muy distintas y hay que aprender a entenderse.

La palabra que más escucho cuando hablo con otros padres es «pánico». Este tema nos da pánico. Creemos que hemos perdido la capacidad de ayudar a nuestros hijos con esto, porque ellos saben más que nosotros, porque todo cambia muy rápido, porque ellos tienen una intuición y predisposición que nosotros creemos que no tenemos. Y también porque en muchas ocasiones se habla de los riesgos, los peligros, la parte menos positiva de la tecnología, de las redes sociales, y lo que vemos en los informativos nos asusta y con razón, ya que suelen ser las malas noticias.

Además, también estamos intentando adaptarnos al propio uso que hacemos nosotros mismos del teléfono, cosa nada fácil y que a veces tenemos que reconocer que se nos puede estar yendo de las manos. Luego, no solo debemos tratar de hacer un uso personal saludable de la tecnología, sino además, educar a nuestros hijos para que también lo hagan ellos. Fácil no lo tenemos… ☺

Desde hace dos años y medio estoy colaborando con un proyecto que trata de ayudar a los padres a educar a sus hijos en la era digital. Estar al día de lo que debemos saber para poder acompañarles en este camino. Este proyecto se llama EMPANTALLADOS, y, gracias a él, aprendo continuamente sobre el tema. Se trata de una web de consulta sobre aspectos que pueden interesar a los padres, para consultar, formarse e informarse, y así poder ayudar a sus hijos y estar más preparados para educarles, como siempre lo hemos hecho.

En estos dos años, he tenido la oportunidad de trabajar el tema, reunirme con expertos, escuchar a ponentes que hablan de tecnología y familia, leer libros, blogs, artículos, noticias, asistir a congresos en España y otros países, e incluso organizarlos yo misma… Bien, pues con todo lo que he escuchado y he aprendido, voy a intentar exprimir todo y hacer un zumo-resumen de los asuntos más urgentes e importantes, bajo mi punto de vista, como persona tecnológica, usuaria activa de redes sociales, madre de ocho hijos ya en edades, algunos de ellos, de tener móvil, perfiles en redes sociales, tablets, y algunos otros que hacen sus pequeñas incursiones con la tablet familiar, o cogiendo el móvil de sus padres (casi siempre sin permiso ☺).

Vaya por delante que no soy una experta en el tema, pero más adelante os hablaré de personas competentes a las que podéis seguir, porque os tendrán al día de lo que va pasando y de lo que hay que conocer. Esto es una reflexión personal. **En definitiva, lo que yo querría que me contaran.**

Educar como siempre

Algo que considero fundamental es comenzar diciendo que educar en el buen uso de la tecnología significa **educar como siempre lo hemos hecho.** Educar a nuestros hijos en el respeto, en la tolerancia, con límites, con autoridad, con argumentos, con el ejemplo y con cariño.

La tecnología es un tema más de la educación, donde tendremos que hacer un esfuerzo extra de tiempo, formación y dedicación, para poder estar al día e ir por delante de ellos. En esto aprendemos juntos, de la mano. Pero no les dejemos solos, porque no lo hemos hecho nunca, y ahora tampoco va a ser el momento.

Los pasos de cebra. ¿Son seguros?, no. Si se hace un buen uso de ellos, y se utilizan con precaución, entonces sí. Un padre nunca dejaría a su hijo que cruzara un paso de cebra solo por primera vez. Las primeras veces, los primeros años, les coges de la mano, les enseñas a que miren a un lado y al otro, a que se aseguren de que no vengan coches, y entonces, de la mano, se cruza hacia el otro lado. Cuando ya lo tienen muy claro entonces les empiezas a dejar que vayan por su cuenta. Con la tecnología pasa igual: bien usada, puede servir de mucho, facilita la vida, ayuda, te ofrece posibilidades, pero hay que tener en cuenta que vienen coches muy rápido por un lado y por otro, así que no les dejemos solos.

Este es un mensaje que es idéntico para todos, tengamos hijos en edad de manejar pantallas o niños más pequeños que todavía consideramos que no están en edad de necesitarlo. Cuanto antes entendamos la importancia de ponernos a ello mejor, porque antes podremos estar pendientes de las necesidades educativas que van a precisar. Así que abramos los ojos y los oídos, y a ello.

ESTOY PREOCUPADA

Soy optimista por naturaleza, intento buscar y encontrar el lado bueno que tiene toda situación, y, aunque la tecnología también lo tiene, quiero decir que después de estos dos años de adentrarme de manera especial en este tema, estoy preocupada. No tengo ningún ánimo de ser dramática o tremendista, pero me gustaría exponer cuáles son esos aspectos que me preocupan, para acabar intentando darle la vuelta a la situación.

A menudo trato de tantear cuáles son los temas que más agobian a los padres cuando piensan en sus hijos y en la tecnología. Podría decir que solemos coincidir todos en estos puntos:

- El consumo de contenidos violentos o pornográficos
- El contacto con personas desconocidas
- La cantidad de horas que pasan delante de las pantallas
- El postureo
- Cómo les está influyendo todo esto en su autoestima
- El ciberacoso

Es verdad que todo esto nos tiene que preocupar y que debemos estar pendientes de qué hacen respecto a ello, pero hay algo que a mí me inquieta más que todo esto. Algo que está pasando a toda la sociedad, a los niños y, especialmente, a los jóvenes. Pienso que lo peor que les puede (nos puede) pasar, es que pierdan el interés por la vida. Que cualquier plan que le propongamos, ¡cualquiera!, para ellos sea peor que quedarse en casa enganchados a la wifi.

Muchos de los que tenéis hijos con móvil habréis vivido la situación de hacer un viaje o ir a algún sitio y que la pregunta de vuestros hijos sea: «Pero ¿hay wifi?». Algunos habréis vivido la circunstancia de proponer un plan que antes era divertidísimo para ellos y que ahora te digan que no quieren ir. O que por fin ven a amigos que conocen desde pequeños y siempre jugaron sin parar, y ahora vas a la habitación donde están juntos y están todos con el teléfono, incluso a veces hablando entre ellos mismos. No sé si habéis notado la ansiedad que tienen cuando estáis fuera de casa haciendo cualquier cosa y solo quieren volver para jugar a la Play.

Pues sí, por encima de todos los temas que decía antes que nos preocupan, me parece que este podría convertirse en el mal de esta generación. El individualismo, la falta de socialización, de inquietudes, de ganas de hacer cosas y experimentar, y por lo tanto de superarse, sacrificarse y luchar.

Y como decía, es algo que no solo afecta a los niños, a los adultos también nos está pasando de alguna manera.

¿Qué solución tiene este problema? La tendencia que se está manifestando no es buena. Si no paramos esto y cambiamos nosotros las cosas, no va a venir nadie a ayudarnos, ya que esto parece que va a más. El mundo es cada vez más tecnológico, cada vez menos humano y personal. Así que, como nadie quiere que esta situación nos arrastre, os invito a que seamos líderes e iniciemos un cambio de tendencia. Recuperémonos, luchemos contra esta situación, entendiendo que está en nuestra mano hacer algo, que **la tecnología tiene cosas maravillosas**, de las que luego hablaremos, **pero que hay que darle su lugar, utilizarla con control, con orden y lógica, para que podemos hablar de un uso razonable de la misma.**

Voy a dividir lo que me gustaría contaros, en tres partes: lo que debemos saber, lo que debemos hacer y lo que deberíamos hablar con nuestros hijos.

Qué debemos saber

Para empezar a hablar, me parece muy interesante **diferenciar entre el concepto de privacidad e intimidad**. Interioricemos esto nosotros y logremos también que lo hagan los niños.

- La privacidad es «el ámbito de la vida privada que se tiene derecho a proteger de cualquier intromisión», dice la RAE. «El ámbito de la vida personal de alguien, que se desarrolla en un espacio privado, el cual debe mantenerse confidencial», nos dice Wikipedia.

La definición que me parece más apropiada en este caso es la de María Zabala, @iwomanish: «La privacidad se refiere en internet a la información sobre nosotros que, aunque en principio puede no ser relevante, si es analizada o utilizada por terceros revela un mapa de nuestra identidad».

Dice Wikipedia que debe mantenerse confidencial, el problema es que, tristemente, la privacidad ya no se puede proteger. Desde que llegaron las webcam, smart TV, los metadatos de las fotos, la ubicación de los móviles, los *big data* que se derivan de las búsquedas y utilización que hacemos de nuestros móviles, las cámaras que hay en todas partes y que nos graban... parece muy, muy complicado tener privacidad.

Además, el principal problema aquí es que la generación de niños actual crece compartiendo. Son niños que han nacido en la cultura de la imagen, de lo visual, de las redes sociales. Todo esto ocurre antes de que puedan incluso generar conciencia de su privacidad y su intimidad, algo que explica muy bien Charo Sádaba, decana de la facultad de Comunicación de la Universidad de Navarra.

- La INTIMIDAD es el «aspecto interior o profundo de una persona, que comprende sentimientos, vida familiar o relaciones de amistad con otras personas», nos señala la RAE. Wikipedia en este caso nos habla de «la preservación del sujeto y sus actos del resto de los seres humanos». María Zabala nos dice que son los sentimientos, creencias, pensamientos...

La intimidad es nuestra, esa no es «espiable». Esto es lo que, por encima de todo, debemos proteger.

Podría resumirlo así: dentro de la vida privada de una persona, la PRIVACIDAD se refiere a la parte externa y la INTIMIDAD, a la interna.

Voy a poner un ejemplo que, bajo mi punto de vista, ejemplifica bastante bien todo esto: todos los días 5 de enero, ya casi se ha convertido en tradición (porque a mí me ilusiona especialmente), comparto cómo queda colocado el salón de Casa Katiuska, con los zapatos, los regalos, los cartelitos, la comida para los Reyes Magos y camellos... Soy consciente de que estoy invadiendo mi PRIVACIDAD. Lo hago porque me encanta, porque creo que puede ayudar y dar ideas a otras personas.

Ese día, después de poner el vídeo de cómo está, recibo bastantes mensajes de personas que me piden que grabe la entrada del día siguiente de todos los niños en el salón. Lógicamente es un momento precioso, muy emocionante y entiendo que pueda generar interés. Pero si lo hiciera, ahí estaría invadiendo ya nuestra INTIMIDAD, y especialmente la de mis hijos. Me encantaría poder hacerlo, porque además la gente que me escribe lo hace con mucho cariño e ilusión, pero es una línea que creo que no debo cruzar.

Además, he de decir que ni siquiera grabo ese momento con el teléfono para mi uso personal. Prefiero vivirlo con ellos y disfrutarlo en directo. Cuánto podríamos hablar de este tema: la cantidad de cosas que grabamos o fotografiamos, pero que por estar grabándolas no las disfrutamos en ese instante. Y nuestros hijos ven que no los miramos a ellos sino al móvil, aunque sean ellos los que están reflejados en él. Esto da para otro temazo... ☺

• Hay que conocer, de todas formas, algunos datos a tener en cuenta para intentar, en la medida de lo posible, proteger de alguna forma la privacidad.

1. *Datos personales que no deberíamos compartir:*

- NO NOMBRES Y APELLIDOS. Aunque no es estrictamente necesario, creo que debemos intentar no crearnos perfiles con nuestro nombre propio y apellidos. Los adolescentes lo hacen siempre así, y es lógico, porque tratan de ser reconocibles por sus amigos y compañeros. Pero poco a poco hay que invitarles a que cambien sus perfiles en redes y se pongan un sobrenombre.

- NO NÚMEROS DE TELÉFONO. Esto parece obvio, pero a pesar de serlo, a veces hay quien da ese dato, queriendo o sin querer. Hace poco yo misma hice unos *«stories»* y en uno de ellos se veía mi número de teléfono. Me tuvieron que avisar varias personas por mensajes privados para que me diera cuenta.

- NO UNIFORMES DE COLEGIOS. ¿Para qué dar tantas pistas? Si hacemos fotos a los niños o se las hacen ellos mismos con el uniforme puesto, estamos dando la información de dónde se les puede encontrar de lunes a viernes entre las nueve y las cinco de la tarde. Más fácil no lo podemos poner...

- NO DIRECCIONES O FOTOS IDENTIFICABLES. Donde se pueda ver algún dato que deje identificar dónde vives, dónde estudias o dónde trabajas. No fotos en la puerta de casa, del edificio, de la urbanización. Incluso mejor no de lo que se ve desde las ventanas.

- NO MATRÍCULAS DE COCHE. Por la misma razón.

- NO GEOLOCALIZACIÓN. En cualquier caso es importante quitar siempre la ubicación del móvil. Cuando la tenemos activada, las fotos que hacemos llevan incorporados en los «metadatos», el lugar exacto en el que se ha hecho esa foto. También es bueno acostumbrarnos a no poner ubicaciones en las fotos que se suben en redes sociales.

- NO ETIQUETAR A OTRAS PERSONAS. Por respeto a los demás. A lo mejor en la foto que publican sale muy bien el que la ha subido y los demás no, o sencillamente no quieren salir. Siempre se ha de preguntar a los demás antes de publicar la foto y antes de etiquetar, ya que estamos dando información de las otras personas que salen en esa foto.

- NO ESTADOS que digan la situación en la que estás en ese momento. Especialmente que los niños no digan si están solos en casa o informaciones parecidas. Incluso, en la medida de lo posible, lo idóneo sería que cuando pongamos una foto diciendo dónde estamos, ya nos hayamos ido de allí.

—Siempre que descargas una aplicación, aparece una lista con los permisos que concedes. Es importante leerlos y saber qué información estamos proporcionando antes de instalarla.

—Cualquier búsqueda que haces en Google se guarda en tu historial y a partir de ahí se te muestran anuncios relacionados con las búsquedas que has realizado. Debemos borrar el historial en los Ajustes del buscador de Google.

—Podría seguir contando muchas cosas sobre este tema, pero hay mil páginas en internet donde puedes encontrar más información. Lo importante es concienciarnos de que debemos aprender a configurar la privacidad de nuestro móvil y nuestras redes sociales, y saber que debemos protegernos para no facilitar la recopilación de todos nuestros datos para su análisis y posterior utilización.

2. *Los educadores de nuestros hijos*

Hasta ahora siempre hemos sabido que los actores que formaban parte de la educación de nuestros hijos éramos los padres y los profesores. Sus amigos, su pandilla y la gente con la que pasaba más tiempo también jugaban un gran papel en la configuración de su personalidad. A los padres nos tranquiliza conocer bien quién puede influir en ellos, sabemos a qué escuela van, intentamos conocer bien a sus amigos, etcétera. Esto era hasta ahora.

En la época actual, hay un grupo de personas, cada vez más grande, que ha pasado a formar parte de los influenciadores de nuestros hijos. Me refiero a los *instagramers*, los *youtubers*, los *gamers*... son los *influencers*.

No digo que lo que les cuenten a nuestros hijos sea malo, pero sí **es necesario que sepamos qué les están contando.** Porque cada uno de ellos tiene una forma de ver la vida, y la está compartiendo con todos sus seguidores.

Hablemos con nuestros hijos de a quiénes siguen, quiénes les gustan, qué les cuentan, cómo son. Investiguemos quiénes son también los más seguidos en nuestro país, porque casi con seguridad nuestros hijos les están siguiendo y si no, les conocen y hablan de ellos con sus amigos.

3. *Autoestima delegada*

Se dice que los niños de ahora tienen su autoestima delegada. Que esta depende del número de *likes* de las fotos que publican. Antes de colgar una foto en una red social, muchas veces la envían a sus grupos de whatsapp y, si tiene buena acogida, entonces la cuelgan en las redes. Si pasado un tiempo la foto no tiene un número mínimo de *likes*, entonces la borran, porque se considera un fracaso.

Esto puede parecer exagerado, pero en mayor o menor medida, nos puede ocurrir a todos. Y desde luego a ellos, que no tienen todavía formado un carácter fuerte, mucho más.

Nos obliga esto a trabajar la autoestima de nuestros hijos desde que son pequeños, para que cuando lleguen a ser usuarios de redes sociales y de internet en general, tengan herramientas para encajar todo aquello que les ocurre.

Como usuarios de redes sociales, van a estar expuestos continuamente a planes inalcanzables para ellos, cuerpos casi perfectos, vidas idílicas para cualquier persona. La autopercepción de su imagen y de sus vidas se puede ver afectada.

Para reforzar esa autoestima de nuestros hijos, debemos ayudarles a que se conozcan bien a sí mismos, que detecten sus cualidades y sus defectos, que encuentren motivación en las cosas que hacen, especialmente en las cosas pequeñas de cada día. Que aprendan a controlar sus emociones, a aceptarse a sí mismos. Que mejoren su confianza para relacionarse y comunicarse con seguridad en su ámbito personal y académico.

Nosotros, los padres, podemos ayudarles en esto. Podemos detectar también cuáles de nuestros hijos pueden ser menos fuertes en este sentido. Y animarles a que pidan ellos el pan al panadero, que hablen con un profesor si no entienden algo en el colegio, que vean que nosotros disfrutamos con las cosas que hacemos y así aprenderán a valorarlas. Felicitémosles por las cosas que hacen bien, por pequeñas que sean, y hagamos partícipes al resto de la familia de esto. Yo suelo hablar muy alto cuando les estoy diciendo cosas buenas. Incluso empiezo con un: «¡¡Estoy flipando!!», o «El único que hoy ha hecho bien esto es…»; a veces también durante una cena todos juntos, me dirijo a uno y le digo: «Gracias, porque me ayudas mucho con esto que has hecho».

Cada uno tendrá que buscar las herramientas que le puedan funcionar para que cuando los niños lleguen al mundo de las redes sociales, puedan enfrentarse con más recursos a lo que van a vivir. En realidad, que estén preparados para la vida en general.

El último libro de Fernando Alberca es muy recomendable: *Hijo, tú vales mucho. Claves para mejorar la decisiva autoestima.*

4. *Niñera digital*

El concepto de niñera digital es como se llama ahora al momento en el que se utilizan los dispositivos tecnológicos como medio de entretenimiento para los niños.

La realidad es que cada vez es más habitual que para poder disponer de un ratito libre para algo, aunque sea solo para ir al baño, se acude a un momento de tablet o de móvil, para poder estar más tranquilos.

El otro día preguntaba yo a un grupo de amigos cuál creían que era el momento más común en el que los padres tiramos de «niñera digital», aparte de en las vacaciones escolares, y todos llegaron a la misma conclusión: los fines de semana, a las siete de la mañana, cuando se despierta el niño. En ese momento la tele o cualquiera de los dispositivos electrónicos que tenemos en casa, se convierten automáticamente en nuestros mejores amigos.

Yo lo entiendo y también lo he hecho. Incluso alguna vez he negociado hasta con una niña de tres años que si hacía algo le dejaría un ratito de móvil.

Pero mal hecho por mi parte.

La tecnología nunca debería formar parte de las negociaciones entre padres e hijos, sobre todo con los más pequeños, no debería ser un premio o un castigo. Digo debería, porque luego cada uno hace lo que puede. ☺

En 2017 la Asociación Pediátrica Canadiense recomendó que antes de los dos años no les dejemos pantallas a los niños, ninguna, nunca. Y hasta los cinco años, momentos cortos y siempre con contenidos preparados para esas edades, adaptados para ellos.

Catherine L'Ecuyer, investigadora educativa y divulgadora, nos cuenta mucho más sobre esto en su libro *Educar en el asombro*, texto muy recomendable para padres.

Debemos tener cuidado con «abusar» un poco de la niñera digital, y luego quejarnos de que los niños están enganchadísimos al móvil o a la tablet.

5. *Los filtros*

Una de las preguntas más habituales cuando hablamos de estos temas es: ¿qué filtros puedo activar para que mis hijos no entren en determinadas páginas?

Y sí, hay filtros que funcionan y que vienen muy bien, PARA UNA DETERMINADA EDAD. Se dice que en cualquier página de internet estás a tres clics de llegar a otra con contenido violento o pornográfico. Los niños pequeños pasan el rato haciendo clic, casi más que atendiendo realmente a lo que ven. Por eso es interesante activar filtros, para que no lleguen sin querer a una página de contenido no deseado. Cuando empiezan a crecer es muy fácil que averigüen cómo deshacerse de ellos, y lo que realmente interesa es que sepan qué deben hacer o ver y qué no.

Pero CUIDADO, **porque el hecho de poner filtros puede enmascarar que no estemos hablando con nuestros hijos y educando.** Os invito a que veáis el capítulo «Arkangel», de la serie *Black Mirror*, y entendáis lo que quiero decir. Si pones un filtro y evitas el tema, o no lo hablas con tu hijo cuando se debe, es posible que se entere de muchas cosas por lo que le cuenten sus amigos, o por lo que le llegue a través de otras vías que no sean sus padres, y esto sucede sin el contexto necesario que hace falta para que se entiendan bien las cosas.

Si tenéis interés en conocer más sobre los filtros, en el especial 1 de la web <www.empantallados.com>, hay un artículo sobre Control parental que es muy interesante y te da ideas de filtros para activar.

6. *La importancia del equilibrio*

Es la clave de todo: el equilibrio. Ese es el signo de alarma que podemos buscar en nuestros hijos. Nuestro pequeño estará haciendo un uso saludable de las pantallas, si las utiliza un rato, pero cuando les decimos que paren lo hacen (aunque haya que decirlo ocho veces, esto es intrínseco a la infancia), y en otros momentos quedan con amigos, leen, hablan, salen al campo, hacen deporte… Si empezamos a notar que el niño o niña se queda en casa, no le apetecen los planes que le proponemos, deja de relacionarse con otras personas y, en general, solo quiere estar en casa, ahí debemos empezar a estar pendientes de esto y ver si se trata de algo pasajero o está empezando a tener un problema.

Victoria Prooday es una terapeuta ocupacional estadounidense que ha escrito un artículo muy interesante, donde aporta algunas recomendaciones para poner en práctica y conseguir, como ella dice, que nuestros hijos sean individuos felices y saludables. Os recomiendo que lo leáis, se llama **«La tragedia silenciosa que afecta a los niños de hoy»**, y aunque los datos que ofrece pueden asustar un poco, es muy completo y aporta ideas interesantes.

7. *Los efectos de la pornografía*

Asistí hace unos meses a dos congresos en México en los que se abordaba el tema de tecnología y familia. En varias de las sesiones trataban de estudiar los efectos que tiene el consumo de pornografía.

No soy una experta en el tema, por eso no puedo hablar largo y tendido sobre el efecto que tiene en lo niños. Solo sé que me quedé impactada al saber que la media de edad a la que los niños se hacen consumidores recurrentes es a los once años. Y no se trata de que lleguen sin querer a alguna página de contenido no adecuado, sino que son consumidores recurrentes.

Es muy fácil que se convierta en adicción. Se produce la segregación de dopamina, que con la repetición en el tiempo, y la asociación de la dopamina a esta actividad, genera adicción. Y llega un momento en el que necesitas esa dopamina para ser feliz.

Entre otros, los efectos de esto son una afectación fuerte a la autoestima, además de que puede repercutir en un futuro a sus relaciones, y el problema es que siempre necesitarán algo más fuerte de lo que están viendo, porque produce también aburrimiento. Los niños generan imposibilidad de sentir, imposibilidad de amar. Y eso es muy grave.

Hay que hablar mucho con ellos de este tema. Informarse como padres de cuáles son los riesgos que existen y hablar con ellos sin miedo. También tratar con ellos el tema del *sexting*, que cada vez es más habitual entre adolescentes.

Es bueno que las pantallas en casa se usen en sitios comunes y que establezcamos espacios libres de móviles.

QUÉ DEBEMOS HACER

1. *Formación continua*

Pues sí. Los padres tenemos muy poco tiempo, todos somos conscientes de ello, pero nos ha tocado vivir una época de la historia complicada para educar. Siempre lo ha sido, pero ahora más si cabe, porque nos enfrentamos a rápidos cambios y a una continua evolución de algo que no conocemos bien, ni sabemos qué va a pasar con todo ello.

Así que nos toca esforzarnos más todavía, y sacar tiempo para adentrarse en este mundo, conocerlo y estar preparados para poder ayudar a nuestros hijos. Esto no quiere decir, ni mucho menos, que debamos ser usuarios activos, ni obligatoriamente tener redes sociales, pero sí es necesario conocerlas y saber qué van a encontrar nuestros hijos en ellas.

La buena noticia es que mucha gente ya está investigando sobre esto, y tratando de contárnoslo a los padres, porque entienden la necesidad de que seamos nosotros los que, disponiendo de toda la información, establezcamos los criterios en nuestras casas y seamos los que enseñamos a nuestros hijos.

Hay webs, blogs, libros que se pueden leer sobre estos temas... en la pestaña de «recursos» de la web de Empantallados, podéis ver a quién leer y a quién seguir. Especialmente recomendables: @iwomanish, *Cosiendo la brecha digital*, *Generación app*, entre los blogs, y el libro de Antonio Milán: *Adolescentes hiperconectados y felices*.

2. *Buscar espacios de conversación con nuestros hijos*

De eso se trata. De hablar y hablar con ellos. Da igual la edad que tengan (hombre, me refiero a cuando ya te puedan entender), solamente habrá que ir adaptando el lenguaje según la edad que tengan. Pero una niña o un niño de siete años, puede entender perfectamente si le cuentas la noticia de que una niña de nueve años ha sido ingresada en rehabilitación por la adicción que tiene a un juego de la Play. Y si les dices esto, puedes aprovechar para hablar muchas cosas relacionadas con el asunto.

Yo antes me pasaba el día pensando en sacar ratos para hablar con cada uno de mis hijos. Cuando me di cuenta de que NUNCA llegan esos ratos especiales, entonces tomé conciencia de que tengo que aprovechar una cena, un traslado en coche al colegio o cualquier momento del día para sacar estos temas y que los escuchen todos.

3. *Generar confianza*

Y hablar con ellos de tal manera que vean en ti a un amigo en este tema, no a alguien que está enfadado sistemáticamente al hablar de esto. Porque se trata de generar la confianza suficiente con ellos, para que tú seas su referente, y cuando vean algo que no les gusta o una cosa que no entienden, vayan a preguntarte a ti. Incluso que no les dé mucho miedo ir a contarte que han hecho algo mal.

Si no te preguntan a ti, buscarán en Google, o preguntarán a alguien que no sepa darles el contexto necesario a los temas que necesitan conocer.

4. *Tratar de entenderles*

Los niños, nuestros hijos, han nacido en una época totalmente distinta a la nuestra. Si los que estáis leyendo esto nacisteis en un mundo sin pantallas, entonces absolutamente distinta, pero si los que leéis recordáis ya vuestra infancia con pantallas, porque sois nativos digitales, aun así también vuestros hijos vivirán un mundo muy distinto al vuestro, porque esto cambia a velocidad de vértigo.

Por eso hay que hablar mucho con ellos y tratar de entender lo que hacen, cómo lo hacen y por qué lo hacen. Si no, la falta de información hará que no nos entendamos y que se generen muchos conflictos entre padres e hijos.

Os pongo un ejemplo: cuando yo era pequeña jugaba al Tetris. Como os decía al principio estaba enganchadísima. Pero yo podía empezar una partida y terminarla a los diez minutos y no pasaba nada. Esa es mi cultura de los videojuegos. Los juegos de mis hijos de la Play son online. Empiezan una partida y se conectan otras 99 personas a la vez. Sus partidas pueden llegar a durar treinta minutos. El asunto es que según pasa el tiempo, más interesante se pone la cosa, porque eso quiere decir que han ido eliminando a muchos de los otros y que van ganando. Si cuando a ti te parece que lleva un buen rato jugando, vas y le apagas la Play, puede ser que le estés cerrando la partida a cuatro minutos de terminar, y cuando quedan muy pocos en el juego. Esto a los niños les genera una frustración y una ansiedad brutales. Estamos todo el día enseñándoles que tienen que terminar lo que empiezan, y en este caso les paramos la partida justo antes de terminar.

Además, ellos creen que nosotros sabemos lo que estamos haciendo y eso todavía les provoca mayor incomprensión hacia sus padres.

Por supuesto que si hay que apagar, se apaga, pero que es bueno que esto esté justificado y que les expliquemos a ellos el porqué. Es decir: si quieres empezar otra partida, vale, pero en quince minutos apagas, pase lo que pase, vayas como vayas.

Por esto es necesario conocer, compartir y hablar. Nos entenderemos todos mucho mejor.

5. *Espacios libres de móviles*

Es una buena norma para establecer en casa cuando entran las pantallas. Se trata de que la *«aparatos»*, *katiuskario*, esté en sitios «públicos» de nuestra casa, para que podamos estar pendientes de lo que ven y lo que oyen.

Hay **tres espacios libres de móviles en casa:**

* Los dormitorios: especialmente referido a los niños, ya que muchas veces los padres los usan como despertador por la mañana, aunque podría ser una buena medida para todos.
* Los baños
* Las mesas de las cenas y las comidas: ESOS LUGARES DONDE SE HACE FAMILIA. Esto aplica a todos, mayores y pequeños. En la mesa donde tanto se comparte, donde se tiene oportunidad de conversar, contarse las cosas y educar, no debe haber aparatos.

Y para tratar de mantener estos espacios libres, recomiendo poner un **parking para aparatos.** Un parking para móviles y tablets, donde todo el mundo lo deje cuando haya que dejarlo. Así están a la vista. Podéis descargaros algunos parkings de pantallas en internet (en Empantallados hay uno en el primer especial), pero no hace falta que sea algo tan específico. Basta con señalar un lugar, una mesa, un cajón, un cesto, procurando que esté cerca de un enchufe (porque muchas veces el parking es el lugar donde se están cargando los móviles).

6. *Coordinarnos con nuestro equipo*

Primero, en casa, es bueno hablar del tema en pareja y tomar decisiones consensuadas, sobre horarios y normas de uso de los hijos. Normalmente uno es más estricto que el otro, y esto no es bueno. Los niños deben ver que los padres están de acuerdo y que ninguno de los dos se salta las normas. A no ser que sea un «salto» decidido por los dos.

Si no, acaba ocurriendo que cuando uno dice que no, los niños van a preguntar al otro. O directamente preguntan solo al que saben que va a decir que sí.

El otro día me contaba un profesor que los niños de su clase tienen tipificadas a sus madres por el número de noes que dicen antes de convencerlas para el sí. «Mi madre es de cinco noes, ¿la tuya?» «La mía es de ocho, es más durilla.» Porque a insistencia y tesón no les gana nadie, y al final, por agotamiento, acabamos cediendo…

Coordinarnos también con las personas que forman parte del equipo. Los abuelos, los canguros, la persona que te ayuda en casa, si es que la hay… No digo que los abuelos tengan que educar a los nietos, porque ellos ya educaron a sus hijos y esta no es su labor, pero no está de más contarles cuáles son las costumbres que se tienen en casa para que, en la medida de lo posible, intenten mantenerlas.

Y tratar de que las pantallas no entren en casa antes de tiempo, antes de lo que corresponde. Desde hace unos años, el regalo estrella de las comuniones son los aparatos: móviles, tablets, videoconsolas… y cuando tú lo tienes más o menos controlado, llega un regalo de estos (hecho con toda la ilusión, por cierto), pero no consensuado o consultado, y te destroza lo que habías conseguido. Porque aunque pongas luego unas normas, o unos criterios de uso, o aunque lo escondas, los niños ya saben que está ahí y empieza «la guerra tecnológica». ☺

Como dice la gran Charo Sádaba, decana de la facultad de Comunicación de la Universidad de Navarra, los móviles no deberían llegar a la vida de los niños como un regalo. Debe ser algo consensuado con nuestros hijos, y hacerles partícipes del proceso de compra, para que valoren cuánto cuesta y el cuidado que hay que darles.

7. Ser ejemplo

Porque por mucho que hablemos con nuestros hijos, da igual lo que digamos. Ellos copian lo que ven. Y haciendo uso del dicho «una imagen vale más que mil palabras», ellos nos están viendo, y nuestra imagen va delante, marcándoles el camino. De nosotros depende que sea un reflejo en el que estamos mirando el móvil, o que les estemos mirando a los ojos y disfrutando en cada momento de lo que hacemos, sin pantallas.

Sabiendo que en estos momentos de la historia, el ejercicio de la paternidad nos lleva a estar conectados, ya que gestionamos una parte importante de la gestión familiar a través del teléfono. Hay temas que han pasado a tratarse solo por whatsapp: los avisos del colegio se mueven a través de whatsapp (aunque el cole lo mande por e-mail, el asunto se cuece en los grupos), ya no hay invitaciones de cumpleaños sino que se crea un nuevo grupo para ello, las citas médicas de pediatras ya te las recuerdan por mensaje y ahora están ya agendadas en el calendario del móvil, etcétera.

Puede ocurrir que un día llegue tu hijo y, al verte, te diga: «Mamá, es que haces más caso al móvil que a mí». Esa frase que se te queda clavada como un puñal en el corazón y tanta rabia da, porque muchas veces lo que estamos haciendo con el móvil es: confirmando que va a un cumple, haciendo un ingreso de tres euros en una cuenta común para el regalo, gestionando quién lleva y quién trae, intentando localizar su jersey, porque «ha desaparecido» del casillero, ☺, indagando en internet para encontrar una nueva forma de hacer la merluza porque la rebozada no les gusta, invitando a un amigo a que venga el viernes a casa... Estamos gestionando sus vidas y sus agendas a través de nuestro móvil, y eso lleva su tiempo.

No está mal que se lo digamos: oye, que estoy haciendo esto por ti.

Por el mismo motivo, creo que es muy bueno estableces también MOMENTOS LIBRES DE MÓVILES, ahora hablaré de ello.

Y para ser ejemplo, lo primero es analizarse. Hacer autoexamen para saber qué tiempo dedicamos a los aparatos, porque en este tema somos muy poco realistas y un minuto de vida digital equivalen a diez minutos de vida real. No somos muy conscientes del tiempo que pasamos y que perdemos entre pantallas. Y para ello os propongo dos aplicaciones:

- Quality Time para Android
- Moment, para Apple

Este tipo de *apps* hacen ese trabajo por ti. Te ofrecen un análisis detallado del uso que haces de tu aparato. Te dan estadísticas de cuánto tiempo lo utilizas y en qué aplicaciones.

La primera vez que me lo instalé, a los dos días lo borré. ☺
Me asusté comprobando con mis propios ojos la realidad
que yo ya sospechaba. Pero solo el hecho de enfrentarme a
las cifras que vi, me hizo tomar conciencia y reducir consi-
derablemente esas estadísticas, al darme cuenta de que muchas de las cosas que hacía eran exclusivamente pérdida de
tiempo. Ahora la tengo instalada y voy haciendo estudios
para controlarme, y también las tienen instaladas mis hijos
con móvil, porque nos viene bien para hablar teniendo datos reales de uso.

8. *Momentos libres de móviles*

Hace un rato hablé de ESPACIOS libres de móviles, y ahora hablemos de MOMENTOS. Porque como decía antes, se nos está
exigiendo mucho en este sentido. En el de la gestión de la vida
a través de los móviles. El día a día y la agenda de los niños
ahora va por ese medio, y cuantos más niños, más tiempo se
necesita. Pero no solo eso, sino que además debemos estar disponibles para familia, amigos y trabajo. Para poner ese «jajaja»
en el chiste del chat de amigos, para escribir un «ohhhh», corazoncito, corazoncito, corazoncito, en la foto del recién nacido del chat de amigas del colegio, para preguntar a tu padre
cómo está de su gripe y reportar novedades familiares al resto
de la familia. Cosa que, si no hacemos, nos convierte en mala
madre, mala hija, mala amiga, mala nuera, mala empleada,
mala, mala… ¡¡mala!! Y es verdad que la tecnología nos ofrece
todas estas ventajas maravillosas de estar al tanto de más cosas,
llegar a más, saber de los tuyos, ver a tus sobrinos que viven en
otro país, disfrutar de tus padres aunque no estés con ellos,

pero si nos dejamos llevar por esto, y no ponemos un límite, **estaremos viviendo de cara afuera y no hacia dentro, que es donde realmente te necesitan.**

Por eso, MOMENTOS LIBRES DE MÓVILES:

- Fija un tiempo para el sí. Al llegar a casa, cuando los niños están en el baño, al acostarles… cuando sea, pero establece un momento concreto donde los niños sepan que estás dando respuesta a todas esas gestiones familiares (y también para el disfrute, por qué no, no todo tiene que ser obligaciones), incluso pídeles que no te interrumpan, para que seas más rápida y eficaz.
- Ponte un tiempo para el NO. Y al existir un tiempo para el sí, el resto del tiempo será no. Y podrás dedicarte en cuerpo y alma, podrás mirarles a los ojos, podrás jugar y estar con ellos como si no existiera nadie más en el mundo. Eso es la imagen que recordarán tus hijos de ti. Lo que resulta inviable es pasar la tarde con el móvil en el bolsillo, respondiendo a todo lo que te llega.

Y para el momento NO, VIVAN LOS PARKINGS PARA MÓVILES. Esto que cuento así tan convencida, a mí me cuesta mucho llevarlo a cabo. Por eso meto mi teléfono en un cajón, o lo pongo en un sitio alto, porque si está a mano, lo acabo mirando cada vez que vibra.

9. *Derecho a la desconexión*

Todo lo anterior se relaciona con esto. Luchemos por nuestro derecho a la desconexión. Porque a veces pienso que esto de la tecnología es un gol que nos han metido, y que nos ha empeorado la calidad de vida. Y aunque seguramente es al contrario, no está mal que cada uno luche por proteger su parcela de desconexión. Su no necesidad de móvil, su no pertenencia a redes sociales, su no obligación de contestar a todo. Cada uno donde esté a gusto, donde crea que debe estar. Pero con su derecho a decidir el grado de conexión que quiere vivir.

Cuando tenía dieciocho años me compré mi primer móvil. Me había ido a vivir a Madrid y me lo compré para poder contactar con mi familia y El Muju sin tener que esperar la hora y media de cola diaria en la cabina del Colegio Mayor. Lo hice porque yo lo quería, para estar comunicada cuando yo necesitara, pero en menos de dos meses tenía una lista de gente enfadada porque no respondía cada vez que me llamaban. Y en pocos años se ha convertido en una obligación estar disponible veinticuatro horas al día, 365 días al año. ¿En qué momento ha pasado esto?

Como ejemplo de medida, me parecería genial que tuviéramos desactivada la última conexión de whatsapp. Con whatsapp pasa una cosa. A alguien le viene bien escribir un mensaje en un momento dado. Lo hace, lo envía y desde ese momento tiene la posibilidad de saber cuándo lo ha recibido el otro, si lo ha leído, si contesta o no, y cuántas veces se ha conectado después sin contestarte. Eso lleva a sacar conclusiones que están descontextualizadas y eso es injusto. Todo el mundo tiene derecho a su desconexión, y debemos respetar eso.

Hace poco desconecté la última conexión de mi móvil. Pensé que no iba a poder soportar el hecho de no saber si la gente me había leído, pero ahora puedo decir que se puede, y yo soy más feliz, me ha quitado presión.

De todo, debemos hablar mucho con ellos. Ayer cenaron en casa unos amigos y Eduardo, una persona que considero que ha educado muy, muy bien a sus hijos, decía que se arrepiente un poco de no haber hablado más con ellos. Y eso que estoy segura de que ha dedicado horas y horas a hacerlo. A veces puede parecer que esas conversaciones no sirven para nada, pero en esos momentos les estás enseñado dónde está el norte, qué está bien y qué está mal, y esas conversaciones son las que le van a poner más fácil su andadura individual.

1. *De valentía*

Hay que hablar con ellos de valentía. De que les va a tocar serlo, unos valientes. Les va a tocar dejar a un amigo que no les hace bien, defender a alguien a quien creen que se está haciendo daño, irse de un bar o de cualquier sitio que no les convenga, les va a tocar decir que no a muchas cosas... o que sí a otras que les van a costar. Ir contracorriente. Y para eso hay que estar preparado, hay que estar seguro y orgulloso de que lo harán por algo bueno, para sí mismo o para otros.

–Por eso no es malo que sean «los únicos». Desde pequeño el niño se acostumbra a decirnos que es el único de la clase que no va a un sitio, el único que no tienen móvil o Play, o el único que va al cole el día de la excursión... Muchas veces he pensado crear un chat que se llame «los únicos», para consultar con otros padres si sus hijos son también los únicos, como los míos. Así podríamos comprobar un poco la realidad del asunto. Pero no está mal que aprovechemos esa circunstancia para hacerle valorar la idea de que ser el único le hace especial, que ser el único es un plus y que eso le va a hacer fuerte para el futuro. Igual no lo entienden al principio, pero esas cosas que los padres decimos van quedando en algún sitio recóndito de sus adentros, hasta que algún día sale.

−Y hablarles también de la confianza que deben tener con vosotros para contaros lo que les ha pasado, lo que han tenido que hacer, lo que no les ha gustado, para que tú puedas animarle y valorar lo que ha hecho.

2. *Que rompan la cadena*

Les tocará ser valientes también para denunciar el acoso, por supuesto si lo viven, pero también si lo ven. Se habla mucho del acosador y de la víctima, pero no se habla nada de todos los testigos, los observadores que están observando insultos, humillaciones, maltrato digital (también real, claro está), y que deben colaborar para que se acabe.

3. *De sentido crítico*

Para que sepan que no pueden creerse todo lo que ven, todo lo que les llega.

Internet está lleno de publicaciones falsas que solamente buscan la viralidad. Son las *fake news*, y están diseñadas para engañar y poner en duda hechos verificables. Se comparten un 70 por ciento más que las noticias verídicas y muchísimo más rápido. Son campañas de desinformación y que además ponen en peligro la ciberseguridad de la sociedad, porque entre otras cosas muchas de ellas están creadas para ser compartidas e instalar virus en los dispositivos.

Aunque casi todo el mundo es consciente de que lo que vemos en internet no siempre es verdad, luego compartimos noticias sin contrastar la información. Yo me di cuenta una vez que reenvié un mensaje por whatsapp pensando que se trataba de una cosa actual e importante, y mi cuñado me demostró que él había recibido la misma información casi cinco años antes. Duda siempre de los mensajes que acaban en reenvíalo, comparte y envíaselo a diez personas.

Hay indicios que te hacen darte cuenta de si la noticia es *fake*. Tenéis muchos artículos escritos sobre esto, así que creo que no hace falta extenderse.

4. *De los* influencers

Para que sean capaces de ver que la vida que llevan aquellos a los que siguen, y que muestran experiencias vitales maravillosas, no es siempre todo lo que parece. No es todo bonito, no todo es tan guay, no siempre están tumbados en una hamaca en Bali. Y muchas veces esa vida no les llena, e incluso a alguno le hace infeliz.

Lo han confesado muchos de ellos, y me parece interesante y necesario que lo trabajemos con nuestros hijos. La entrevista que le hizo Risto a El Rubius, en la que él lloraba diciendo que muchas veces no podía aguantar la presión (ahora incluso se ha retirado), es bueno que la comentemos, que la vean. El vídeo de Lovely Pepa en el que cuenta que lleva ocho años sufriendo acoso, el de Gracy Villarreal en el que dice que le falta algo para ser feliz...

5. Y sobre todo, lo más importante, y donde creo que realmente radica nuestra labor como padres en la educación digital de nuestros hijos, es hacerles conscientes de que **deben usar la tecnología y las redes sociales con un sentido, para algo**: UN PARA QUÉ.

Que piensen, que pensemos, qué podemos hacer por los demás, qué se puede hacer para mejorar la sociedad, qué necesidades existen, y utilicen la tecnología y todas sus herramientas para ello.

Que sus redes sociales no se conviertan en un lugar de mera exhibición personal, sin un mensaje que ofrecer y que pueda aportar algo a los demás.

Les ha tocado vivir en esta época, ellos no tienen la culpa, pero ellos deben ser conscientes de que deben luchar por lograr una sociedad mejor, y para ello tienen la suerte de contar con la tecnología a su alcance para conseguirlo.

¿Y TÚ Y YO? LA TECNOLOGÍA EN LA PAREJA

Veintiocho millones de parejas rompen cada año por culpa de comportamientos en Facebook y whatsapp. Se trata de la conclusión de un estudio que ha realizado el diario Cyberpsychology. Dice el estudio que es debido al síndrome del doble *check*, la ansiedad de saber que te han leído y no te hacen caso. Yo tengo que reconocer que hubo una época en la que esto me pasaba y me ponía muy nerviosa. ☺

La pregunta del millón: ¿la tecnología une o separa?

Indiscutiblemente la tecnología facilita algunos temas, especialmente de gestión, y te permite mantener una conexión más continuada con el otro. Pero en general, no sé si opináis lo mismo, la tecnología quita tiempo del otro.

Una tercera persona cosa

Pongo una situación: estoy en casa por la tarde, con los niños. Llega mi marido. Bañamos, damos cenas, nos encargamos de que terminen de estudiar, preparamos las cosas del día siguiente, acostamos a los niños, esperamos a que se duerman y, por fin, un rato para nosotros. Nos vamos al salón y nos sentamos en el sofá. Entonces saco el móvil. En ese momento llaman al timbre y El Muju va a abrir la puerta. Al abrir, ve a trescientas personas en la puerta que empiezan a entrar sin esperar a que él abriera del todo. Él pregunta: «Pero ¿quiénes sois?», y alguien responde: «Los amigos de Facebook de tu mujer». Los trescientos se van colocando todos por el salón, y en cuanto El Muju comprueba que no tiene espacio, se dirige a la cocina. Allí están varias amigas mías, sentadas a la mesa de la cocina tomando algo y venga a hablar. «¿Qué hacéis aquí?», pregunta él. «Estamos comentando la cena del sábado», contesta una de ellas. Como tampoco hay espacio en la cocina, se va a su habitación, pero no puede entrar porque dentro están mis hermanas, que le dicen que se están probando ropa para la fiesta del sábado y necesitan opinión. En otra habitación están los abuelos, sentados y preguntando por los nietos, en otra tres *instagramers* que están contando cosas superinteresantes, el jefe aparece y desaparece por el pasillo, y así el pobre Muju se va quedando en una esquinita, sentado en el suelo, hasta que se duerme.

Esto, que puede parece muy exagerado, me pasa a mí por las noches. Cuando por fin nos hemos sentado a hablar en el sofá, yo saco el móvil y voy dejando a mi marido esquinado y solo.

Lo he contado en primera persona, porque reconozco que a veces me pasa. Pero también a ratos le pasa a él, y a todo aquel que cuando llega el momento de dedicar un rato a cuidar al otro, a compartir, a mirarse, a sencillamente estar, además en un momento en el que ya no hay niños por ahí, también les está ocurriendo.

Yo recuerdo el día que le dije a mi marido: sí, quiero, en la salud y en la enfermedad, en lo bueno y en lo malo, en la riqueza y en la pobreza. Le dije sí, por encima de cualquier cosa en el mundo. Lo elegí a él de entre todas las personas de la Tierra. Le dije: «Te elijo a ti». Y ahora resulta que muchos, muchos días, si no tenemos cuidado, lo cierto es que estamos eligiendo a otros.

Sí en lo bueno y en lo malo, y sí en la analogía y la tecnología. Que vivimos en un mundo analógico, vale. Que es tecnológico, vale también. Yo me comprometo, si quiero que esto salga bien, a luchar por no descuidar al otro en la era tecnológica.

Hay que tener en cuenta que en nuestra vida de pareja se ha colado ya no una tercera persona, sino una nueva cosa, los móviles, y todo lo que ello conlleva. Cuánta gente me cuenta que cada vez hay menos comunicación, que cada vez hay más cada uno con su aparato.

Cambiando, me paso el día cambiando

El problema es que, antes, las nuevas vivencias que teníamos las experimentábamos juntos. Cuando conocíamos a un nuevo grupo de amigos, cuando hacíamos un viaje, cuando cambiábamos de trabajo, cuando hacíamos planes, cuando veíamos una serie en la televisión... era algo conjunto, algo compartido. Eran experiencias que nos llevaban a crecer como personas y como pareja.

Lo malo es que todos estos aparatos son individuales. Y ahora conocemos gente en redes sociales, visitamos ciudades a través de blogs o reportajes, vamos a museos virtuales, vemos series en Netflix con auriculares... y todo esto poco a poco nos hace cambiar, porque son nuevas experiencias que van configurando nuestra vida. Pero lo hacemos solos, no hacemos partícipe al otro, y esto poco a poco nos va distanciando.

Velocidades distintas

En una pareja, por el simple hecho de estar formada por dos personas, cada uno lleva una velocidad tecnológica distinta. Uno es más analógico y el otro más tecnológico (por mucho que los dos sean muy analógicos o tecnológicos). Y esto da lugar a MUCHOS REPROCHES. Porque uno está siempre conectado al trabajo, porque se lleva el móvil a la cama, porque se van de cena y el teléfono está todo el tiempo presente... El otro día me decía una amiga que su marido se pasa el día leyendo el periódico en la tablet, y que como leer el periódico es bueno, pues parece que puede hacerse en cualquier momento. Pero como el periódico en internet es ilimitado, puedes estar dieciséis horas seguidas leyéndolo. Y en ese caso, algo que es bueno, se convierte en un desorden que además afecta mucho a los momentos de pareja.

Por eso, aquí hay que hacer un esfuerzo por parte de los dos. Al que es más analógico: déjale un poco, no estés todo el tiempo reprochando. Y al que es más tecnológico: córtate un pelo, si ves que le molesta el tiempo que pasas con el móvil, déjalo un poco de lado. En definitiva, que cada uno ponga algo de su parte para que esto no se convierta en un problema.

Emoji, *la nueva celestina*

El 80 por ciento de la comunicación es el lenguaje no verbal. Cuando hablas con alguien y le miras a la cara y le escuchas la voz, sabes al verle si lo que estás contando le interesa o le está pareciendo bien. Todo se interpreta mejor por el tono de la voz. Pero con los móviles, el lenguaje no verbal desaparece.

Tengamos en cuenta que ahora las personas y las relaciones transcurren en gran parte a través de un teclado, que es la nueva celestina. Un teclado que usa emoticonos, y que tiene corrector de texto. Y ponemos nuestras relaciones en sus manos, con el peligro que eso conlleva.

Hace poco me fui de viaje con una compañera. Por la mañana me dijo que se había peleado con su marido y que estaba un poco triste. Durante una de las reuniones que tuvimos, él la llamó por teléfono y ella, que no podía atender la llamada, le escribió un mensaje que decía: «No puedo hablar, ¿pasa algo?», y él le contestó: «No te echo de menos».

Ay, alma de cántaro, ¿podrías puntuar, hacer el pequeño esfuerzo de poner la coma? Es que el sentido cambia un poquito de «No te echo de menos» a «No, te echo de menos»... ☺

Y aquí va un ANECDOTÓN. Uno de los anecdotones de mi vida. Terriblemente terrible. Para no contarlo.

Me puse de parto de mi sexta hija dos meses antes de lo previsto. Cesárea de urgencia y mi niñita se va a la UCI. Estuvo once días ingresada. Cuando por fin pude ir a visitarla a la UCI, al día siguiente de nacer, bajé y, cuando la vi llena de tubos, yo lloraba y lloraba. Cogí el teléfono para comunicarle a la gente cómo estaba y pedirles que rezaran por ella. En aquel momento no había whatsapp y para enviar un SMS multitudinario a través del móvil había que seleccionar treinta contactos por orden alfabético, enviarlo y luego volver a enviarlo a los siguientes treinta. Así que cogí el teléfono y puse con firmeza: NECESITO REZO. Y envié. Y cuando me disponía a seleccionar a los siguientes treinta, veo el mensaje que he escrito y dice: NECESITO SEXO.

...

...

SIN PALABRAS.

Imagínense la situación. Yo recién abierta en canal, por la cesárea, con la niña en la UCI y enviando ese mensaje a diestro y siniestro. Es una anécdota para olvidar. Pero la verdad es que años después sigo sudando al contarla, y muriéndome de risa yo sola.

Pero vamos, que las relaciones no están pensadas para vivirlas por whatsapp, ni por móvil, ni por nada que no sea en persona.

Cómo gestionarlo

Bueno, pues para tratar de que la tecnología y el uso de los aparatos no se convierta en un problema y nos distancie del otro, diría que es importante:

1. **Hacer un autoexamen**, del propio uso que hacemos del móvil. Como decía antes, existen *apps* que te pueden ayudar a conseguirlo.

2. **Hablar**, cara a cara. Piensa si crees que hace un uso desordenado del móvil y, si consideras que debe mejorarlo, díselo. Se trata de huir de los problemas, así que cuéntaselo. Pero díselo tú, no esperes a que la ciencia infusa se lo diga, o a que venga otro. Me hace gracia cuando la gente me dice: «Mi marido necesita a alguien que le dé una clasecita sobre esto». Pues es muy fácil: díselo tú. Y espera también a que te diga él lo que no funciona. Y si haces esto, tienes que estar dispuesto a que te parezca mal lo que te va a contar. Cuando te dicen que no te controlas con el móvil, sienta como una patada, porque te están diciendo, primero, que no tienes autocontrol, y segundo, que estás continuamente eligiendo a otros. Y eso sienta mal... pero si queremos arreglarlo, es lo que hay.

3. **Establece los momentos**: en función de lo hablado, establezcamos los momentos en los que sí, y los momentos en los que no.

4. **Actúa en consecuencia**: porque esto es una lucha personal. Porque si no se domina cada uno a sí mismo, la cosa no va a salir bien. Yo doy mucha penica. Hay días que estoy por ahí un poco escondida con el móvil y cuando oigo los pasos de El Muju, suelto el teléfono corriendo y hago como si es-

tuviera haciendo otra cosa. Y cuando me doy cuenta pienso: «Paloma, por Dios, que tienes una edad…» ☺. Realmente tengo que confesar que esto cada vez me pasa menos. Cada vez consigo hacer un uso más controlado de mi móvil y cada vez paso más tiempo en off. En casa hay días que hacemos los *«Domingos off» katiuskario*, y yo con más frecuencia estoy más a gusto en este formato…

5. **Comparte**: hazle partícipe, cuéntale lo que te gusta. Pregúntale qué le gusta. Enséñale lo que descubres.

6. **Aprovecha el medio**: aprovecha la oportunidad que te brinda la tecnología. Manda mensajitos de vez en cuando. Parece que a medida que va pasando el tiempo cuesta un poco más, pues por lo menos aprovéchate de whatsapp para ello. Hace poco me decía una amiga que su marido le había pedido perdón por primera vez en veinte años. Ella sabía que por mensaje no era la mejor manera, pero también se daba cuenta de que eso había sido un gran paso para él.

Yo no fui buen ejemplo para mis hijos

No me da miedo reconocerlo, creo que ese es el primer paso para tratar de arreglarlo. Aquí va mi historia digital.

Hace cuatro años más o menos empecé un blog. Algunas amigas me pedían que contara en algún sitio cómo me organizaba con mis siete hijos. No encontraba el tiempo para hacerlo, hasta que un día me descubrieron un bulto de 5 cm en la tiroides. Me operaron y de la noche a la mañana me quedé tres semanas sentada en un sofá del salón. Como a las madres nos pasa que no sabemos estar sin hacer nada, cogí un ordenador y me puse a escribir un blog. Lo llamé *7 pares de ka-*

tiuskas, porque en aquel momento todavía no había llegado Morti a nuestras vidas.

Tiempo después me abrí una cuenta en Instagram. No tenía mucha idea de qué iba, pero me apetecía probar. Y así lo hice. El tema es que más o menos en dos meses tenía 6.000 seguidores, y ahí es donde empecé a hacerlo mal. La gente era tan generosa, me escribían comentarios tan bonitos, era todo tan divertido, que empecé a obsesionarme por estar más ahí. Era un poco válvula de escape de la vida estresante en la que estoy sumergida, como todos… Y, aunque no me he planteado nunca mi cuenta en IG como un modo de ganar dinero, aun así se me fue de las manos y le empecé a dedicar demasiado tiempo. En casa todo el día con el móvil en la mano, siempre actualizando, contestaba a todo lo que me escribían y dejaba comentarios a toda la gente que yo seguía. Publicaba por la mañana y por la tarde, para que hubiera más interacción y por lo tanto más visibilidad y más seguidores. Y cuando hacía fotos me enfadaba si los niños no me hacían caso y si la foto no salía bien porque alguien no estaba en su sitio. Empecé a dejar de hablar con mi Muju por las noches… y se empezó a notar. Él se enfadaba un poco de vez en cuando, pero a la vez disfrutaba conmigo porque sabía que a mí me encantaba.

Incluso cambié la forma de hacer las cosas. Al principio no enseñaba la cara de los niños, por decisión personal de mantenerles al margen de esto. Cuando me di cuenta de que cuando se les veía, las fotos gustaban más, empecé a cambiar la manera de verlo, y no es que lo justificara de alguna forma, es que ni siquiera me paraba a pensarlo.

Pero un día lo vi claro. No estaba contenta. Estaba demasiado nerviosa, tenía mucha presión. Presión de saber que no estaba haciendo las cosas bien y que estaba dejando a mi familia a un lado. Lo que hasta entonces había sido siempre el centro de mi vida, que era mi familia, mi marido y mis hijos, ahora era solo yo misma, mis likes, mis seguidores, mi cuenta, mi, mi, mi….

Tuve la suerte de verlo claro y tomé la decisión de cerrar la cuenta. Recuerdo cuando ese día llegué a recoger a los niños al cole y me encontré con ellos. Fue como si de repente hubiera desaparecido un muro que yo misma había creado entre ellos y yo, porque yo ya no veía a mis hijos, veía la foto que podía hacer de mis hijos. Qué triste…

Así que conté esa decisión en Instagram, y la gente tan buena y generosa como siempre, lo entendió. Dejé la cuenta en *stand by*, sin cerrarla porque me daba pena perder todo aquello.

Estuve tres meses sin entrar en Instagram. Con un síndrome de abstinencia fuerte, todo hay que decirlo, pero en ese tiempo empecé a recibir e-mails de gente que me contaba cosas, que no puedo explicar bien, porque eran experiencias personales, confidencias, problemas, amarguras…, pero, en definitiva, me decían que les hacía mucha falta reírse y ver cómo una madre de ocho niños se organiza y puede sobrevivir siendo feliz.

Lo pensé mucho y decidí volver, pero aprendiendo a gestionar ese regreso. Y así es como estoy ahora. Publico poco. Cuento las cosas cuando tengo algo que contar, no por obligación, y puedo poner fotos tres días seguidos, pero luego estar cinco días sin publicar. Ya casi no puedo contestar, es algo que dije cuando volví, porque de lo contrario, no me quedarían minutos del día para estar con mi marido y mis hijos y mirarles a los ojos. Como siempre la gente es muy generosa conmigo y siguen escribiendo sabiendo que probablemente no habrá respuesta... Aunque me da pena muchas veces, necesito controlarlo para no tener que volver a irme, porque hay días que veo que me estoy pasando al lado oscuro...

Creo que tener una cuenta en Instagram es divertido para toda la familia, ellos están muy implicados, y el uso familiar que tiene mi cuenta está también marcando un poco el uso que hacen mis hijos (con móvil) de las suyas. Contar algo, aportar algo, hacerlo para algo.

Sobre el asunto de enseñar públicamente o no a los niños, me parece que es un gran temazo y que se habla muy poco. Yo les saco, pero intento que no se les vea demasiado. Saco muchas fotos de espaldas, de lado, o donde estamos todos y no se les distinguen muy bien las caras. Las fotos que saco están bastante pensadas y, si tienen un sentido, y van acompañadas de algún mensaje meditado, después de haberles preguntado si quieren salir, las pongo. Siempre intentando que no haya ningún protagonista, sino que la protagonista de mi cuenta sea yo. Además, no especifico sus nombres, a pesar de que me los preguntan muchísimas veces, y no entro en intimidades concretas de ninguno de ellos.

No digo que esto sea lo mejor, ni que me parezca mal lo que hacen otras personas, sé que hay quien no lo entiende, pero teniendo una serie de precauciones y mostrando lo justo, hay que reconocer que Instagram tiene muchas cosas buenas, y ellos son muy conscientes del proyecto en el que están participando y esto puede aportar algo a otras personas. De todas formas estoy dispuesta a aprender, a cambiar o a evolucionar según vayamos viendo lo que creemos que es mejor para todos.

Por lo menos ahora creo que gestiono mi cuenta de Instagram, y no es ella la que me gestiona a mí. ☺ Si veo que se me va de las manos, o que no tengo nada que contar, pasaré a la retaguardia tan a gusto, pero mientras podamos aportar algo, ofrecer algunas ideas prácticas, o hacer reír a alguien, aquí estaré.

Y mientras, Instagram me parece una herramienta maravillosa y muy divertida. Me encanta seguir a gente que me aporta muchísimo y que le mete chispas a la vida. Copio mogollón de cosas que veo o que me inspiran las fotos que veo. Cuando cuento algo, siempre recibo ideas del «saber popular», que aportan mucho más de lo que cuento yo. Y gracias a Instagram he conocido gente increíble (he hecho amigos y amigas de los buenos) de la que aprendo cada día y con la que me lo paso fenomenal.

Siempre luchando por gestionar mi relación con la tecnología, sin bajar la guardia. Y sobre todo tratando de que mis hijos me recuerden mirándoles a los ojos y no al móvil.

TIPS

LO MÁS IMPORTANTE

PALABRAS CLAVE

8

Un cajón para las emociones: el capítulo de los sentimientos

Hace unos meses, hablando con Cristina, maravillosa editora de este libro, me invitó a contar en estas páginas cuáles eran mis miedos a la hora de tener hijos. Jo, nunca lo había pensado, pero desde que me hizo esa pregunta no he parado de darle vueltas… Y creo que ya estoy preparada para contestar.

MIS MIEDOS EN LA MATERNIDAD

Nunca sentí miedo al embarazo. A pesar de que ya desde el primero supe que no iba a ser capaz de disfrutar de esos nueve meses maravillosos, como yo había imaginado. En los embarazos me limitaba a tratar de sobrevivir, sin llegar nunca en la vida a entender esa frase que he oído a tantas mujeres que hablan del embarazo como del estado más pletórico y maravilloso de sus vidas.

Tampoco he tenido miedo al cambio de mi cuerpo. En este sentido siempre he sido bastante inconsciente, y aunque es real como la vida misma que con cada embarazo mi cuerpo se ha resentido enormemente, eso no ha significado nunca un problema para mí. Mi cuerpo está marcado de muchas maneras: para empezar, con una cicatriz que me recorre el vientre de un lado a otro, y gracias a la cual pudieron llegar al mundo cuatro de mis hijos. Tengo el cuerpo lleno de estrías, una gordura contra la que me es muy difícil luchar, me faltan varios dientes y mi pelo nunca volverá a ser el mismo. Pero ni por un segundo se me ocurriría pensar en rebobinar y en no tener a alguno de mis ocho hijos, por recuperar algo de lo que he perdido. Soy consciente de que para muchas personas esto sí es un factor clave a la hora de afrontar la maternidad, y lo entiendo a la perfección, porque tenemos que estar contentas y orgullosas de nuestro cuerpo, ya que debemos luchar por mantener, y no perder nunca, nuestra faceta de mujer. En mi caso fue por pura inconsciencia y por no haber sido constante a la hora de tratar de evitar alguna de estas consecuencias. No estoy orgullosa de ello, la verdad. Debo cuidarme. Y sé que todavía estoy a tiempo de hacer algo, así que tengo que empezar a tomármelo en serio.

Seguramente también por la inmadurez propia de una niña de veintitrés años, tampoco me daba miedo el hecho de tener que cuidar y hacerme responsable de una tercera persona. Cuando El Muju y yo nos casamos, sus primos nos regalaron una planta. Nos dijeron que era como una prueba, para ver si éramos capaces de mantenerla viva y así sabríamos si estábamos preparados para cuidar a un hijo. La planta duró tres meses, siendo optimista. Ella tampoco lo ponía fácil. La muy pesada requería que la regara… ☺, pobre. Nunca se me han dado bien las plantas y me tomé claramente a broma la prueba de los primos, porque eso no me quitó ni un ápice de ganas y de ilusión de tener un niño y sacarlo adelante.

La parte económica tampoco ha sido nunca un gran freno para nosotros. Los dos procedemos de familias numerosas y, gracias a nuestros padres, contamos con algo de experiencia en la gestión de este tema. Creo firmemente que hay que tomarse en serio la llegada de cada hijo, que tiene que ser algo consensuado por las dos partes, y que debe haber cierta tranquilidad económica para afrontar los gastos que esto supone. Sí, se produce una economía de escala, no es una leyenda urbana. Sobre todo cuando haces la inversión inicial y compras todos los «babyvaches», katiuskario, la economía de escala es enorme, porque todo lo que se utiliza con el primer niño queda casi nuevo y sería una pena no darle más uso. Y según van creciendo hay poca diferencia en preparar unas lentejas para tres o hacerla para cinco. Pero hay otras muchas cosas que se deben tener en cuenta, como el espacio en casa (al principio es más fácil buscar espacio para sus juegos y sus cosas, pero luego crecen y necesitan espacio para estudiar y espacio vital en casa), o espacio en el coche, etcétera. Cuando vienes de una familia numerosa, ya estás muy acostumbrado a gestionar esto y creo que eso puede favorecer el que te lo plantees de otra manera o que te dé menos miedo. Ahora, eso no quita que haya momentos en los que se haga cuesta arriba afrontar todos los gastos que una familia supone.

Cuando pienso en mis miedos, y me doy cuenta de que no tengo ninguno de los anteriores, consigo identificar algo que hay dentro de mí, y que no me da miedo, me da pánico: es EL SUFRIMIENTO. El sufrimiento que surge del amor. Me da terror sufrir por ellos.

Siempre he pensado que cuando una persona se convierte en madre, en el momento en el que nace ese niño y le ves por primera vez, en ese instante (salvo alguna rara excepción, y que en general están motivadas por razones muy fuertes) por mucho que hayas vomitado en el embarazo, o lo hayas pasado fatal, o te dé muchísimo miedo afrontar la nueva etapa, o incluso aunque tengas depresión posparto e incluso puedas llegar a generar alguna manía, en ese momento, algo de ti sale de tu cuerpo para empezar a vivir dos vidas, la tuya y la de tu hijo. Te proyectas. Te vinculas. De alguna manera te conviertes en dos. O en tres, o en cuatro, o en los hijos que tengas. Es tan fuerte y tan real esta situación, que es difícil describirla con palabras.

Siempre me hace mucha gracia leer las entrevistas que hacen a famosas que acaban de ser madres y ver cómo describen ellas su maternidad. Pienso si habrán estado mucho rato pensando esas frases preciosas y que reflejan experiencias tan insuperables, cuando sus hijos todavía no tienen ni quince días de vida... Yo nunca habría podido expresar algo así. Estaba muy ocupada tratando de que mi hijo cogiera el pecho, engordara, no me dolieran tanto las grietas, intentando coger postura de alguna manera para no morir de dolor con los puntos, o sencillamente tratando de encontrar un solo momento libre en veinticuatro horas para pasar por la ducha de vez en cuando y conseguir no ser repudiada por mi mezcla de olor a leche materna y a vómito de bebé.

Sin embargo, empieza a pasar el tiempo y uno no es muy consciente del vínculo tan inexplicable que está creando con esa nueva persona. Y de repente se hace más real que la vida misma la frase que Belén Esteban dijo una vez, y que le ha costado ser el centro de burlas en miles de ocasiones: «Yo por mi hija MA-TO». Pues eso. Comparto: yo por mis ocho hijos también.

Y ya no vives solo tu vida. Vives la suya también. Y miras con sus ojos, y sientes con su corazón, y sufres con sus cosas, y disfrutas con sus logros.

Y tienes ganas de pegar a la pobre enfermera del centro de salud que le tiene que poner la vacuna, porque ese pinchazo es como si te lo clavaran a ti en el alma. Y cada vez que tiene fiebre es como si la tuvieras tú, y eres capaz de escuchar y contar cada una de las toses de una larga noche, por muy cerradas que estén las puertas que os separan al uno del otro y por mucho que sean cien noches seguidas.

Cuando tenía veintitrés años y estaba esperando mi primer hijo, tuve una conversación con una amiga que se me quedó muy grabada. Me dijo que ella no iba a tener hijos, no podía soportar pensar en el sufrimiento que eso iba a causarle. Yo en aquel momento no lo entendí, y me pareció muy egoísta por su parte. Ahora lo entiendo.

Ahora que yo vivo ocho vidas aparte de la mía, ahora que les miro, les oigo, les abrazo, les beso, les quiero… ahora noto hasta físicamente el pánico que me da que les pueda ocurrir algo y pensar qué sería de mí sin alguno de ellos. Me da tanto miedo que a veces lloro, y tengo que frenar mis pensamientos para no volverme loca. Ese miedo puede hacernos perder la razón.

Hay días que me sorprendo pensando en la posibilidad de tener otro hijo, un noveno, una novena katiuskita, y me apetece, me encantaría, sueño con ello, con el olor de un bebé, con cogerle en brazos y morir de amor, pero muy pronto me llegan esos miedos, y creyendo que tengo capacidad para tenerlo, pienso que el almacén del sufrimiento ya está llenito, rebosa. Y eso que, por el momento, y gracias a Dios, se trata de solo sufrimiento potencial.

Esto es una confesión en toda regla, señores. Me estoy abriendo en canal.

Luego veo a los héroes que me rodean, como mi hermano y su mujer, como Vanesa, Laura, Irene, Teresa, y sus maridos… y noto la fuerza con la que viven ellos ese momento en el que la vida te pide que des el 500 por ciento, y que luches con uñas y dientes, y que aguantes, y que aceptes, y que sigas adelante, y flipo mucho, y pienso que los padres tenemos una capacidad brutal para sacar fuerza de donde no existe. Estoy segura de que si la lucha fuera personal, abandonaríamos mucho antes, pero siendo por uno de tus hijos, te dejas la piel y el alma si hace falta hasta límites desconocidos para uno mismo.

Y por eso la única solución para mí, ya que esto va de confesiones, es confiar en Dios, en que Él sabe más y en que sabe el porqué de las cosas y algún día lograremos entenderlas. Yo rezo mucho, esa es mi gasolina, y todos los días le pido a Dios por mis hijos, por cada uno de ellos, para que les vaya bien y que me dé la fuerza necesaria cuando llegue el momento de que podamos necesitarla. Y así logro combatir ese miedo que tengo y logro que se me olvide casi siempre. Y deja de convertirse en miedo para transformarse en algo que me hace recordar lo privilegiados que somos y lo poco que lo valoramos a veces.

También es normal, porque educar no es nada fácil, y siempre tenemos la incertidumbre de si lo estaremos haciendo bien. Hay días de desesperación, en los que te preguntas qué estás haciendo mal, ¿verdad? Hay días en los que crees que lo que estás sembrando no sirve para nada, no hace mella en ellos, no te escuchan, no cala.

Cada etapa es distinta a la siguiente. Yo he vivido ya la etapa de bebé, niño, preadolescente, y ahora vamos cuesta abajo y sin frenos hacia la adolescencia.

Un máster vital

Cada etapa tiene lo suyo y en cada una vuelves a nacer como madre. No eres la misma madre de un bebé que la de un adolescente. Y tienes que entender el momento por el que están pasando ellos, adaptarte y aprender a gestionarlo.

Vivimos en un continuo máster de aprendizaje. **Esto empieza con la carrera de la maternidad.** Cuando llega tu hijo a casa, empiezas el primer curso. Tardas un tiempo en adaptarte, situarte en cada asignatura, descubrir todo lo bueno y lo malo, lo aburrido, lo cansado. Suspendes y te vuelves a presentar, porque aquí no hay un número limitado de convocatorias, hay que seguir intentándolo, hasta que te haces con el asunto, y apruebas por fin. Pero cuando ya estás tranquilo e incluso estás pasando unas vacaciones, llega el segundo curso y volvemos a empezar. Aquí las clases ya no van de biberones, cólicos y distintas texturas de cacas, aquí llega la elección de cole, el piano, el baile, los primeros amigos, que aprenda a leer, los deberes... También debemos aprobar este curso para pasar a tercero. La adolescencia... este sí que es difícil. Aquí ya hay que elegir optativas. Aquí las notas empiezan a contar para el futuro. En este curso hay que darlo todo y ya no vale con no ir a clase. Cuando pensabas que ya dominabas la materia y la carrera, te das cuenta de que tercero es mucho más difícil de lo que habías imaginado y que tienes que adaptarte y casi, casi volver a empezar.

En fin, que esto es como un máster que dura toda la vida. Y en ese tiempo te conviertes en muchas madres distintas. Tú eres la misma persona, pero cada vez vas aprendiendo a adaptarte a lo que necesitan tus hijos. Y eso es MUY GRANDE.

Ahí va otra confesión. Es algo de lo que me estoy dando cuenta desde hace poco y me genera un poco de miedo. Llevo muchos años teniendo hijos, concretamente quince. Llevo muchos años proyectando tanto cariño físico, tanta ternura, tanto abrazo, tanto amor externo, que de repente soy consciente de que eso tiene un fin, y me da bastante vértigo. Hay niños más cariñosos que otros, es real, y puede que sean muy cariñosos toda la vida, pero también es cierto que según van creciendo, los niños van necesitando cada vez menos tus caricias y tus abrazos. Empiezo a vivirlo, y todavía tengo dos muy pequeñitos que me dejan estrujarles, pero ellos también crecerán… Me da miedo pensar que llegará un momento en el que no necesiten tanto mis besos, incluso que ya no me dejen, y estoy segura de que sentiré un vacío.

Me imagino que hoy estaré más blanda por alguna razón, pero escribiendo esto, me cuesta contener las lágrimas. Siento pena al darme cuenta de todos los besos que no les he dado. Por falta de tiempo, por distracción, por la porquería del móvil que tantas veces se interpone entre ellos y yo… Incluso reconozco también que muchas veces estaba un niño más pequeño que era el blanco de mis besos y eso ha provocado que les fuera dando menos a los mayores. Parece que los bebés siempre son los que te roban más dedicación externa, física, los que se llevan más besos y más achuchones.

Y ahora que reflexiono sobre esto doy gracias por darme cuenta y ser consciente de ello, porque todavía estoy a tiempo. Porque me va a dar igual tener hijos que ya casi se afeitan, voy a entregarme a saco para que sean muy conscientes de que su madre les quiere con locura y les abraza y les da besos, aunque mil veces se los tengan que secar con la manga de la sudadera. No tengo ninguna duda de que lo saben, pero me refiero a que sientan el cariño físico de su madre, y también de su padre.

A lo mejor alguien que esté leyendo esto me puede contar cómo se vive el momento en el que se van de casa y tienes la tremenda sensación de que se te escapan de las manos. Os invito a que pongáis ahora una canción en YouTube, «Slipping Through My Fingers», de la película *Mamma mia!*, que es la canción que canta Meryl Streep mientras su hija se viste de novia y ella nota cómo su vida se le escapa entre los dedos. La canción dice que trata de capturar cada minuto y de intentar recordar los sentimientos que tuvo en cada momento. Me gustaría tanto prepararme para cuando esto llegue...

Todavía queda mucho, y seguramente no será para tanto, pero me gustaría prepararme poco a poco y, sobre todo, no arrepentirme de lo que no hice.

Aprendiendo a ser madre

Sorprendentemente todavía me cuesta creer que la madre de toda esta gente que me rodea soy yo. El tiempo ha pasado muy rápido y dentro de mí me sigo viendo como la niña que era. Cuando estamos en casa de mis padres y alguno de mis hijos dice «mamá», yo espero que sea mi madre la que se dé la vuelta y conteste. No sé si es algo que os pasa, pero es muy raro y muy gracioso, porque yo ya soy madre desde hace 15 años...

Es verdad que no siempre fui la madre que soy ahora. Hubo una época en que, aunque era feliz, estaba tan agobiada y tan cansada que no lo notaba. Estar en casa con los niños no era un planazo, era solo una sucesión de momentos estresantes que trataba de hacer corriendo, uno detrás de otro, para acabar el día más o menos viva y estar preparada para el siguiente. Las tardes se me hacían infinitamente largas y me pasaba el rato esperando que llegara El Muju para relajarme un poco e intentar mantener una conversación de adultos en la que las palabras tuvieran más de dos sílabas.

Todo esto era así... pero todo esto pasó.

Recuerdo empezar a disfrutar de mis hijos. Recuerdo comenzar a pasarlo bien con ellos. Creo que se debe a una mezcla entre madurez, mejor organización, paz interior y a que los niños van creciendo. Después de unos años de gestionar solo cacas, llantos, «-itis», y demás maravillas de los bebés, empezar a descubrir la persona que hay dentro de ellos tiene su magia, y es increíble la primera vez que te ríes con algo que te cuenta, o que notas que lo estás pasando bien. ESE MOMENTO LLEGA. Es distinto al anterior, cada uno tiene lo suyo, y cada uno de los momentos molan. Aunque parezca mentira, echo mucho de menos también aquella época de bebés.

Os cuento que ahora no me pasa como al principio, todo lo contrario. Tengo un imán interior que me atrae hacia mi casa con fuerza. Todo lo que quiero en la vida es estar por las tardes aquí, con ellos. Y a pesar de que sigo viajando por trabajo, y sigo yendo de vez en cuando a algunos eventos a los que debo ir, yo solo pienso en volver. Qué cosa más rara, qué cambio más grande... Me sorprende mucho darme cuenta de que se puede evolucionar tanto. Cuando explico que yo con tres hijos estaba mucho más agobiada que con ocho, lo digo de verdad. Porque a ser madre se aprende, y a serlo de ocho también.

Esto que voy a decir puede resultar contradictorio, pero para mí es algo que he descubierto con la experiencia de los años. Parece que todos tenemos en la cabeza que cuando los niños son pequeños es cuando más nos necesitan, estamos más unidos a ellos, nos cuesta más dejarles, y que cuando van creciendo y se van haciendo más autónomos, los padres estaremos más liberados y podremos ausentarnos más de casa y tener más actividad fuera. Pues diría que es al contrario. Según van creciendo, aparece una necesidad fuerte de estar en casa, cerca, de ponerte a tiro para que te cuenten las cosas, escucharles, de mirarles a los ojos por si les pasa algo que no te están contando, de ver que crecen y se van convirtiendo en las personas que son.

Esto no quiere decir que las tardes no se me hagan duras. Hay muchos momentos que me siguen cansando y estresando, y hay otros en que necesito salir a la calle para despejarme y respirar. Pero las tardes en casa son una sucesión de momentos educativos, que no podemos desaprovechar.

Somos padres, somos pareja

Que si los hijos unen, que si los hijos separan… es el eterno debate. Evidentemente cuando un hijo entra en la vida de una pareja, hay que adaptarse a la nueva situación. Llegan las noches sin dormir, los dolores de espalda, llegan las primeras «-itis» que nos ponen ultranerviosos, llegan los cólicos, los no come bien, los no hay que cogerle tanto, los agobios, los cansancios, los miedos… Todas estas cosas, de las que nadie te habla en los cursos preparto, se afrontan con dos diferentes paciencias y dos diferentes culturas, las que cada uno ha vivido en su casa. Que todo esto no une es bastante evidente. Porque ahí se vive con una mezcla de hormonas, nervios, susceptibilidades, tan grandes, que muchas veces no sabemos gestionarlas bien. Incluso la separación es física, porque dejáis de estar arremolinados los dos en el sofá, a estar uno allí y otro con el niño, pasáis de andar por la calle juntos o cogidos de la mano, a tener que empujar siempre una sillita, e incluso ese nuevo bebé se te empieza a colar en la cama, y donde antes erais dos, ahora sois tres, cuatro o los que haya.

Todo esto es normal. Pasar malos momentos de pareja es bastante lógico al principio, y no hay que asustarse. Eso sí, me parece que hay que **hacer un esfuerzo personal por tratar de entender y ejercitar nuestra paciencia con el otro.** Entender que no siempre tiene que ser todo como uno piensa, y aceptar la opinión de la otra persona. Si afrontas la paternidad con una relación de pareja sana, es difícil que la llegada de un bebé separe realmente a la pareja.

Sobre todo que con todos esos momentos malos que llegan, también empieza una etapa distinta y maravillosa. La unión que supone el ser consciente de ese proyecto en común, el de formar una familia, es muy superior a cualquier momento malo que pueda sobrevenir. Y cuando miras a tu hijo y ves los ojos del otro, o su gesto, o sus rizos, y tomas conciencia de que nada en el mundo puede ser más de los dos, más compartido, más sobrenatural, entonces, la pareja crece, porque se ha comprometido para hacer feliz a ese nuevo niño que acaba de llegar para formar una familia.

En mi caso, mi Muju me lo pone fácil. NO LE GUSTA NADA PELEARSE. No se suele enfadar nunca, y yo, que soy más guerrera, he ido aprendiendo a no entrar en trifulca. Ya nos conocemos y los enfados no nos compensan nada. Aunque como dice él, lo mejor son las reconciliaciones. ☺

Muchas veces, muchas desde que tengo mi cuenta en Instagram, me han escrito para preguntarme cómo gestionamos el tema de la pareja. No en pocas ocasiones he escuchado a amigas o a conocidas decir que por fin iban a salir solos los dos después de muchos años. Concretamente hace unos días, una amiga me decía que llevaba nueve años sin salir sola con él, desde que tuvo su primer hijo.

No voy a decir que eso sea un error, porque yo no soy quién para meterme en la vida y las decisiones de nadie, pero mi opinión es que **no debemos abandonar la faceta de mujer, de pareja,** porque es muy posible que en un futuro no muy lejano nos podamos arrepentir. Qué difícil puede llegar a ser esto, no olvidarnos de que un día fuimos solo dos, y debemos seguir creciendo y madurando en este sentido.

Hace unos años, un gran hombre al que conocemos, padre de familia numerosa, hombre enamorado con mayúsculas de su mujer, le decía a El Muju: «No dejes nunca de hablar con Paloma, porque si no puede ser que cuando se vayan tus hijos de casa te encuentres al lado de una desconocida». Me acuerdo de cómo nos impresionaron esas palabras cuando reflexionamos sobre ellas, pero tiene toda la razón.

Hay que seguir hablando, hay que seguir creciendo como personas y como pareja. Incluso **forzar que los temas de conversación entre los dos no traten siempre sobre los niños o sobre la gestión familiar.**

Y salir, de vez en cuando, aunque sea a dar dos vueltas a la manzana, para preguntarle al otro por sus proyectos personales, laborales, por sus ilusiones, preguntarle cómo está, saber si le puede estar pasando algo que sea difícil de fichar en el día a día de los baños y los biberones, o los deberes y los exámenes.

A veces la rueda de hámster va tan rápido, que no podemos ni siquiera trabajar entre los dos los criterios educativos que queremos seguir con nuestros hijos, y como no lo hemos hablado antes, se pueden generar momentos incómodos y diferencias de opinión, que las trasladamos a los hijos, y esto no les hace ningún bien, ni a ellos ni a nosotros.

Recuerdo una vez que estábamos tan sumidos en el caos, teníamos tanta sensación de no controlar lo que pasaba en casa, que nos inventamos la celebración de una «Asamblea General Familiar», en plan de risa, para tratar algunos temas de los niños. Nos fuimos a cenar El Muju y yo solos con un orden del día. Y salió muy bien. Nos propusimos hacerlo todos los años y... ¡ja! Nunca volvió a repetirse, por falta de tiempo y líos varios, y ahora los tratamos después de cenar, en el desayuno, con una llamada a media mañana... Pero nos sirvió de punto de partida para estar más pendientes de ciertos temas de cada uno de los niños.

Afrontar la educación de los niños ya de por sí es un reto grande, pero si además no estamos de acuerdo los dos en unos mínimos, puede complicarse más todavía y la diferencia de criterios no es lo mejor para los niños, ya que ellos necesitan normas claras y deben notar el convencimiento de ambos en la exigencia.

AYUDA EXTERNA EN CASA

En este sentido, también se ha producido otra evolución en mi vida, que como muchas veces me preguntan acerca de ello, os lo cuento. ¿Tienes ayuda en casa?

Mis padres y mis suegros viven en Asturias, nunca hemos tenido la opción de que nos ayudaran en la gestión familiar diaria. En el fondo me alegro, porque con el lío que hay en esta casa, y con lo buenos que son, se habrían cargado con una responsabilidad y una carga de trabajo que ya no les corresponde.

Tanto El Muju como yo trabajamos fuera de casa y hemos necesitado ayuda, especialmente cuando los niños eran más pequeños.

Al principio venía una persona muy pocas horas, un día a la semana, y así fuimos tirando, haciendo malabares para sobrevivir en el día a día. Con frecuencia abusaba de la generosidad de mis hermanas, que en aquel momento también tenían niños pequeños y ya tenían bastante con lo suyo, pero nunca me decían que no a la hora de recoger a mis hijos en el cole o a quedarse con alguno enfermo.

Recuerdo especialmente una situación. Había faltado dos días al trabajo porque tenía un niño con bastante fiebre desde hacía días, y estaba agobiada porque ya no podía faltar más. Dejé a los mayores en la guarde y me puse a dar vueltas en el coche pensando a quién le podía dejar al pobre niño. Tenía tanta fiebre que no me atrevía a dejárselo a mis hermanas, para que no contagiara a sus bebés, pero no sabía a quién acudir. Cuando me di cuenta era la una de la tarde y yo seguía en el coche, con el niño dormido detrás, con un fiebrón, y yo literalmente vagaba con el coche llorando y sin saber qué hacer.

Ese día me di cuenta de que no podía ser, de que la logística de mi familia debía funcionar por sí misma, sin depender de nadie, y de que los niños no podían tener la culpa de mi falta de organización. Así que contraté a una persona que vino a ayudarme y se quedó a vivir con nosotros.

Así pasamos unos años, con algunas personas que fueron como ángeles de la guarda para nosotros, ya que nos ayudaron muchísimo. Hace unos 10 meses más o menos un día nos dimos cuenta de que así ya no podíamos seguir.

Con lo que voy a contar no quiero decir que sea siempre así, ni mucho menos, ni me decanto por ninguna opción en concreto. Cuento lo que me pasaba a mí, y por qué decidimos cambiar las cosas. Cada uno tiene que elegir lo que cree que es mejor para su familia según las circunstancias de cada momento, y esto supone decidir cosas que nunca te planteaste, o deshacer cosas que habías hecho. Se trata de una confesión personal, de las que no son bonitas de reconocer, pero me parece importante ser sincera y decirlo.

Hubo varias razones; la primera, económica: nos costaba mucho conseguir llegar a final de mes, y esto era uno de los pesos pesados del presupuesto mensual. La segunda, porque todos los niños están ya en el cole, ya no hay bebés en casa, y hay muchas horas en las que no hay nada que hacer. Cuando se ponen enfermos hay que buscarse la vida, pero no es lo habitual. La tercera y la cuarta son las más importantes y las definitivas.

La tercera razón es que en esta casa estábamos todos demasiado cómodos. Si hay alguien que recoge lo que dejas por ahí, no te ocupas, y nunca asumes responsabilidades. El proyecto familiar tiene que asumirse entre todos, y cada uno debe tener su parcela, adaptada a su edad. No es una buena enseñanza para nadie que todo esté hecho.

Y la cuarta, y la más importante, tiene que ver conmigo. Digamos que yo «me había ido de casa», había delegado completamente la gestión de mi familia y mi hogar a otra persona, y que eso estaba empezando a traspasar una delgada línea roja. Llegó un momento en el que me di cuenta de que, aunque yo estuviera en casa, dejaba que se encargara ella de las cenas (razón convenientemente enmascarada por el hecho de que comen mejor cuando yo no estoy), o los baños, porque al final siempre me surgía algo que hacer. Y cuando tomaba conciencia de esa situación, me veía a mí misma sentada en mi habitación, móvil en mano, contestando whatsapps o metida en Instagram. Y eso no, señores. Porque, entre otras cosas, bastante tenía ya ella con la situación, como para tener que estar también educando a los niños por las tardes. Y yo empecé a notar que a mis hijos les faltaban nociones básicas de educación y a mí me faltaba implicación.

Diez meses después os puedo decir una cosa clara: estoy muchísimo más cansada, pero soy FELIZ. Es difícil de explicar, pero ahora soy yo la que está ahí cada minuto, la que les sienta a hacer los deberes, la que se acuerda de que uno tiene que llevar la cartulina roja, la que les exige, les dice que cojan bien el tenedor, la que les abraza, la que se da cuenta de que la mochila de deporte no ha regresado y deben luchar por recuperarla, la que ve sus heridas cuando están en la bañera, que me dan pie a preguntar qué ha pasado. La que les mira a los ojos. Soy su madre.

Tanto El Muju como yo estamos muy contentos con la decisión. Ahora tenemos un poco de ayuda de nuestra Regina, pero una casa de 10 tiene mucho trabajo, así que ahora nosotros curramos sin descanso (como tanta gente), para poder mantener todo lo que hay que hacer en casa, pero es que para eso montamos esta familia, para sacarla adelante nosotros, dejarnos la piel, y recoger también nosotros el fruto de sus mejoras, de sus logros, de sus triunfos, de su madurez.

Y misteriosa y maravillosamente, ahora el móvil por las tardes se me cae de las manos. Cada vez lo quiero menos en mi vida, porque mi vida ya está conmigo.

Aprendiendo con ellos

No soy experta en educación, ni mucho menos, y no pretendo serlo. Pero me estoy haciendo experta en la educación de mis hijos. Aprendo y aprenden, aprendemos juntos.

Hay muchas personas que escriben sobre educación, pero pienso que nadie es más experto y mejor educador de sus hijos que uno mismo. Tú conoces a tus hijos, desde el primer día. Has vivido sus pesadillas nocturnas, sus amistades desde pequeñitos, el papel que cada uno juega en la familia, has sido testigo de su evolución, conoces sus circunstancias y su contexto. Conoces su carácter, su forma de ser. Mirándole a los ojos sabes lo que le pasa. Así que nadie mejor que tú para ayudarle en su camino.

Sin embargo siempre viene bien alguna ayuda de personas que saben mucho y han estudiado distintas situaciones y pueden contárnoslas.

En asuntos de educación y gestión de emociones, cuento con tres referentes, que son mis gurús:

1. **Fernando Alberca,** cualquiera de sus libros me parece útil y necesario. Conozco a Fernando personalmente, y sobre él puedo decir que siempre abre en tu mente una ventana que tú tenías tapiada, desde donde te ofrece mejores vistas. Te hace pensar de otra manera, te ayuda a entender a tus hijos y a apostar por ellos, sean como sean.

2. **Marian Rojas**, que es muy crack de la gestión de las emociones, y en su libro habla de cómo hacer que te pasen cosas buenas.

3. **Fernando Sarráis** a mí me ha ayudado mucho. Habla sobre cómo educar a los niños en el sufrimiento, ya que para que no sufran, a veces podemos sobreprotegerles y privarles de las herramientas suficientes que van a necesitar para afrontar la vida.

Por si a alguien le pudiera interesar, aporto aquí también, mi experiencia como madre educadora de familia supernumerosa. Las claves que he ido aprendiendo a lo largo de los años, de manera autodidacta, y que son básicas en la forma de educar a mis hijos, son:

• EDUCAR SIN GRITOS. Algo que aprendí bastante pronto. GRITANDO NO CONSIGUES MÁS.

Cuando tuve el tercer niño, estaba muy desesperada. Estaba mal organizada y me faltaba paz interior, así que gritaba, día y noche. Pagaba con los niños mucho del estrés que yo traía conmigo. Incluso a veces se me iba la mano más de lo que debía. Y me quedaba tan mal… Lo único que conseguía era estar desesperada conmigo misma y con la madre en la que me estaba convirtiendo.

Aquí se dio también un factor de esos que te hacen un clic. Una vez en casa de mis padres di un espectáculo de madre psicópata en público, delante de toda mi familia. Aunque ellas no lo saben, me sirvió ver la cara de mis hermanas, que estaban embarazadas de su primer hijo, y que me miraban con una mezcla de pena y horror. A veces viene bien verse reflejado en lo que los demás observan en ti, para darte cuenta de que no es lo que quieres ser.

Así que dejé de gritar. Y me di cuenta de que tenemos la capacidad de generar recursos que funcionan más y mejor que los gritos. ¿Cuál es mi truco? **educar con juegos, educar con retos, educar con alegría y creatividad.**

Tardé tiempo en darme cuenta, pero ahora me parece el descubrimiento más maravilloso del mundo. He cambiado el chip, y desde entonces todo lo que digo lo propongo como juego, o como reto. Por ejemplo:

- Si hay que recoger un juego de muchas piezas y están todas por el suelo, puedo decir cien veces que las recojan y acabar enfadada y gritando, y aun así que no me hagan caso. Ahora lo que hago es cambiar la voz, poner voz animosa de juego, y decir: «Cada uno tiene que recoger quince piezas y a ver a quién le caben en las manos dieciséis». De verdad, es una pasada la reacción.

- Cuando estoy vistiendo a El Bollu por las mañanas, que es trasnochador natural, y se despierta con necesidad de café en vena, si llora y no me deja ponerle los calcetines, por ejemplo, hay dos posibilidades: gritar, inmovilizarle y ponerle los calcetines a la fuerza, con su consiguiente rabieta y tu estado de nervios, o decir: «A ver si consigues meter el pie en el calcetín hasta el fondo, solo de una vez». Funciona.

- Si estás en casa intentando decirles algo y no te hace caso ni Frosties de Kellogs, puedes ponerte a gritar para que te escuchen, o empezar a mover los labios diciéndoles las mismas palabras pero sin voz. Esto lo hacía una profesora mía en el cole cuando era pequeña. Cuando estábamos muy revolucionadas y no atendíamos, empezaba a dar la clase moviendo los labios, y en dos segundos nos tenía a todas atendiendo y mirando con intriga para intentar descifrar lo que decía.

• Cuando les digo algo que deben hacer, y veo que no me hacen ni caso, a poco que vea movimiento en alguno de ellos, digo muy alto: «Menos mal que El Bollu me hace caso, menos mal, ya lo sabía yo». Es muy fácil que el resto, ante el efecto pique, lo hagan también.

Yo ya no digo «vamos a la ducha», a secas, suelo decir: «Al que se meta en la ducha ya le cuento el secreto de lo que vamos a tomar de postre», o «Le hago unas pompas gigantes con el jabón». Como estos, mil ejemplos. Es cuestión de ir cambiando el chip hasta que sale de forma natural.

• EDUCAR CON BUEN HUMOR. A veces, con la prisa que llevamos en la vida, metidos de lleno en la *«rueda de hámster», katiuskario*, puede pasar que no tengamos mucho tiempo para hablar con nuestros hijos. Nos limitamos a decirles lo que deben hacer, las normas básicas educativas, pero no vamos más allá. De hecho, debemos tener cuidado de no estar educando solo cuando estamos enfadados. Cuando hacen algo que no nos gusta, algo que no deben hacer, entonces les decimos lo que tienen que hacer, cómo y las consecuencias de sus acciones. Pero en ese momento los niños no están escuchando de la misma manera, ni aprenden de la misma manera, que si lo decimos en el momento adecuado, en el entorno adecuado.

Cuando mis hermanos y yo éramos pequeños, mis padres se empeñaban en hacer tertulia por la noche después de cenar. Cuando uno terminaba y salía corriendo a jugar, los demás le decían: «¡No, que hay tertulia!», como si fuera el planazo del día. Sencillamente nos sentábamos todos juntos en los sofás, mirándonos, para hablar de nuestras cosas, con una sola conversación. Ya se buscaban la vida mis padres para sacar temas de conversación interesantes, o para preguntar a cada uno, o para hacernos reír si la cosa decaía.

Hay que aprovechar además cuando son pequeños, porque es cuando mejor escuchan. Según van creciendo y la adolescencia llama a la puerta de tu casa, se va complicando la cosa. El truco que utilizo yo, cuando veo que las cosas no calan, es sacar estratégicamente temas en la mesa, cuando tenemos cerca a los mayores, «*tirando un poco de farsa*», *katiuskario*, para exagerar las moralejas que queremos que escuchen.

- EDUCACIÓN PERSONALIZADA. Las mezclas genéticas en los hijos dan lugar a miles de posibilidades distintas. A veces me paro a pensar lo increíble que es que, de los mismos padres, salgan variedades tan diferentes. Cuando vamos a tener un bebé, siempre pienso cómo será la nueva versión de la mezcla entre El Muju y yo. Y aquí tenemos nuestras ocho versiones. Ocho hijos únicos. Son mis 8 *top one*. Cada uno con su original y única forma de ser.

Y cada forma de ser requiere una forma de tratarle, una forma de educarle.

Por eso **educar supone adaptar**. Adaptarse a la manera que cada uno necesita. No siempre hay que exigir lo mismo a todos, hay que exigir a cada uno en la medida en que puede dar, y de la manera en la que pueda funcionar. Y para esto hace falta mucha mano izquierda... mucho saber hacer por parte de los padres para que no lleguen las comparaciones.

Cada miembro de la familia hace un esfuerzo por encontrar su hueco. Personalmente, no noto mucho los prototipos de los que se habla. Cuando la gente ve lo espabilada que es Morti, la octava, dicen: «Claro, porque es una superviviente». Pero El Bollu, el séptimo, es otro superviviente, y sin embargo no tienen nada que ver. O el tema del segundo, o de los de en medio… Nunca he encontrado una relación directa con todo lo que se dice.

Lo que sí veo es que **cada uno se autoasigna un papel**, y muchas veces no hay quien lo saque de ahí, porque a menudo somos los propios padres los que enfatizamos en ello. **Me parece una buena labor de los padres sacarles de ahí, especialmente si es un rol negativo.** Si uno de tus hijos es el que chincha, el peleón, el desobediente, procuremos que no se crean que lo son. A veces incluso cuando hablamos de ellos a otras personas los encasillamos dentro de ese papel, o incluso en la tutoría en el cole, adelantamos nosotros una información que ya está etiquetando al niño, y eso no es bueno.

Yo intento decirles a ellos lo que hacen bien delante de los otros. Porque les refuerza muchísimo. Y además, lleva a que los otros se piquen y quieran hacerlo bien también. Salimos ganando todos ☺. Se lo digo mucho a ellos también: «es que tú eres buenísimo, Bollu, siempre igual, ayudando a los demás». Ellos están encantados con el piropo, y se lo creen y eso tira de ellos para arriba. Incluso cuando les pido que hagan algo, si veo que les cuesta a veces suelto un conveniente… «ya sabía yo que podía contar con vosotros», o «sabía que lo ibas a hacer», y esto funciona, lo hacen y sin quejarse.

• LAS TRES PALABRAS CLAVE: POR FAVOR, PERDÓN Y GRACIAS. Puede parecer demasiado básico, pero no lo es. De verdad creo que si en una familia se entiende bien el significado profundo de estas tres palabras, ya tenemos mucho camino andado. Hasta el papa Francisco les dedica varias homilías y dice que son palabras que promueven el respeto y la unidad en una familia. Es el lenguaje del amor.

—A veces los padres nos empeñamos en repetirles estas palabras, pero lo hacemos para que parezcan niños educados, no profundizamos en lo que quieren decir. **Por favor**, que está unido a pedir permiso, nos recuerda a todos que debemos ser delicados, y que tenemos que esforzarnos dentro de la familia para cuidar a los demás y para respetar lo que quieren los demás. No dar por hecho lo que tenemos y pedir las cosas con respeto.

Gracias. La dignidad de las personas y la justicia social pasa por una educación en la gratitud. Esto es algo que me cuesta especialmente, no tanto cuando no dan las gracias por algo, sino cuando noto que a veces no valoran las cosas que tienen, ni el esfuerzo que pueden llegar a costar. Gracias no es solo una palabra, es una actitud.

Perdón. Es la mejor manera de cuidar a las personas que queremos. Si les hemos hecho daño de alguna manera, enseñar a pedir perdón, todas las veces que haga falta, es la forma de impedir que la convivencia se agriete, es el modo de educar desde que son pequeños en que no quede rencor, que tanto sufrimiento les podrá traer en el futuro. Aceptar el error y tratar de corregirlo es dar el primer paso para una vida feliz.

En esto es fundamental que los padres seamos un ejemplo. Pidámonos perdón entre los padres, que lo vean los niños. Y pidámosles perdón a ellos, si nos hemos equivocado. A mí me encanta ver la cara de alucine que se les queda cuando les pido perdón y les doy un abrazo. Eso es más educativo que seis meses hablando con ellos a todas horas del perdón.

- LA REVOLUCIÓN DE LA SONRISA. Se trata de un movimiento que me gustaría muchísimo que se pusiera de moda. Vivir sonriendo facilita la vida a los demás, y nos facilita la vida a nosotros mismos. **La sonrisa abre puertas,** no tengo ninguna duda, y hace más felices a los demás. Conquista lo que se le pone por delante.

Pero la sonrisa no se lleva, no está de moda. Últimamente me he dado cuenta de que la gente desconfía de mí porque sonrío. Me preguntan de qué me río, y eso no me gusta, porque no me creen cuando digo que no es risa sino sonrisa. O cuando sonrío a la gente por la calle, me miran con atención, a ver de qué me conocen. No se imaginan que alguien haga eso porque sí…

Este es un tema de lucha constante con mis hijos, me cuesta que sonrían. Y si solo pudiera dejarles un legado, sería este: EL PODER DE LA SONRISA. Por eso me encantaría.

- LA AUTOESTIMA. Qué importante es conseguir que nuestros hijos tengan una AUTOESTIMA SANA. Ni muy alta, porque entonces pronto llegará la frustración cuando no sean capaces de alcanzar sus objetivos, ni baja, porque entonces no lucharán por desarrollar su talento, su creatividad, ni serán capaces de enfrentarse a los retos que les va a proponer la vida.

Siempre ha sido necesario esto, pero en los tiempos que les ha tocado vivir, diría que más que nunca. Vamos a tener que educar niños valientes, que sepan decir NO a determinadas cosas nocivas para ellos, que salgan de grupos de whatsapp cuando sea necesario, que se vayan de determinados sitios porque no les convengan, que rompan la cadena del acoso, si es que están siendo testigos, etcétera. A través de las redes sociales y la tecnología, van a estar expuestos continuamente a vidas idílicas, cuerpos perfectos y planes inalcanzables para ellos, así que más vale que estén seguros de sí mismos y que se sientan contentos con lo que tienen y con lo que son.

Me parece que la formación de la autoestima sana se trabaja dentro del hogar, dentro de la familia, y ahí los padres deben estar al quite. Digamos a nuestros hijos lo que hacen bien, dejémosles valorar el tesoro que son, y el talento que tienen. Todos lo tienen. Hagamos que se lo crean.

Espero que el fan número 1 de cada uno de mis hijos sean ellos mismos, porque eso les dará alas, no se pondrán límites y así lucharán por llegar lejos. Yo seré el fan número 2. ☺

• HACIA LOS DEMÁS. Cuando pienso en cuál es mi meta en la vida me digo: que mis hijos sean felices, pero que lo sean haciendo felices a los demás.

Hace unos años, cuando mis hijos eran muy pequeños, conocí a una chica cincuentañera (☺) que me contó que sus tres hijos estaban estudiando odontología y que todos los veranos se iban a algún país donde les necesitaran a sacar muelas. Hay personas en el mundo que viven para sí mismas y otras que se dan a los demás. Sueño con que mis ocho hijos estén en el segundo grupo. Y no digo que haga falta viajar lejos para hacer cosas, quiero decir que hagan feliz a la gente que tengan alrededor.

Hasta hace tres años, vivíamos en un pueblo a las afueras de Madrid. Estuvimos allí siete años. En la casa de al lado vivía una amiga mía, María, de la que he aprendido mucho en la vida. Siempre, y repito, siempre que hablábamos por teléfono o nos mensajeábamos, siempre, me preguntaba si yo estaba bien y si necesitaba algo o me podía ayudar en algo. Pasara lo que pasara, fuera un día complicado, o un día fácil y normal. Y no es que ella estuviera tumbada en el sofá de su casa: ella tiene seis hijos y es directiva en la empresa donde trabaja. Pero se dedica a pensar en los demás, y eso me parece un gran objetivo en la vida.

Reconozco que tengo mucho que mejorar en este sentido. Me gustaría dar más y mejor ejemplo a mis hijos, porque a veces, con el ritmo que llevo, salgo poco de lo mío para dedicarme a los demás. Y en esto, o se predica con el ejemplo, o no hay nada que hacer.

- DIOS ES CASA: cuánto me gustaría que mis hijos sintieran esto. Intentamos enseñarles lo que creemos que es mejor para ellos, lo que creemos que les va a hacer felices a lo largo de su vida, el camino que creemos correcto. Pero sé que, en el ejercicio de su libertad, ellos escogerán su manera de vivir la vida, y es posible que no coincida con la nuestra. Rezo por ellos, cada día. Pero si algo me gustaría que tuvieran claro es que DIOS ES CASA. Casa, como cuando juegas al escondite, al pilla pilla, y hay algún sitio, una columna, un sofá, un hueco, donde no te pueden coger, donde estás a salvo, donde no hay peligro. La felicidad que sientes allí, porque estás a salvo, es lo más grande. Eso es Dios, el sitio al que podrán volver siempre, para estar tranquilos, para sentirse en casa. Donde siempre se les va a perdonar cualquier cosa, cualquiera, que hayan hecho. Ojalá lo vean así siempre. Para mí sería un éxito en mi labor como madre.

Con todo esto, debo decir que cada día la educación de mis hijos en un reto. Y cada día me pregunto, no pocas veces, qué no funciona o qué estamos haciendo mal.

Llevo muy mal **las peleas de los niños**, porque parece que es el deporte nacional, y especialmente cuando me nombran juez o árbitro del asunto. Esto me mata. Y no les hago caso, pero insisten en venir siete veces y en hacerme intermediaria: dile que me deje el lápiz, dile que me toca a mí ir al lado de la ventana, dile que se calle... Hay algunos que son chinchones por naturaleza y, madre mía, qué paciencia hay que tener... Por no hablar de los enfadados con el mundo... Esto daría para capítulo aparte. ☺

Alguna vez les he propuesto un juego: en la cena, cada uno de ellos tiene que decirme algo que ha hecho bien alguno de sus hermanos. El que lo haga tendrá recompensa (alguna chorradica rica). Así durante unos días intentan mirar lo bueno y no lo malo de lo que hacen los demás.

También les he acostumbrado a preguntarse si están bien, sobre todo cuando les pasa algo. Cuando se caen o se hacen daño, los demás les preguntan si están bien. Es un solo un pequeño gesto, pero les ayuda a estar pendientes de los otros.

Lo mismo con las comparaciones, es una lucha diaria intentar que no se comparen con los demás para todo. Hay días que estos temas me desesperan profundamente, pero sé que es cuestión de tiempo que aprendan a valorar el tesoro que tienen en sus hermanos.

Llevo mal **la invisibilidad**. Cuando digo las cosas y yo misma noto cómo mis palabras entran por el oído izquierdo y salen rápidamente por el derecho. He calculado que estoy ejerciendo de madre de 72 niños a la vez, porque si digo: «¡A cenar!», unas nueve veces por cada niño, multiplicado por ocho hijos, es como si se lo dijera una vez a 72 niños. Hacer este cálculo me hace venirme arriba y saber que en cualquier momento me podría poner a dirigir un albergue juvenil sin mayor agobio.

Sintiéndolo mucho, hay que ponerse duros con esto. Y el que no va a cenar, no cena. El que no se va a la ducha, no ve la peli, el que no recoge sus cosas de la piscina, mañana no baja.

Una de las personas que trabajó conmigo en esta casa, Clemi, que fue como mi hermana durante cinco años (nos pasamos meses llorando cuando volvió a su país), era dura como una piedra. Si un niño se levantaba durante la cena, les quitaba el plato. Y mira que les quería… Acababa yo suplicándole por lo bajini que se lo devolviera, jejeje. En aquella época aprendimos mucho todos.

Esto también es bastante temporal, propio de los niños. Así que mucha paciencia. Me hizo muchísima gracia Jorge, el hijo de mi amiga Rosa, que un día llevó a casa una ficha en la que él mismo se tenía que poner un objetivo sobre el orden y el cuidado de las cosas, y escribió: «Obedecer a la segunda». Eso es ser consciente de hasta dónde puedes llegar, y lo demás son tonterías. ☺

Llevo mal **el desorden**, porque significa no darle valor a las cosas. No el desorden por jugar y dejar los juguetes en medio, que es muy natural, aunque haya que intentar que no ocurra. Me refiero al desorden por dejadez. Me quito la falda y según cae, así se queda hasta que alguien venga a recogerla. O ver los armarios abiertos, sacar una cuchara y dejar el cajón tal cual… ese tipo de cosas.

Es cuestión de tener las cosas justas y necesarias, establecer un sitio para cada cosa, intentando delimitarlos e identificarlos bien, y por último, implicarles a ellos en lo que hay que hacer, que se convierta en cosa de todos.

TIEMPO PARA MÍ

¿Y cuándo tienes tiempo para ti?, me pregunta muchas veces la gente. Es una buena pregunta… tiempo para mí… pues la verdad, tengo que reconocer que ahora mismo no tengo mucho de eso.

Mi vida discurre entre el trabajo, donde intento dar algún pie con alguna bola, cosa que no es tan fácil cuando duermes una media de cinco horas y con 672 interrupciones por noche, recoger a los niños en el cole y a partir de ahí, ir tachando los mínimos de la lista de cosas que hacer, los fisiológicamente imprescindibles: merendar, bañar, cenar, dormir. Con eso tengo más que suficiente en un día.

Podría decir, sin temor a equivocarme, que el tiempo que tengo para mí, son los momentos en los que voy al baño, y consigo cerrar la puerta detrás de mí, sin que se me cuelen tres niños a echar el ratito conmigo. Cuando no consigo cerrar y tengo público, aquello se convierte en una oficina de quejas y reclamaciones y, ya no es solo momento para mí, sino que tengo que estar escuchando, haciendo un juicio exprés y reprendiendo a unos y a otros por la «gravedad» de los hechos ocurridos y que se convierten, así sobre la marcha, en asuntos de vida o muerte.

Prometo que, cuando empiece a haber más tiempo real, que lo habrá, haré tres cosas que son una asignatura pendiente para mí en estos momentos.

1. **Ir al gimnasio.** Estoy apuntada desde hace unos meses, fui un día y no volví, pero me encantaría ser de esas personas que van (en presente del infinitivo, no en pretérito perfecto compuesto, como es mi caso).

Ese día que fui me di cuenta de que el pantalón ancho, azul marino, de tactel, que me había comprado en Continente veinte años atrás, sorprendentemente ya no se estila. Estoy segura de que, si espero un poco, dentro de nada se volverá a llevar. Pero en el mundo gim si no llevas colores fluor NO ERES NADIE, NO EXISTES.

Mi viaje a Decathlon para comprarme los outfits fue para haberlo grabado, pero ni comprándome esos minicalcetines que no se ven por fuera de las zapas y que han sustituido a los calentadores hasta la rodilla llenos de bolas que tenía yo como reliquia, he conseguido ser constante en el mundo de los runners y gimnasters.

Pero no, en serio, necesito llevar una vida sana, hacer deporte, y adelgazar.

Fui fuertemente consciente de ello hace poco, cuando me encontraba yo en la cola del supermercado. Llega mi turno, y me mira la dependienta de la caja. Enciende el micrófono y dice: «Jose acuda a caja para ayudar a una señora en estado». Miré a un lado y al otro, palante y patrás, y se confirmaron mis peores sospechas: no había señoras en estado. Se refería a mí. Yo estaba en estado de metermepadentrodelatierrayquedarmeavivirallipasiempre sí, en ese estado me quedé yo. Pensé decir que era un error y que yo no estaba embarazada, pero habría sido peor. Mira, chico, dejé que me sacaran la compra, a modo de indemnización a mi dignidad.

REPITAN CONMIGO: NUNCA PREGUNTARÉ A UNA CHI-

CA SI ESTÁ EMBARAZADA, HASTA QUE EL NIÑO ESTÉ HA-
CIENDO LA PRIMERA COMUNIÓN. ☺

2. **Ir a clases de baile**: yo recuerdo aquellas épocas en las que me lanzaba a la pista de baile y daba más o menos el pego. En aquel momento era capaz de hacer contoneo pélvico, subida en unos tacones de 13 cm, al ritmo de la nocheeeee. Hace poco fui a una fiesta con tacones, me caí y me rompí un dedo, que no he logrado recuperar, ahora en vez de anular se llama morcilla. Y en las últimas contadísimas ocasiones en las que mi cuerpo ha podido bambolearse al son de la música, me he dado cuenta de que no... ya no hay swim, ya no hay flow, no hay boogie boogie, no hay chicha, no hay limoná, ni hay maña, ni hay fuerza. Desde la pista de baile veo a mi gusanillo sentado en la barra del bar, invitando a una ronda. Y yo estoy ahí, meneando los brazos bingueros con el paso de baile de los *«palos de esquí desenfrenados» katiuskario*. He comprobado que poco a poco los hombros se me desbocan, no hay quien los controle, y en cuanto empiezo a cerrar los puños y cojo postura palos de esquí, estoy perdida.

3. **Volver a cantar con mis amigos**, los del musical. Tuve la suerte de participar en tres musicales amateur, con un gran grupo de gente. Y no digo gran por muchos, sino por grandes. Echo muchísimo de menos las sensaciones de cantar con ellos y de representar historias maravillosas.

Pero de momento, hay que aprovechar cada minuto y encuentro momentos para mí en el día a día, en ponerme una canción que me hace bailar mientras les baño, o el karaoke de una canción cuando hago la cena y con la que mentalmente me convierto en la mismísima Amaia OT, subida en el escenario del Bernabéu (mis vecinos declararían como testigos en una denuncia por exceso de ruido permitido). Encuentro momentos para mí en los ratos que paso con el Muju, y que para mí son imprescindibles, y momentos para mí en las comidas con hermanos o cenas con amigos (con Alfonso y Gabi, con Jorge y Susana, con las Covitas, Alicia y Nacho, con los del musical, con tantos otros, que son gasolina de la buena...), que lucho por mantener incluso cuando parece que la agenda va a reventar. Ya llegarán otras épocas, y ya llegarán momentos en los que me aburra de tener ratos para mí...

LAS MADRES...

Una vez se me ocurrió preguntar en Instagram cuáles eran los diferentes papeles de una madre, que no habías imaginado antes de serlo.

Radar de objetos perdidos, chófer, perchero, perrito de compañía, Wikipedia, enciclopedia, casa del pilla-pilla, buscadora de objetos extraviados, servilleta, caballo, pista de aterrizaje, juez sobornado, agenda, masajista, curandera, adivina, traductor, enfermera, clínex, lechera, transporte, bolso de Mary Poppins, silla, camarera, calculadora, maga, notario, ventrílocua, payaso, cuentacuentos, rascadora, cubo de basura, arquitecta con cojines, profesora, taxista, McGuiver, botones, detective privado, cama elástica, El Banco de España, mediadora, cocinera, peluquera, secretaria, recadera, estilista, psicóloga, colchón, remedio casero contra insomnio, Google, árbitro profesional, patrulladora de la ciudad, oráculo de

Delfos, cantante, compositora, visionaria, aspiradora, sherpa, bipolar, boya, paño de lágrimas, oficina de objetos perdidos, vidente, vaca lechera, imitadora de sonidos guturales, consejera, ogro, compañera de conciertos, chica del Telecupón, especialista en heces, organizadora de eventos, aguadora, mula de carga, tienda, armario, lavadora, gramola, DJ, tienda de chinos, encontradora, confidente, mayordoma, *esteticien*, cajero automático, ama de llaves, políglota, pluriempleada, ojeadora profesional, sereno, escolta, abogada, termómetro, despertador, lista de la compra, intérprete, mujer orquesta, prestidigitadora, inventora de cuentos, cómplice, pila Duracell, hada madrina, moderadora, mono de feria, loro de repetición, fuente, rayos x, mujer del tiempo, directora de orquesta, inventora, aspiradora, *coach*, reponedora, levantadora de pesas, *runner*, gritadora, mediadora de la ONU, profe de flauta, contorsionista, ladrona, gomina, motor de empuje, rebañadora, fotógrafa, médico, *personal shopper*, organizadora de intendencia, GPS, Rottenmeyer, árbitro, trituradora, torera, secadora, practicante, actriz, cámara, pinchadiscos, Santo Job, sargento, torera, depiladora y ¡justiciera! (El Zorro.. por no ponerlo en femenino. 😄)

Madres, las que estáis empezando, las que estáis teniendo el segundo, el tercero, el octavo… Todas estas sois las mismas que lo estáis pasando mal porque la educación es muy dura, porque gritáis más de lo que querríais, porque a veces es difícil afrontar los problemas de los niños, porque la exigencia es muy alta, las que pensáis que no sobreviviréis una noche más sin dormir… Sois las mismas que estáis haciendo los mil papeles que hace una madre, todos a la vez, las que sois capaces de ver en un mismo día veinte veces el mismo capítulo de *La patrulla canina*, las mismas a las que el corazón os ha crecido tanto que no os cabe en el pecho, que estáis metidas en la mejor «empresa del mundo».

¿Alguna no está convencida todavía de que lo está haciendo de lujo? ¿Alguna no se ha dado cuenta de que es una heroína?

¿¿SOMOS O NO SOMOS UNAS CRACKS??
¡¡A SUS PIES, SEÑORAS!!

TIPS

Lo más importante

Palabras Clave

DESPEDIDA

Gracias

¿Terminaste tu café? Yo me he tomado 50 o 60 mientras escribía estas páginas. Ha sido una gran experiencia para mí, en la que me he conocido mejor a mí misma y he sacado muchas de las cosas que llevaba dentro.

Gracias por haberme acompañado en este viaje en el tiempo, gracias por haber confiado en mí y haberme dedicado un rato de tu vida. Espero de corazón que cierres estas páginas con la sensación de que ha sido tiempo aprovechado y que de alguna manera podamos ayudarnos mutuamente a partir de ahora.

Tus hijos no quieren a esa madre perfecta de los whatsapps, que todo lo hace bien, ni a la maravillosa madre de Instagram que siempre está sonriendo y todo es perfecto. Tus hijos te quieren a ti. Tú eres su MADRE, y aunque no te han elegido, estoy cien por cien segura de que, si les dieran a elegir, no tendrían ni un ápice de duda. Te quieren como eres, con tu falta de paciencia, tus gritos, tus macarrones apelmazados, tus gorduras, tu brazo binguero, tus nanas desafinadas, tu falta de originalidad para los cuentos, tu memoria de pez, que hace que no lleven el disfraz en carnaval, tu tarta de cumpleaños, aunque sea un intento fracasado de parecerse a Spiderman, tu impuntualidad incorregible, el flequillo tipo Beatle que les dejas por tu poca destreza a la tijera, tu saliva para limpiadora de kétchup de la cara, los tirones de pelo cuando les peinas, siempre con prisa... con todo eso, ellos te eligen a ti.

Mírales a los ojos, mira bien dentro, y te darás cuenta de que te quieren por tu olor, que para ellos es protección, por pasar las noches de fiebre a su lado, por cada cumpleaños en los que cantas más fuerte que nadie para que el resto te siga, por todos los vómitos que recoges con una sonrisa porque sabes que ha soltado flema, por perdonarles el pescado cuando se les hace bola, por los aspavientos que te marcas en la fiesta de navidad para que sepan que, aunque en última fila, estás ahí, por las horas y horas de atasco en el coche para que haga baloncesto, por estar a su lado en las vacunas, cuando lo que querrías es salir corriendo, por cada vez que coges piojos, incluso paradójicamente mezclados con las canas, por tus besos pringosos, tus abrazos apretados, tu regazo calentito, tu exigencia sin límites porque quieres lo mejor para ellos.

Y ese día en el que se les caiga el Colacao por tercera vez, tengas que recoger los cristales del segundo vaso que han tirado, veas el sofá nuevo pintado con rotulador, te despiertes por cuarta vez en la misma hora de una noche, cuando te quedes sin comer de nuevo porque te piden repetir y disimulando les das tu plato... ese día, quéjate también, que no pasa nada, llora si hace falta, sé paciente contigo misma, pero también PIENSA QUE POR ESOS MOMENTOS DECIDISTE SER MADRE. No por el primer «mamá», por verles dormiditos en sus camas a las 20.30 h, por las buenas notas que van a sacar siempre, porque todo va a ser fácil y bonito... nuestros hijos no son perfectos y tampoco los queremos así. En esas situaciones en las que te apetece coger las llaves y marcharte, ahí es donde debes ser la MADRE que querías ser. Y entonces te levantas, pese a que el cuerpo ya no responde por el agotamiento, y eres SU MADRE.

Así que, en los momentos de flaqueza, inspírate si quieres, pero no te compares con nadie. Tú eres la mejor y, sobre todo, ERES LA SUYA, así que adelante.

Y para conseguirlo, vamos a ponérnoslo fácil. Vamos a pensar y repensar en las herramientas que necesitamos para bajar el nivel de estrés, sea como sea. Vamos a intentar disfrutar por el camino, y lograr que disfruten los demás… Vamos a cuidar a nuestro equipo. Al otro, que es al que realmente elegimos, a nuestros amigos, que son un pilar fundamental, a nuestros hermanos, y a nuestros padres, porque no debemos olvidar que, además de madres, somos hijas, y nos toca devolver un poquito de todo aquello que nos dieron. Y sí, pide que te cuiden a ti también, te lo mereces.

Queridos padres y madres del mundo, lo estamos haciendo bien, ¡¡estamos haciendo algo grande!!

Listo, yo he terminado de hablar. Gracias por tu tiempo. ¡¡Te toca!!

Índice